教育科学新探索书系

中国教育学会教育学分会　组编

本书为国家社会科学基金教育学青年课题“学习哲学视角下学习型社会建设深化路径研究”（CKA120159）之成果

教育科学新探索书系（10 卷）

- 教育美学新论
  何齐宗/著
- 教育哲学论纲
  王坤庆/主编
- 学习哲学论
  曾文婕/著
- 青少年社会教育学
  张良驯/著
- 教育治理论
  吴开华/著
- 课程学
  廖哲勋/主编
- 微课程论
  余宏亮/著
- 教材论
  曾天山/著
- 现代教学论纲要
  李森/著
- 教学活动论
  王天平/著

教育科学新探索书系

学习哲学论

学习型社会建设的深化路径研究

曾文婕◎著

人民教育出版社

·北京·

图书在版编目（CIP）数据

学习哲学论：学习型社会建设的深化路径研究／曾文婕著. —北京：人民教育出版社，2017.10

ISBN 978-7-107-32186-3

Ⅰ.①学… Ⅱ.①曾… Ⅲ.①社会教育—研究—中国 Ⅳ.①G779.2

中国版本图书馆CIP数据核字（2017）第259372号

教育科学新探索书系 学习哲学论

出版发行 人民教育出版社
（北京市海淀区中关村南大街17号院1号楼 邮编：100081）
网 址 http://www.pep.com.cn
经 销 全国新华书店
印 刷 北京天宇星印刷厂
版 次 2017年10月第1版
印 次 2017年11月第1次印刷
开 本 787毫米×1092毫米 1/16
印 张 17.25
字 数 197千字
印 数 0 001～1 000册
定 价 48.50元

前　言

学习型社会的建设，将关注点聚焦到“学习”。① 1996 年，国际 21 世纪教育委员会向联合国教科文组织提交报告《学习：内在的财富》（*Learning：The Treasure Within*，亦称《德洛尔报告》）②，强调以“终身学习”推动学习型社会建设，影响了许多国家和地区的教育政策制定和实践改革。《德洛尔报告》的影响力堪比“白皮书”，③它不是教育改革的“蓝图”（blueprint），却已成为制定政策时反思与争论的“基础”（basis）。④ 当年为了给报告命名，德洛尔（Delors，J.）等人想到了一则寓言诗《农夫与他的孩子们》。农夫临终前对孩子们说：

千万不要卖掉家产和土地

那是祖辈留下来的

财富埋藏其中

因为父亲说地里埋着财宝，但又不知道确切位置，因此，秋收后孩子们就去翻地，每个地方都不落下，一年一年发奋挖掘，把土地翻了个

---

① Su，Y. The non-instrumental vision of the learning society[J]. International Review of Education，2010，56（5）：517-530.

② 1993 年，联合国教科文组织总干事的马约尔（Mayor，F.）提出，汇聚当代教育思想，集萃有关我们在 21 世纪应如何看待教育的观点，正当其时。由此，他倡建了国际 21 世纪教育委员会（International Commission on Education for the 21st Century），由欧洲委员会前主席德洛尔（Delors，J.）任主席，并在全球范围内遴选了 15 位不同背景的专家为成员。《德洛尔报告》是这一独立委员会专门为联合国教科文组织研制的报告。

③ Carneiro，R.，Draxler，A. Education for the 21st century：Lessons and challenges[J]. European Journal of Education，2008，43（2）：149-160.

④ Power，C. N. Learning：A means or an end? A look at the Delors Report and its implications for educational renewal[J]. Prospects：Quarterly Review of Comparative Education，1997，XXVII（2）：187-199.

遍，希望能找到财宝。然而，时间过去了，财宝没有找到，地里的收成却越来越好。他们终于悟出了父亲暗示的道理，这就是劳动创造财富。德洛尔等人将赞美劳动价值的寓言加以延伸：

老人是明智的

他在临终前告诉孩子们

学习就是财富①

多年之后，人们仍在呼吁："请用心品读报告的名称《学习：内在的财富》，其意指什么？意义何在？概而言之，报告始终突出的是'学'而不是'教'，是'学习者'而不是'教师'，这可能过于简单化了，但或许可以说，20世纪是'教师'的世纪，21世纪将是'学习者'的世纪。"②的确，该报告独具匠心的命名，警醒着人们：我们每一个人都拥有宝贵的财富，学习活动本身就是财富，只是有待我们去开启并明智地加以使用。教师的工作，就是帮助学生去发现内在于自身的财富，帮助学生学会学习，成为自我管理和自我激励的学习者。长期以来，"学习"都被作为"教育"的下位概念，教育"膨胀"，"教授"概念得以凸显，"学习"概念被遮蔽；而《德洛尔报告》在"学习"的视野下论述"教育"，让"教育"成为"学习"的下位概念，凸显了以"学习"为本的理念，开启了"大学习"的端绪。

放眼世界，伴随着学习型社会的孕育和兴起，不少国家和地区纷纷将学习研究置于重要的战略地位，进行长远的系统谋划。在我国，以学习促发展的观念逐渐凸显并深入人心。2002年，党的十六大报告明

---

① International Commission on Education for the 21st Century. Learning: The Treasure Within[R]. Paris: UNESCO Publishing, 1996: 33.

② Teasdale, G. R. Implications of the Delors Report for schooling in South Australia[EB/OL]. [2016-03-03]. http://ehlt.flinders.edu.au/education/publications/REPORTS/fuiie99a/TEASDALE.HTM.

确提出“形成全民学习、终身学习的学习型社会”的宏伟目标。2007年，党的十七大报告重申这一目标。《国家中长期教育改革和发展规划纲要（2010—2020年）》确立了“到2020年，基本实现教育现代化，基本形成学习型社会”的战略目标。在这样的背景下，我们申报了“学习哲学视角下学习型社会建设深化路径研究”，获准为“国家社会科学基金‘十二五’规划教育学青年课题”（编号：CKA120159）。本书是该课题的成果之一。

从“学习哲学”视角出发，本书融合其“内蕴历时意识”“重视价值追问”“强调整体观照”的宏观逻辑理路与“学习价值论→学习活动论→学习方法论”的具体分析框架，着力探索进一步深化我国学习型社会建设的多重路径，亦由此发展学习哲学。本书分为三篇：“价值篇”拓展学习型社会的价值诉求；“活动篇”建构学习型社会的活动原理；“方法篇”论述学习型社会深化发展的操作策略。

相对于其他视角下探讨的学习型社会建设，本书力争以学习哲学这一国内还较为鲜见的视角在一定程度上“见”已有研究之“未见”，凸显一些新观点。比如，建构学习型社会的“学习人性”基础，彰显学习型社会的“知识创造”意蕴，阐释学习型社会“获致德福”及“拯救生命”等价值诉求。为此，本书力争做到以下两方面的统整。第一，系统考察与建构创新契合。详尽考察学习型社会建设的已有研究成果，梳理其脉络和进展，并启动整合式和批判性的建构，以学习哲学为视角对各种研究成果进行整合和审视，在继承已有成果的基础上提出新的思路和观点。第二，理论分析与现实观照统一。强调形成关于学习型社会建设的新型理论认识，体现思辨性，同时看到当下学习型社会建设中存在的迷误和不足，揭示其理想发展方向，体现较强的现实针对性。

本书致力于继承《德洛尔报告》所赋予的学习财富，希望能够突破将学习作为工具或手段的价值认识，沟通学习与生命的觉醒开悟及幸福自由之间的内在关系。事实上，深入阐释了“学习的价值”问题，才可能让各种具体层面的操作策略获得生存论的基础并进入价值性的语境中，让实践领域的问题得到内蕴价值情怀的深刻解答，进而推动学习型社会建设的深化。

本书的完成，得益于课题组构建的师生学研共同体，除个别特殊情况外，每周六下午大家都集中研讨，风雨无阻、节假不歇。宁欢、刘成珍、吕方方、谈丰铭、漆晴、潘妃妹和曾育芬参与了课题准备阶段的部分文献综述工作，赵翠燕、蒋慧芳和阮婷婷组织共同体成员校对了全书。本书的写作得到了华南师范大学价值教育研究与开发中心、社会科学处与教育科学学院领导和同人的关心。人民教育出版社有关领导和同志提供了宝贵支持，在此一并致以最诚挚的感谢！也恳请各位方家就本书的不足之处提出宝贵的建议。

曾文婕

2017 年 10 月 28 日

目 录

绪　论　学习哲学作为方法论

事物总是在一定的视角中敞开自身。“视角”是研究事物的特定切入角度。特定的视角如同“戏院里的聚光灯”，“当用强烈光线照射舞台前方的某些动作时，就把大家的注意力集中在这些动作上，同时把其他事物降到背景和边缘的地位”。①视角划定了“去看什么”，规定了“怎样去看”，也决定了“能够看到什么”。本书基于笔者长期研习的学习哲学视角，探寻学习型社会建设的深化路径。

一、学习哲学的兴起

学习哲学（philosophy of learning），着眼于对学习的哲学认识，是学习研究不断追求“自我超越”、哲学研究日益彰显“学习关怀”和学习型社会发展逐渐重视“哲学合理性建构”而“交叉创生”的领域。虽然历史上一些中西方哲人都曾探讨过学习，然而，学习哲学的专门研究始于20世纪90年代中后期。西方的学习哲学研究相对丰富，我国的学习哲学仍需进一步建构与发展。②学习哲学的产生，源于拓展研究层次、祛除刻板印象、消解坑道视界和培育新生长点的需要。

---

① Clark, B.R. Perspectives on higher education: Eight disciplinary and comparative views [M]. Berkeley and Los Angeles, CA: University of California Press, 1984: 2.

② 曾文婕．学习哲学：学习研究的新走向［J］．全球教育展望，2008（6）：25-30.

（一）拓展研究层次的需要

在学术研究进程中，“哲学人类学由于所有研究人的特殊学科知识的剧增而成为必要”①，文化哲学由于关于文化的具体研究成果日益丰富而诞生，并肩负起将文化所蕴含的根本性关系和范畴进行哲学意义上的整合与批判的使命。②与哲学人类学和文化哲学的诞生与发展类似，研究学习的学科领域剧增以及关于学习的具体研究成果日益丰富，就要求人们建构学习哲学、开展学习哲学研究。1998 年，温奇（Winch，C.）③在其所著《人类学习哲学》一书中主张不能仅满足于从常识层次和科学层次把握学习，提倡从哲学层次研究学习。由此学习哲学开始在各国兴起，这标志着认识学习的“日常—科学—哲学”三层次结构明确形成。第一，日常认识，指没有经过批判性反思所形成的关于学习的看法，主要存在于人们对学习的日常谈论之中。第二，科学认识，指通过描述现象、提出解释现象的假设并验证假设所形成的关于学习的看法，主要包括心理学、人类学、社会学、文化学和生态学等对学习的认识。第三，哲学认识，指对日常认识或科学认识进行整合与批判而形成的关于学习的看法。如是观之，发展学习哲学是学习研究日益成熟的表现。

（二）祛除刻板印象的需要

刻板印象，是固着在某一事物上的片面认识。比如，学习经常被狭隘化地理解为“求知”。揭示有关学习的刻板印象，拨开笼罩在学习身上的重重“迷雾”，才能“敞亮”学习的本真面貌。这有赖于哲学层次

① 巴雷特．非理性的人［M］．段德智，译．上海：上海译文出版社，1992：12.
② 刘进田．文化哲学导论［M］．北京：法律出版社，1999：3-4.
③ 温奇于 2008—2011 年任英国教育哲学学会主席，现为伦敦大学国王学院教授。

的学习研究。“哲学在本质上是批判的”，要求人们批判性地对待已经形成的思想以及蕴含在这些思想之中的各种各样的前提，①要求将流行的意见、习惯的思考方式和固有的价值规范带入到严格的批判审查之中。②

（三）消解坑道视界的需要

如果仅在选定的时空内，按惯常的方式开展研究，随着时间的推移，就会积淀为一种“坑道视界”（tunnel vision）。在学习研究领域，“坑道视界”易造成各种研究之间存在话语沟壑，相互疏离与割裂。这样，面对丰富的学习研究成果，人们不得不处于一种尴尬的境地，很难对学习形成整体的认识。一个典型的例子就是，心理学主要视学习为“个体性获得”，而人类学视学习为“社会性互动”，这使得人们对学习的认识分歧丛生并陷入困境。鉴于此，避免学习研究成果沦为缺乏主旋律的“一片喧闹”或随风散落的“一地鸡毛”，防止对学习的认识迷失于褊狭的意见之内与繁杂的材料之中，就成为迫切需要解决的难题。经过不懈努力，人们寻找到“学习哲学”这一突破口，力求以哲学“贯通一体”的致思方式，不断超越“坑道视界”，形成对学习的“普遍的综合的概观”。

（四）培育新生长点的需要

哲学层面的学习研究，可以为哲学研究、学习型社会发展研究及教育研究等孕育出一系列的新生长点。20 世纪 90 年代末，哲学界就明确提出：“哲学也应介入对‘学习’问题的研究”，并阐述了哲学应当如何

① 孙正聿．哲学通论［M］．北京：人民出版社，2010：557.
② 陈新汉．哲学审视中的问题［N］．光明日报，2005-08-02（8）.

研究学习，即要研究学习在社会生活大坐标系中的准确位置，要研究学习与实践的关系，要研究学习方式问题，要研究学习的基本规律。①当下，学习型社会建设的深化迫切需要学习哲学研究。比如，在哲学意义上重新阐释“人”“学习”“学习能力”等概念，确立起“人是学习的动物”“学习是人自我实现、超越的过程”“学习能力是人自身发展、超越的能力”等理念，可以为学习型社会的构建奠定坚实的学理基础。②有学者指出：“对哲学问题的关注不仅是终身学习课程和活动得以孕育并明确表达的关键且不可或缺的因素，而且由哲学研究得出的结论对发展终身学习特色的教学计划、课程和活动等也有实践意义。”③我们通过分析国际上著名的教育哲学期刊发现，以“学习”为关键词的论文近年来呈大幅上升趋势。④这反映出学习哲学研究，正成为教育研究的新论题。教育研究领域已开始对学习方式方法及学习活动影响因素等开展哲学研究。

二、学习哲学的类型

概览国内外的学习哲学，根据旨趣和侧重点的差异，可以将其归纳为反思取向、整合取向和教学取向三种类型。

① 郝贵生．哲学也要研究“学习”［J］．天津师范大学学报（社会科学版），1997（4）：20-22.

② 李润洲，石中英．人·学习·学习能力——构建学习型社会的哲学思考［J］．教育学报，2006（1）：62-67.

③ 阿斯平，查普曼．终身学习的哲学思考［J］．杜永新，译．开放教育研究，2013（5）：45-62.

④ 曾文婕，毕燕平．西方教育哲学研究新进展［J］．比较教育研究，2014（1）：50-56.

（一）反思取向

“哲学的任务在于将人们假定为熟知的东西加以真正认识”①，哲学家永远是那些不断“审视生活”和“检验信仰的假定条件”的人，“哲学家们试图深入挖掘那些支配我们思想的先决条件，研究、阐发、揭示那些潜藏于我们的基本用语之中、影响着我们对这些用语的使用，并进而渗透到我们的结论里、渗透到我们的信仰和行动里的假定条件”②。反思取向的学习哲学，就是力图将关于学习的流行意见、惯常思考方式和固有价值规范置于严格的批判审查之中，进而形成一种理论自觉，使人们对学习的已有认识从“确定无疑”走向“有所质疑”，祛除已有认识对学习的“遮蔽”与“误读”。

温奇在《人类学习哲学》一书的引言中明确提出：学习哲学的任务，是对心理学学习理论进行反思与检讨，对学习做出更透彻的“描述”和更深刻的“理解”。他认为，心理学学习理论凸显了学习的“个体性”和“认知性”，却“遮蔽”了学习的其他特性。比如，忽视了学习共同体的作用，遗忘了学习的“社会性”。而且，认知主义成为学习心理学的主流之后，过于集中地关注学习的信息加工机制，对学习的“情感性”鲜有研究。③该书的出版，吸引了许多学者投入反思取向的学习哲学研究之中。另外，菲力普斯（Phillips，D.C.）以辩证的哲学方法论，分析了建构主义的“长处”“缺点”和“丑陋面”；④福克斯（Fox，R.）以系统反思的哲学视野，对建构主义的基本观点进行了全

---

① 黑格尔．哲学史讲演录：第 4 卷［M］．贺麟，王太庆，译．北京：商务印书馆，1997：275.

② 麦基．思想家：与十五位杰出哲学家的对话［M］．2 版．周穗明，等，译．北京：生活·读书·新知三联书店，2004：19.

③ Winch，C.The philosophy of human learning［M］．London：Routledge，1998：1-3.

④ Phillips，D.C. The good，the bad，and the ugly：The many faces of constructivism［J］．Educational Researcher，1995，24（7）：5-12.

面检讨。①

澳大利亚教育哲学学会会刊《教育的哲学与理论》曾专门以“学习哲学”为主题发表了一系列论文。其中,《学习的哲学描述》一文梳理并批判了关于学习的几大流行看法。②第一,“以真理性观点充实头脑”是最好的学习。这一看法信奉狭隘的理性主义,预设了心/身及理性/情感的二元分离。事实上,有价值的学习,不仅充实头脑而且塑造身体,不仅与理性思维相联系而且与情感意志相关涉。第二,“科学方法”是研究学习的最佳方法。这种看法有待商榷,因为人类学习是多样化的,每一种学习都为一系列的情境与文化因素所限制,需要采用多种方法加以研究。第三,学习是个体的活动。受此影响,人们通常以个体为分析单位来研究学习,但是,团队学习不能被化简为个体学习。第四,学习是稳定的和持久的。这是基于“在某种意义上真理性的观点是不变的和永恒的”而提出的,然而,学习的多样性及情境性已被认可,变化性应成为学习的特性之一。第五,学习是相同的。这一看法认为,由于学习是以真理性的观点充实头脑,那么不同学习者之间的学习就是相同的。随着以上各种看法逐一被质疑,这一看法也顺理成章地受到挑战。

(二)整合取向

整合取向的学习哲学,着眼于从哲学层次对一些有关学习的根本性问题做出整合式解答,以期更全面地观照学习,缓解认识上的冲突与

---

① Fox, R.Constructivism examined [J]. Oxford Review of Education, 2001, 27(1): 23-35.

② Hager, P.Philosophical accounts of learning [J]. Educational Philosophy and Theory, 2005, 37(5): 649-666.该系列的其他论文有《学习哲学研究的新路径》《解释学习》《学习的特性》《反思学习》等。

矛盾。比如，针对“学习究竟是什么”的问题，有学者从中国文化传统和西方心理学对学习概念的解读入手，分别探讨了教育哲学、管理科学和教育技术学等视野中的学习认识，进而认为需要从“更高的理论层次”梳理多学科的学习研究进展和成果，并立足于历史哲学论证了与生产方式同一层次的“学习方式”范畴，指出“学习是人类自身再生产的社会实践活动”，“学习的本质是人类个体和人类整体的自我意识与自我超越”，“发展自身的人类学习能力同改造外部世界的人类生产能力（生产力）共同构成人类生存发展的基础、动力和源泉”。①也有学者从神经科学、技术学、幸福学和情感智力等多方面入手，着力形成关于学习活动的整合性认识。②针对学习领域的激烈争论，库玛（Kumar, S.）等人在2005年出版的《学习哲学》一书中提出，各种具体观点都有其哲学渊源，必须深入到哲学认识论层面进行整合性梳理，尽力抽绎出特殊的认识链条，析明这些观点发展演变的逻辑序列及其走向整合的历史轨迹。该书关注了以下五大基本问题。③

第一，学习的起源是什么？即学习是如何发生的，主要有三种回答。一是学习起源于经验。洛克（Locke, J.）认为，在接受来自感官的感觉之前，心灵是一块“白板”；在接受来自感官的感觉之后，心灵才通过“联结”将这些感觉加以联系与组织，并形成关于外部世界的图像，学习随之发生。杜威（Dewey, J.）与布伯（Buber, M.）均属于经验主义的阵营。二是学习起源于理性。奥古斯丁（Augustine, S.）与黑

① 桑新民．学习究竟是什么——多学科视野中的学习研究论纲［J］．开放教育研究，2005（1）：8-17.

② Cigman, R., Davis, A. New philosophies of learning［C］. Malden, MA: Wiley-Blackwell, 2009: Contents.

③ Kumar, S., Kumar, N. Philosophy of learning［M］. New Delhi: Anmol Publications, 2005: 7-13.

格尔（Hegel，G.W.F.）等向洛克等纯粹的经验论者提出质疑，一个彻底无知的心灵，凭借什么接受感觉经验？又凭借什么认识外部世界进而开始学习？理性论者认为，心灵之中必然具有某些先于感觉经验而存在的模糊理念，正是这些先在理念，引导心灵去接受和解释感觉经验，使学习得以发生。三是经验与理性均是学习的起源。在康德（Kant，I.）看来，经验无概念则盲，概念无经验则空。只有感觉经验而无理性概念，或只有理性概念而无感觉经验，学习都不能发生。卡西尔（Cassirer，E.）与波兰尼（Polanyi，M.）均持这一立场。

第二，心灵（mind）在学习中的作用是什么？柏拉图（Plato）、奥古斯丁、康德、黑格尔等较为赞同形式主义（formalism），认为心灵有与生俱来的先在结构，学习过程必然受这种先在结构控制。杜威与洛克较为赞同机能主义（functionalism），认为心灵并不具有普遍性的先在结构，也不是依靠这种先在结构才能对经验做出解释，而是可以通过与外部环境持续相互作用不断发展自身的结构与能力。波兰尼则持中间立场，认为学习是对求知过程中所获得的全部经验的积极整合，心灵不仅提供整合经验的能力，而且通过处理经验来发展自身整合经验的能力。卡西尔与布伯较认可中间立场，尽管他们并不完全同意波兰尼的观点。

第三，在获得知识的过程中，学习者的角色是什么？大多数哲学家认为，学习者不是被动接受者，而是积极主动者。柏拉图坚信，无论出身贫富，学习者都渴望学到尽可能多的东西，他称这种渴望为“欲望”（eros）。正是欲望，解释了为什么人们能够不断求知。康德也认为，学习者是积极主动地对感觉到的现象加以归类和解释。波兰尼、黑格尔和奥古斯丁都属于这一阵营。但是，洛克认为，学习者在受到外在因素推动而产生观念并将这些观念组织为知识之前，一直处于被动的状态。奥古斯丁关于学习者角色的立场，介于主动者与被动者之间。他认为，学习者在接受上帝的启示（观念）时，处于被动的状态；一旦神启发生，学习者就积极主动地运用那些从上帝处得来的观念对周遭世界进行判断。卡西尔的立场也介于主动者与被动者之间。他认为，人与所有动物一样，可以接受外来信息并做出行为反应。然而，在接受信息之后与做出反应之前，人类能够通过符号化这一过程对外来信息进行积极主动的解释，并依据符号化解释做出反应，而动物不能做到这一点。布伯则直接指出，在“我—你”相遇的过程中，学习者既是主动的行动者（actor），也是被动的反应者（responder）。

第四，学习的限度是什么？就此有三种不同的回答。一是心灵能够透过表面现象把握到实在（reality）。柏拉图认为，通过运用而被人们日益明显地体察到的理念，是不变的和永恒的，理念即是实在。黑格尔认为，个体心灵的正确运思与实在的存在方式是相同的，经由求知过程，个体能够获得关于实在的本质性的知识。二是心灵被局限于表面现象，永远不能把握到实在。康德认为，心灵能够获悉的或学习的仅仅是可以被称作“经验”的东西，一旦没有了感觉经验，那么只得承认自己什么都不知道。这就意味着学习者不可能超越现象去把握实在。卡西尔的立场与康德基本相同。三是心灵能够在一定程度上把握到实在。杜威虽然不赞同学习者能够获得柏拉图所谓的实在的知识，但是他承认经验的自然主义根基，进而认为学习者可以在一定程度上把握实在。

第五，在学习过程中，群体具有怎样的作用？哲学家普遍认为群体对学习具有一定的促进作用。布伯认为，学习的实质即是个体学习者与群体（特别是与教师）的对话。卡西尔认为，从群体中获得的语言符号系统，非常有利于知识的获得。杜威认为，虽然学习者可以脱离群体而学习，但在群体中学习者可以更好地学习。

（三）教学取向

教学取向的学习哲学，期望从研究学习入手，深化对教学的理论认识并为教学实践提供指引。当代教学论视域中的学习哲学，有利于学习主体自觉反省教学过程中的交往实践活动，使学习生活不再是奴役人的异己存在，也不再是受人奴役的异己存在。在这个意义上，“学习哲学真正成为教学创造的学习智慧生成之思，教学生活的学习文化建构之思，教学审美的学习主体体验之思，教学实践的学习价值彰显之思。”①鉴于此，“应超越静态封闭的本质观，倡导动态、建构、生成、发展的本质观；超越单一固化的本质观，倡导学习哲学本质特征的生成性、多元性、实践性、反思性、批判性；超越对学科知识的系统把握的学习观，倡导在多元文化背景中批判性和创造性能力的培养，并关注个体学习哲学的差异，回归学习生活世界和学生的生命世界，追寻学习的真谛。”②

有学者指出，当下存在“学得越多，越被动；知识技能越多，创新精神与实践能力越少；满腹经纶，却迷失了自我”等学习异化现象，这主要有两大根源。③一是心理主义的学习本质观。认为学习是受客观规律支配的心理现象，只要遵循一套技术操作程序或心智技能规则，即可实现任何学习目的。二是功利主义的学习价值观。为考试而学，为升迁而学，至于学习的内在价值则无足轻重。因此，新世纪倡导自主、合作、探究学习方式，本质上是学习哲学或学习价值观的变革，而不只是学习方法或技术的更新。这意味着学生和教师的学习，需要实现解决问

---

① 龚孟伟，陈晓端．当代教学论视域中的学习哲学之思［J］．陕西师范大学学报（哲学社会科学版），2009（4）：113-118.

② 龚孟伟，陈晓端．教学论视阈中“学习哲学”的本质与特征辨析［J］．教育学术月刊，2009（8）：101-104.

③ 张华．学习哲学论［J］．全球教育展望，2010（6）：13-17.

题和追求意义、创造性发展和德性发展、学会思维和学会生存的融合。有学者进一步提出以生存论哲学观照学习。其一，梳理“当代关于学习的生存论意义的基本观点”。如杜威的经验主义学习观、格林（Greene，M.）的存在主义学习观、弗莱雷（Freire，P.）的解放学习观和诺丁斯（Noddings，N.）的“关心”本位学习观等。其二，追寻“学习的个体意义和学习的社会意义”。前者主要体现为学生是知识的探究者、意义的创造者和世界的参与者；后者建基于学校是一种社会组织以及学校生活是社会生活的一种形式，要求学生反思生活世界、参与民主生活、学会理解并在交往和对话中重构意义。在此基础上建构的生存论教学观，主张“教学即相遇”，包括人与知识的相遇、人与现象的相遇以及人与人的相遇。①

三、学习哲学的方法论意蕴

“一种哲学理论（哲学体系）产生出来，如果它真正代表了时代精神的精华，这就意味着人们从它获得一种用以观察一切问题的新的思维方式。”②学习哲学亦是如此，具有深厚的方法论意蕴。

（一）学习哲学方法论的实质

虽然学习哲学的样态多样，但是通过深入挖掘与剖析，其思维方式与逻辑理路仍清晰可辨。学习哲学主要是对人类学习的哲学考察与建构，力求以哲学的方式，对“学习”更多地说出一些什么，特别是将那些长期被忽视的学习的新维度、新层面和新意涵揭示或建构出来。这就

① 李丽．追寻学习的生存论意义［D］．上海：华东师范大学，2007：中文摘要．
② 高清海．高清海哲学文存：第3卷［M］．长春：吉林人民出版社，2002：197．

意味着学习哲学的研究重心不是对幼儿、小学生、中学生、大学生或成人的学习进行实证分析，而是基于已有的学习研究成果进行整合式和反思性的建构，力争为人类学习提供一种哲学理解范式和历史解释模式。

作为方法论的学习哲学，包括以下三大理路。(1) 内蕴历时意识。“与自然现象相比，文化现象更为明显地受到生成的制约。它们无论何时都不可能游离于过程的溪流。”①人类学习是一种文化现象，学习哲学倡导以历时意识来分析人类学习。研究人类学习，必须关涉它的过去与未来，在其生成逻辑中剖析其根本规定性。(2) 重视价值追问。学习研究领域经常问“学习是什么”(What is learning) 和“人是如何学习的”(How people learn)。这些提问方式，脱离了对提问者置身于其中的生存状态的先行询问。学习哲学需要展开对学习价值的探寻，不断追问的是“为什么人类需要学习”(Why does human being need learning)。(3) 强调整体观照。哲学的优势，就在于贯通一体的理性思考。②学习哲学的兴起，源于祛除“坑道视界”等需要，以便建构起关于学习的整体认识。在多年的发展过程中，“整体观照”已经积淀为“整体主义”的致思方式。这就是：既强调整体观照以揭示研究对象的同一性，也着眼具体探察以析明研究对象各组成部分之间的相异性，更追求这两者之间经由相互碰撞与彼此浸染而达至平衡共生。③

学习，是为了优化人的生命存在而产生和不断发展的。在人类漫长的学习历程中，人作为学习主体的自觉和自为意识逐渐得以成长。主体

① 卡西尔. 人文科学的逻辑 [M]. 沉晖，等，译. 北京：中国人民大学出版社，1991：151-152.

② 王文兵，等. 构建一种新的哲学文化观 [J]. 天府新论，2005 (4)：97-101.

③ 曾文婕. 走向整体主义：校本学习研究的方法论诉求 [J]. 教育发展研究，2008 (10)：43-47.

性的凸显，促使人类走出自在的状态，进而思考“为什么学习”和“学习何为”等一系列价值问题。价值维度的凸显，开始逼促人们考虑“如何开展相应的活动”来践行和实现所产生的学习价值期望。这样，静态的价值目标就转变为动态的价值实现过程，预设的价值理想就过渡为生成的价值创造活动。由此，“价值考量”深化为“活动建构”。然而，如何在活动中实现价值，如何更有效地开展活动以更好地实现价值，则涉及“方法”问题。这就要求“活动建构”走向“方法创新”。可见，学习哲学对学习的观照，呈现出“文化进化”的趋势。具体而言，学习哲学体现出“学习价值论→学习活动论→学习方法论”的基本逻辑。

（二）学习型社会研究的学习哲学路向

学习型社会（learning society），又称“学习化社会”，最早由美国学者赫钦斯（Hutchins，R.M.）于 1968 年提出。其后，这一概念逐渐流行于国际教育领域，众多组织和学者对其内涵进行了界定。我们认为，学习型社会是一个鼓励、支持和促进全面学习、终身学习和多样化学习的社会，其实质是“以学习求发展的社会”①，即以个体的学习来追求个体的发展，以组织的学习来追求组织的发展，以国家的学习来促进国家的发展，以终身的学习来追求终身的发展，以灵活的学习来追求多样的发展，以自主的学习来促进内在的发展，把满足全体人民基本学习需求，促进全民学习、终身学习看成是建设小康社会、落实科学发展观的社会条件和根本动力。

“学习”是学习型社会建设的核心，从学习哲学这一视角出发，有利于在一定程度上“见”已有学习型社会研究之“未见”。基于学习哲

① 顾明远，石中英．学无止境——构建学习型社会研究［M］．北京：北京师范大学出版社，2010：15.

学视角的学习型社会研究，其重心不是对学习型社会的制度建立和组织发展等开展实证研究，而是立足于“学习的哲学思考层面”观照学习型社会建设的深化路径。

继承学习哲学孕育的反思、整合和教学取向，将“内蕴历时意识”“重视价值追问”“强调整体观照”的宏观理路与“学习价值论→学习活动论→学习方法论”的具体逻辑交融为一体，就形成了一个“活生生”的分析框架。由此，本书分为三篇：第一篇，价值篇；第二篇，活动篇；第三篇，方法篇。(1) 价值篇，追问与阐释学习的价值，力争从多方面入手，结合未来发展，揭示学习价值的新意涵，拓展学习型社会的价值诉求。(2) 活动篇，分析与统整多种学习形态、内容、要素和指标等，以此建构学习型社会的活动原理。(3) 方法篇，把握过去、考量当下、思及未来，以优化每一位学习者的终身学习活动为旨趣，提出学习型社会深化发展的具体策略。这需要突破通常把学习割裂为“学校内学生学习”和“学校后成人学习”的两段式理解等误区，启动整体观照，以学习为本为价值取向，在大中小学里运用课程开发、教学改进和评估革新等策略，系统、专门、有针对性地培养起学习者的终身有效学习的愿望和能力。

学习哲学作为方法论去观照学习型社会建设的深化路径，借此更深入地认识了人类的学习活动，进一步积淀、建构和丰富了自身的概念体系和基本原理。在这个意义上，学习哲学在方法论、认识论和本体论交融的进路中实现着自身的发展。

第一篇　价值篇

针对学习研究长期囿于心理学领域的状况，学习哲学的任务之一，就是把学习从心理学中“拯救”出来。①这里的“拯救”，不是拒斥心理学的学习研究，而是倡导从更多的学科视角观照学习。纵观整个学习研究史，的确呈现出这样的走势。作为一个跨学科的研究领域，“学习科学”正在兴起并在世界范围内迅猛发展，吸引了神经科学、心理学、社会学、计算机科学和教育学等学科研究者的兴趣。神经科学的研究致力于理解学习的脑机制，如分享性的脑是如何支持社会性学习的。机器学习领域的算法研究和开发，使得机器人和计算机能够自动学习。这些研究与心理学、教育学的研究共同深化了人们对学习发生机制的理解。经过多年的发展，学习科学已经取得了一系列的显著成就，但其核心研究问题还是“人是如何学习的”②，关注的是科学层面的学习研究。

现代哲学研究表明：存在是第一性的，事实是第二性的；事实应该反映存在，但事实并非存在。事实，可以区分为科学事实与价值事实。科学事实，指从科学认识角度把握的客观存在；价值事实，指从价值认识角度把握的价值存在。科学认识以把握客观存在的现象和本质为使命，价值认识则以把握客观存在对人类生命存在的意义为使命。前者的认识标准只是主客观统一，后者的认识标准则还要加上特定的主体利益尺度。就学习而言，需要从科学与价值两个维度加以认识，进而积累起相应的科学事实与价值事实。然而，长期以来，伴随着科学文化与人

---

① Winch, C.The philosophy of human learning [M]. London: Routledge, 1998: 1-3.

② 郑太年，等.学习科学与教育变革——2014年学习科学国际大会评析与展望 [J]. 教育研究，2014 (9): 150-159.

文文化的疏离、分裂甚至对抗，科学认识与价值认识呈现出明显的二元对立状态，这也表现在学习研究之中。对学习的科学认识，能够促使人们遵从和利用学习的客观规律。但是，如果学习研究由科学认识支配，弱化了价值认识，那么将学习视为一套技术操作程序或心智技能规则的情形就可能无法避免，就无法切中学习对人的生命存在的意义问题，也就无法使人们以一定的价值诉求来优化自身学习活动及推动学习型社会建设。

鉴于此，在已有研究主要立足于科学认识维度去揭示学习规律的基础上，迫切需要启动价值研究，立足于价值认识维度去追寻学习的意义。价值论是哲学的重要组成部分之一，遗憾的是，由于学习哲学兴起和发展的时间相对较短，仅提出了需要重视探讨学习的价值，尚未充分展开相应的具体研究。本篇建基于学习哲学强烈的价值观照情怀，力争将除促进人力培养和推动经济发展之外的学习的更多价值呈现出来，阐发和建构学以养性、学以创知、学以立德、学以致福和学以益生的价值诉求，期望借此丰富学习的价值面貌与学习型社会建设的价值路径。

第一章　学习升华人性

关于人性的信念体系，不仅是纯粹的思想、学术或科学，而且在一定程度上决定着人们的生活方式。①“任何学科不论似乎与人性离得多远，它们总是会通过这样或那样的途径回到人性。”②然而，“以往学者们在研究过程中在一定程度上忽视了学习型社会建构的人性之源。”③学习哲学视角下的学习型社会研究，尤其需要探索学习的人性意蕴，明确学习型社会的人性依据。在我国，学习型社会与教育关系密切。从政策层面上，《国家中长期教育改革和发展规划纲要（2010—2020年）》将学习型社会建设确立为教育改革发展战略目标之一，提出“到2020年，基本实现教育现代化，基本形成学习型社会”。在具体研究中，也多是教育研究者在关注学习型社会研究。学习型社会建设的人性之源与教育的人性基础是相互缠绕在一起甚至融为一体的。本章从检视教育的人性基础入手，借此挖掘和梳理学习型社会过去潜在的人性前提，尝试建构和阐释学习型社会得以深化的人性原理。

一、历史之困：已有人性论的检视

我国关于教育人性基础的思考获得了显著发展，但囿于“起点论”

---

① 斯蒂芬森，哈贝曼．世界十大人性哲学［M］．施忠连，译．上海：复旦大学出版社，2007：5.

② 休谟．人性论［M］．关文运，译．北京：商务印书馆，1980：6.

③ 顾明远，石中英．学无止境——构建学习型社会研究［M］．北京：北京师范大学出版社，2010：22.

和“结果论”，遭遇了方法论难题，引发了一些怪象、乱象和幻象。

（一）人性论的发展阶段

在过去的几十年里，我国教育领域对人性的研究大致走过了从悬置到关注的过程，并逐渐深化，由演绎式分析迈入超越式思考，最终实现了从“预成”人性论到“生成”人性论的发展。

1. 悬置人性

人性是什么？这是一个古老而恒新的问题。但是，在受阶级斗争扩大化深刻影响的年代，人性变成了一个非常敏感和令人忌讳的术语。这就导致人们“谈人色变”，对人性基本持悬置或拒斥的态度。由于人性基础的缺失，教育出现了极端的异化现象，先是成为“阶级斗争”和“无产阶级专政”的工具，沦为政治的“奴仆”，后被裹挟进经济主义的浪潮，沦为经济的“婢女”。这些怪象及其带来的令人痛心的危害，迫使人们于20世纪80年代末90年代初发出强烈的呼吁——“人是教育的出发点！”①

2. 演绎人性

随着人性研究的禁区逐渐被突破，“教育的人性假设问题”得到充分探讨，人们期待借此奠定教育实践和教育研究的逻辑起点。事实上，在人类历史长河里，不少学科和大家都曾探讨过人性，展现出思想史上的大开大合，有新旧学说更替之际的静寂空旷，有思想相互碰撞之时的火花飞溅，有观念对立交锋之后的峰回路转。这些都是开展人性假设研究的宝贵思想资源。“理性的人”“社会的人”“利益的人”“利己的人”“自我实现的人”等，都经演绎而进入教育领域，被阐释为教育的人性

① 扈中平. 人是教育的出发点［J］. 教育研究，1989（8）：33-39，55.

假设。

人们络绎不绝地深入其他学科，勤勉不倦地研究各种人性理解，进而引申和解读教育的人性假设，但在这条道路的终点，回馈大家的却是教育人性基础的渐趋杂乱。面对各表立场的人性定位，人们无所适从；面对相互诘难的人性立场，人们分歧丛生；面对纷至沓来的人性解读，人们陷入困境。如果说教育人性基础的缺失，带来多种教育怪象，那么教育人性假设的杂乱，则导致了纷繁的教育乱象。

3. 生成人性

身处人性假设的杂乱声中，人们没有悲观地抛弃教育的人性基础，反而竭力寻找新的重建良方。致思理路的新角度，开启了后续研究的新视野。“在教育中，不能静止、片面地从生理人、心理人、道德人、社会人、经济人等方面看待人性，也不能把人性假设作为一个确定不变的预设，沿着这种理论假设去研究教育的性质、功能及后果。……生成与创造人性的教育是最人性化的教育。”①换言之，“教育属人之意义的核心就是教育对于人性发展的意义……不能促进人性发展的教育必然沦为非人的教育。”②由此，教育的人性基础从强调固有人性的“预成人性论”推进至看重人性发展的“生成人性论”“培育人性的教育”③“为了人性的教育”④等观点陆续出现。

生成人性论关注人性发展的可能性与丰富性，这为人的发展开启了广阔的空间，为教育的作用和实践提供了激动人心的强力支撑，彰显了教育丰富人性、改造人性、化育人性和升华人性的“成人”价值。这

---

① 肖绍明，扈中平．教育何以复归人性［J］．高等教育研究，2010（6）：25-32.

② 赵荷花．人性的教育学立场［J］．华东师范大学学报（教育科学版），2011（1）：11-19.

③ 陈云恺．论培育人性的教育［J］．教育科学，2003（2）：1-3.

④ 肖绍明，董标．教育与人性——教育基本理论专业委员会第十二届学术年会综述［J］．教育研究，2010（3）：109-111.

种由人性需要转化而成的教育需要和价值，本身就是教育得以发生和发展的最基本的内驱力。①反之，如果人性是不变的，那教育就没有存在的必要，因为“教育的意义的本身就在改变人性以形成那些异于朴质的人性的思维、情感、欲望和信仰的新方式”②。简言之，生成人性论将教育的人性基础由确立人性假设的事实层次发展到关涉教育目的的价值层次。

生成人性论既是对可能人性的遐思，也是对无限人性的憧憬，更是对人性完善的期盼。但是，如果仅止步于教育生成人性的价值关注，势必引发似真非真的教育幻象，似乎只要拥有丰富和发展人性的教育理想，这一理想就会在教育活动中顺理成章地得以实现。当前，这样的幻象正在开始萌发。比如，人们通常进行这样的表达：教育要使学习者能够学会在人性抉择中把握正确的方向，步入人性上升之路；教育要通过发现、发展、提升、成就人性而实现自身的意义，通过使学习者的人性完整和谐上升性发展，臻于纯真、至善、极美之境来追寻教育世界中理想生命的生成。③凡此种种，让人心生“幻觉”，即人们“想使”学习者的人性发展，其人性便会实现相应的发展。然而，凡有教育经验的人都知道，学习者的发展包括人性的发展并不是只靠主观期望就能直接实现的，而必须依靠导致发展的客观存在的现实活动来予以保证。也就是说，高扬人性、向往人性完善，不等于人性就必然变得完满，也不等于教育就必然能够改造、丰富和发展人性。“人性有各种潜在的可能性，它将在‘目的之城’（a city of ends）中获得完满的实现。”④切实

---

① 肖绍明，扈中平．教育何以复归人性［J］．高等教育研究，2010（6）：25-32.
② 杜威．人的问题［M］．傅统先，邱椿，译．上海：上海人民出版社，1965：155.
③ 赵荷花．人性的教育学立场［J］．华东师范大学学报（教育科学版），2011（1）：11-19.
④ 斯蒂芬森，哈贝曼．世界十大人性哲学［M］．施忠连，译．上海：复旦大学出版社，2007：270.

开展多样化的活动，充分运用多样性的方法，才能实现对人性的现实拯救和发展，才能通往人性完满的目的之城，而不能仅仅靠强烈的呐喊。如是观之，教育的人性基础还需要进一步研究和建构，力求更明确、更彻底、更可靠、更坚实。

（二）人性论的方法论难题

“方法论给人的不仅仅是既成的产品，而且是产品借以制造出来的工具。”①深入分析，已有教育人性基础的建构，之所以引发多重问题，都有方法论层面的根源，主要表现为方法论的坑道视界和内在断裂。

其一，方法论的坑道视界。从多学科迁移人性假设，属于“起点论”，即期望以某种人性认识作为教育理论与实践的逻辑起点。从伦理学视域看，有人性善与人性恶等假设；从社会学视域看，有政治人、经济人和利益人等假设；从心理学视域看，有认知人、情感人和意志人等假设。在“起点论”之后发展起来的生成人性论，着眼于教育对人性的发展价值，这是“结果论”。无论人性假设这一起点如何，它都在教育的前方发出人性理想的召唤，这对唤起教育的自觉意识、危机意识和责任意识具有重要意义。“结果论”虽然超越和发展了“起点论”，但两者在方法论上均属执此一端，立足一隅，陷入了“坑道视界”之中。

其二，方法论的内在断裂。起点论和结果论，前者强调教育的人性起点，后者观照教育的人性目标。“起点何以通达目标”以及“起点和结果之间的内在一致性何在”等问题，未能得到充分关注。这就造成了方法论的内在断裂。这样建构起来的教育人性基础是一个较为散乱的

① 刘大椿. 科学活动论 · 互补方法论［M］. 桂林：广西师范大学出版社，2002：出版记.

结构，其本身失去了公允性，损害了指示的力量，仅留下启发的功能。事实上，不能只顾起点或结果，在二者之间需要面对和克服现实的障碍，只有重视“起点”和“结果”之间的“过程”以及三者的内在一致性，才能架起起点通达结果的桥梁，弥合起点与结果之间的鸿沟。

深入分析，教育人性基础的三个组成部分是鼎足而立的，它们谁也不能代替谁，谁也不应主导谁。由起点论的绝对化，将出现被逻辑起点束缚的人性基础，表达的是没有边界的假设主义；由结果论的绝对化，会导致被理想憧憬幻化的人性基础，表达的是没有边界的理想主义；由过程论的绝对化，可造成被方法策略操纵的人性基础，表达的是没有边界的技术主义。起点论、过程论和结果论这三者，都需要从自身出发朝向另两方，内在地要求彼此之间实现“整合”。整合指达至“一体化”，此词既带有动词词性（integrating），又带有名词词性（integration）。三者的整合，既是三者之间的动态作用过程，又是三者之间结成一种较为稳定的整体状态。

二、当下之思：学习人性论的提出

已有的教育人性基础研究，在一定程度上反映出人们对学习型社会人性根基的理解。沿着破除过去迷误的进路致思，新的观点逐渐显露，这就是“学习人性论”。概括来说，学习是人的本性，是人性“存在”的基本方式，更是人性“发展”的基本方式，人在学习中获得了人性，更在学习中不断建构着人性，使人性得以充实、完善和升华。学习人性论作为教育的人性基础，成为学习型社会的人性之源，意味着教育发展及学习型社会建设需要激活学习人性、依靠学习人性进而成就学习人性。这就赋予了学习型社会独特的人性发展使命，凸显了人性领域的“教育学自觉”，有利于确立人性研究的“教育学立场”和“教育学尺度”，也有助于审视和校正学习型社会建设的道路和方向。

（一）学习人性论的孕育

对于人性善、人性恶、政治人、经济人和利益人等多种论断以及人性变化发展的丰富论述，英国哲学家科林伍德（Collingwood，R.G.）一语予以解构。他说：“严格说来，没有人性这种东西，这一名词所指称的，确切地说，不是人类的本性而是人类的历史。”①深入理解，这并不是否认对人性的研究，而是认为“静态”的人性研究并不能取代“动态”的人性研究，是要求从历史的角度去认识和把握人性。在解构已有人性研究的同时，他建构了人性研究的新方向——“人性的历史形塑说”，即人性是由历史所塑造的。人类构成和进化的线索和法则，是隐藏在历史之中的。人类认识人性的重要方式之一，就是诉诸历史，而且在这样的自我认识过程中人也形塑着自己的人性。那么，人类历史是如何形塑人性的呢？这个关键问题将探究的视线引向了“人类的学习活动”，正是经由人类的学习，历史实现了对人性的形塑。人类要学习古往今来各种各样的文化，学习各时代、各民族对真善美、假恶丑的理解，学习一种生活方式向另一种生活方式变换的因果。人类一代一代地积累着这些知识和看法，正是它们的总和塑造着人类。

这样的观点得到了生物学家的赞同。被誉为全球领先的演化生物学家埃力克（Ehrlich，P.R.）运用大量证据，打破了由单一遗传来决定“人性”的概念。他指出：人们普遍认为遗传基因为人性定型，DNA的密码含有控制个人和群体行为的精密“指令”，决定着人类的诸多行

① 刘昶．人心中的历史——当代西方历史理论述评［M］．成都：四川人民出版社，1987：378.

为，这实际上是毫无证据的。因为人不具有足够的基因来决定所有的行为模式。人类大约有 10 万个基因，人脑神经细胞超过一兆个，由 100 兆至 1 000 兆个神经元突触连接。即使其他事情都不做，仅控制制造神经突触（事实上无法控制），每个基因就得分配 10 亿个神经突触。按此比例，基因如果仅仅能操控人类最普通的行为，便可“窃笑”了。他进一步分析说明：所谓找到基因源头就可帮助我们了解人性的言论，只不过是今日知识不足的借口，坦白地说是有些荒谬；所谓你我乃基因之奴隶的观念，实质上都是基于“所有问题均能以大化小”的思路，都是以“还原论”方式下的结论，确实不甚科学。因而，遗传支配我们，遗传造就我们，遗传可控制人类行为，是今日大家对人性和人类行为的曲解。在此基础上，他提出，“文化变迁对人性的影响是人类独有的，其重要性不亚于来自祖先代代相传的遗传信息”，人类集体的非遗传信息演化，对人性塑造非常重要。①他还强调，“许多人性是文化演化的产物”，“今天的人性是长期的遗传演化，特别是文化演化下的产物。古人类学家、考古学家、其他的科学家指出百万年前的人性与今日不同”，“百万年后的人性亦将与今日大不相同”，“以当今文化演化的加速度来看，即使 100 万小时（约 100 年）后的人性与今日相差甚远，也不值得大惊小怪”。② 埃力克的观点可以归纳为“人性的文化形塑说”。然而，从根本上看，文化对人性的形塑，必须经由“学习”来发生和完成。正是在学习文化的过程中，人类不断“向文而化”，让自己不再只是受控于生理基因的“傀儡”，而使自己的人性接受文化的锻造和洗礼。

不论是历史还是文化形塑着人性，归根结底，都要经由“学习”才

①② 埃力克．人类的天性：基因、文化与人类前景［M］．李向慈，洪佼宜，译．北京：金城出版社，2014：5-6，12-13.

能真正得以落实并产生作用。学习既是人类的本性，更造就着人性，这就是“学习人性”。正所谓“习以性成，若习于善则为君子，若习于恶则为小人”①。学习与人性犹如一枚硬币的两面，不可能脱离其中一面去谈论另一面。在这个意义上，学习人性论，较之人性善、人性恶、政治人、经济人和利益人等假设更为根本，它挖掘和明确了各种人性假设背后的同一性。因为学习人性的激活和表达，促使人产生并维持学习活动，人通过学习才有可能成为政治人、利益人等多重面貌的人。由此，学习人性论能够缓解已有各种人性假设的分崩离析，深达其内在的一致性。

（二）学习人性论的原理

埃力克忧虑：人性让我们在艺术、音乐、文学、哲学、科学与技术的领域大放异彩，但遗憾的是，战争、种族灭绝、毒品交易、极端的经济不平等以及生态系统的破坏，也都是今天人性的产物。在理论上，我们可以克服以上问题，这就需要“利用集体力量把令人头痛的人性经由文化演化变成众人向往的人性”②。这的确发人深省。在人类的历史文化中，既有正义也有邪恶，既充满了创造也充斥着破坏，面对这个千万年的历史纵深，人类选择“学什么”及“怎么学”，对于发展和建设人性就至关重要。比如，如果选择了邪恶来模仿，开出的便是人性的“恶之花”；如果选择的是人类的美德来践行，开出的便是人性的“善之花”；如此等等。在承认人类历史文化多样性的基础上，如何通过教育的引导，特别是学习型社会的深入建设，让学习者更多地关注和学习人

① 何晏，邢昺，等．论语注疏［M］．上海：上海古籍出版社，1990：153.

② 埃力克．人类的天性：基因、文化与人类前景［M］．李向慈，洪佼宜，译．北京：金城出版社，2014：13.

类历史文化中积淀的“长处”或“优势”，而不是聚焦和学习人类历史文化中产生的“缺陷”和“劣势”？这既为学习型社会建设留下了选择的空间，赋予了独特的意义，也提出了严峻的挑战。具体而言，学习型社会建设首先要“激活学习人性”，去激活学习者想要学习的本性，而且要注意鉴别学习者的学习人性状态特别是学习人性的发展方向，以便尽可能引导其朝向真善美的方向；同时要“依靠学习人性”，思考运用什么方法优化学习者的学习活动，让其在学习活动中不断获得学习人性的方向引领和数量增长；进而要力求“成就学习人性”，即明确和谨记促进学习者学习的根本目的是为了发展其学习人性，以带动人性的全面完善和升华。

1. 学习型社会建设的起点：激活学习人性

解读学习型社会建设的人性起点，至少需要从人性的角度追问“学习型社会建设如何可能”和“学习型社会建设何以必要”这两大问题。

许多专门研究发现，人生来具有学习的先天驱力（innate drive to learn）①。而且，自然选择促进了复杂的人类智能的发展，人类的心智能力是进化的产物，是在自然选择的漫长过程中由原始水平的智能进化而来。②所有类型的学习，都具有非常特殊的先天程序在起作用，③学习是进化过程的延伸。④也就是说，人生而具有学习的本性。正是这种学习人性，使学习型社会建设得以可能。

---

① Chomsky, N. Language and problems of knowledge [M]. Cambridge, MA: MIT Press, 1988: 1.

② 斯蒂芬森，哈贝曼. 世界十大人性哲学［M］. 施忠连，译. 上海：复旦大学出版社，2007：244.

③ Lorenz, K.Z. The innate bases of learning [M] //Pribram, K. On the Biology of Learning. New York, NY: Harcourt, Brace and Janovovich, 1969: 20-21.

④ Plotkin, H. Human nature, cultural diversity and evolutionary theory [J]. Philosophical Transactions of the Royal Society of London. Series B: Biological Sciences, 2011, 366 (1563): 454-463.

学习人性赋予学习型社会建设以可能，而激活学习人性、促进学习人性的表达，则是学习型社会建设成为必要的人性根基。专门研究揭示，学习的本性只是学习发生的“必要”条件，只有处于合适的环境条件下，学习才能真正发生。①教育活动及学习型社会建设，正是要为学习者提供合适的学习环境，为激活学习者的学习人性创设“充分”条件。而且，教育能够促进学习人性的表达，“教育给予人的，并非人凭自己不可能得到的东西；教育给予人的，仅仅是人凭自己可能得到的东西，只是更快、更容易而已”。②比如，学习者受能力不完善等的局限，很难从异常丰富的文化中选择出较有价值的内容作为学习对象，不仅如此，甚至还可能选择假丑恶的内容作为学习对象，这时，教育者的相应引导，就是促使学习者有效掌握文化精华的“指引”和“捷径”。

2. 学习型社会建设的过程：依靠学习人性

学习人性使学习型社会建设具有可能并成为必要，那么如何成就发展与完善人性的理想目标，如何由起点通达结果，就涉及“过程”问题。对此，已有学者敏锐地感悟到“学习才能使人成为人……人之所以能够不断地超越、提升自己靠的是持续不断的学习”，在这个意义上，“夸美纽斯的名言‘只有受过一种合适的教育之后，人才能成为一个人’就不太确切，而应准确地表述为‘只有学习，人才能成为一个人’”。③这些学术积淀，有助于我们走出起点与结果割裂的人性论困局，凝结出相应的过程论认识。人性生成的根本原由、内在机制和最高制约性，正是“学习”！学习，改造人性、化育人性、升华人性，从而

① Winch, C.Learning how to learn: A critique [J]. Journal of Philosophy of Education, 2008, 42 (3/4): 649-665.

② 莱辛. 论人类的教育 [M]. 朱雁冰，译. 北京：华夏出版社，2008：102.

③ 顾明远，石中英. 学无止境——构建学习型社会研究 [M]. 北京：北京师范大学出版社，2010：22.

成就了人性。具体而言，有了学习，人性才能丰富与发展；反之，没有学习，人性的丰富与发展就不能发生、进行并实现；而且，学习状态的不同造成人性生成的差异，只要学习状况得以改进，就有可能带来人性生成的优化。学习型社会建设，正是基于学习人性，通过促进学习者的学习，优化学习者的学习状况来最终达成生成人性的目标。

过去，“依靠学习人性”之所以未受到应有的关注，在很大程度上是由于一种“逻辑错位”根深蒂固地存在于人们的思维之中。这就是“教”对“学”的僭越。即以教代学，以教的价值凌驾于学的价值。这种僭越弥漫于我国的教育领域。陶行知回国之后，看见国内学校里先生只管教，就认定有改革的必要，主张以“教学法”替代“教授法”，却在南京高等师范学校校务会议上辩论两小时都不能通过，因此他不接受教育专修科主任之职。后来，他撰写《教学合一》一文，主张教的方法要根据学的方法，苏州师范学校首先赞成采用“教学法”一词，该词才逐渐通行起来。①但是，名称的变化并不必然带来思维的进化。1996 年联合国教科文组织发表的报告《学习：内在的财富》被翻译为《教育：财富蕴藏其中》。其间蕴藏的逻辑问题和僭越思维，耐人寻味。

这种错位和僭越广泛存在，已经引起了一些学者的关注。有人一针见血地指出，虽然教师的教是以导致学习者的学为目的的社会活动，但是教不会总是或必然造成学习者的学，学习者的学比教师的教更为重要。②杜威也曾有一个精辟的比喻：教学关系有些类似买卖关系，市场上是“买”多少决定了“卖”多少，教学中是学习者“学”多少决定了

---

① 陶行知．教学做合一讨论集［M］．上海：教育书店，1951：3.

② Pai，Y.，et al. Cultural foundations of education［M］. 4th ed. Upper Saddle River，NJ：Pearson Education，2005：45.

教师“教”多少。[①]也就是说，教师“教”了，学习者不一定产生“学”。而没有学习者的“学”，学习者的人性难以实现丰富与发展。在这个意义上，学习人性论的提出和发展，既是一种唤起，一种对整体取向方法论的唤起；又是一种放弃，放弃以教僭越学的惯常思维；更是一种追求，追求以学习为本的学习型社会建设取向。

3. 学习型社会建设的结果：成就学习人性

学习型社会建设激活学习人性，依靠学习人性，就决定了其成就学习人性的结果期待。人性是“体”与“用”的统一体。人性的“体”，亦即人性的质之有无，是与生俱来的，是不能自由选择的；人性的“用”，亦即人性的量之多少，在一定限度内是后天习得、不断变化的，是可以自由选择的。[②]作为与生俱来的本性，学习人性虽然为人所共有，但其数量和方向有着不同、存在变化。首先，从数量上分析。生来好学的孩子，若遇到枯燥无聊的学校和课堂，其学习本性可能逐渐萎缩和贫乏，甚至成为一个厌学憎学之人。相反，若遇到充满乐趣的学校和课堂，其学习本性可能越发充盈和释放，甚至成为一个乐学善学的人。其次，从方向上分析。生来好学的孩子，若有教师的良好引导，其学习的方向可能指向真善美的文化精华。相反，若没有教师的良好引导，其学习的方向可能任意而胡乱，甚至指向假恶丑的文化糟粕。诸如此类的状况，体现出每个人的学习人性在数量和方向维度的可变。所以，“成就学习人性”内蕴两重价值期待：一是实现学习人性的数量增长；二是实现学习人性的正向引领。学习人性在每个人身上的可多可少、可强可弱、可好可坏、可利可弊，为人类的教育活动及学习型社会

① Dewey，J.How we think［M］. Mineola，N.Y.：Dover Publications，1997：29.
② 王海明. 人性论［M］. 北京：商务印书馆，2005：15.

建设创造了广袤的空间，划定了基本的边界，提供了衡量的标尺。

通过学习人性的优化和完善，学习者就会亲近人类历史文化中的“真知”，成为向往真理之人；也会自觉学习人类历史文化中的“美德”，成为心灵良善之人；还会自觉接受人类优秀历史文化的熏陶，不断涵养精神，成为具有境界之人。学习人性的充盈，能够帮助学习者人性中的光明面由少到多、由弱变强，进而带动人性的全面发展与完善。在这个意义上，可以更确切地说，学习型社会建设就是通过成就学习人性，成就了自由人性和完满人性的生成。

正是在激活、依靠、成就学习人性的过程中，学习型社会不断获得自我确证和价值彰显。“激活学习人性”，是思考学习型社会之起始发生的人性根基，属于解读起点，建构的是前提性基础；“依靠学习人性”，是思考学习型社会由现实通达理想的人性根基，属于凸显过程，建构的是方法性基础；“成就学习人性”，是思考学习型社会之价值理想的人性根基，属于追问结果，建构的是目标性基础。起点论、过程论和结果论这三者之间的互依互赖，相合相生，建构起学习型社会的人性原理。

三、未来之路：学习人性论的发展

学习人性论，从人性出发孕育出学习型社会建设的发展诉求：在本体层面，以学习为本；在方法层面，创新促进学习的方法论。如此，学习型社会建设才能逐渐人性化，日益散发出独特的人性光辉。

（一）确立学习为本的本体论

“本”是事物的根源或根基，不管人们在多少种不同的含义上使用

“本体”这个概念，它“总是具有寻求最根本的东西的意义”，“总是具有为自己的思想和行为寻找最终根据的含义”。①学习人性论呼唤确立“学习为本”的学习型社会建设本体论，即学习型社会建设的目标拟定、内容规划、过程安排、方法选用、环境开发、活动实施和评价开展等，都围绕学习而有序进行，为促进学习而不断改进。这在一定意义上超越了通常的“以人为本”或“以学习者为本”的看法。尽管世事纷繁，但只要坚持“学习”这一本体，就不会陷入“本末倒置”或“舍本逐末”的误区，就能够真正立足人性、符合人性、发展人性。

“学习为本”的本体论，要求以学习者的学习为价值基点，统整和理顺学习型社会建设领域错综繁复的利益关系和价值网络。首先，“学习为本”为学习型社会建设提供了人性维度的价值标尺。激活、释放与发展学习潜能，引导、满足与完善学习需要，锻炼、丰富与增强学习能力，保障、提升与优化学习效果的学习型社会建设，就是合乎人性的学习型社会建设，就是人性化的学习型社会建设。舍此，则是违反人性的学习型社会建设，是非人性化的学习型社会建设。其次，“学习为本”为学习型社会建设划定了人性维度的价值边界。边界对事物起着区分和限制的作用，也对事物起着维持和发展的作用。学习型社会建设为学习而生，为学习而在，其边界即由学习来划定。为了学习的学习型社会建设活动，就是人性化的活动，值得提倡的活动；妨碍学习的学习型社会建设活动，就是违反人性的活动，是需要弱化、减少和摒弃的活动。在“学习为本”理念的引领下，建构学习为本的教育、学习为本的课程、学习为本的教学、学习为本的评估等，就成为21世纪学习型社会建设与发展的共同愿景。

---

① 孙正聿．哲学导论［M］．北京：中国人民大学出版社，2000：87.

（二）创新促进学习的方法论

学习人性论不仅浸润着明确学习型社会建设本体论的期许，而且饱含着方法论发展的意蕴。它提示人们判断学习型社会建设的方法是否促进了学习者学习，更激发人们创新一系列真正能够促进学习的有效方法。然而，不可否认的现实是，当前的许多方法正在破坏学习者的学习甚至扼杀着正向的学习人性。如何在学校中让每一个学生享有学习的成功，进而推动学生成长为终身的有效学习者，有必要深入研究。这是学习型社会建设对学习人性有所作为的必然选择。

那么，这些方法何以诞生？这就需要持之以恒的研究。学习人性论要求将“学习研究”作为一个焦点。没有对学习的深刻把握和整体观照，学习型社会建设何以激活、依靠和成就学习人性？在这个意义上，学习研究及其成果，是学习型社会建设理论建构的基石，是学习型社会建设实践行动的参考。

在国际背景下，这一焦点日益受到重视。丹麦政府于 2001 年成立了国家学习实验室（Learning Lab Denmark），重点开展学习研究；美国科学基金会从 2004 年起，斥巨资在多所大学建立学习科学研究中心，致力于建立学习研究的国家网络。而且，有人已经明确提出：“教育研究，必须集中在学习之上。”①澳大利亚墨尔本大学的哈蒂（Hattie, J.）带领团队出版了系列著作，如 2009 年的《可见学习：对 800 多项学业成就的系统性元分析报告》（*Visible Learning: A Synthesis of Over 800 Meta-Analyses Relating to Achievement*）、2012 年的《可见学习教师手册：最大限度地促进学习》（*Visible Learning for Teachers: Maximizing Impact on Learning*）和 2013 年的《可见

① 普林．教育研究的哲学［M］．李伟，译．北京：北京师范大学出版社，2008：14.

学习与学习科学》(*Visible Learning and the Science of How We Learn*)，旨在发现究竟是哪些变量造成了学习者学习成就的差异，探明为什么会造成这些差异，进而帮助教师和家长尽可能最优化地促进学习者的学习。可以说，学习研究已在心理学、脑科学、人类学和哲学等领域得到关注并取得突破，对这些成果进行教育学转化，探索和提炼出相应的促进学习者学习的有效方法，已经迫在眉睫。而且，我们只有在不断跟踪、吸收和整合古今中外多学科学习研究成果的基础上，不断创新出促进学习的丰富而有效的方法，才能为学习型社会建设的发展与优化提供适当的依据与指引。唯此，学习型社会建设也才能更有效地激活学习人性、依靠学习人性和成就学习人性。

“虽然尝试描述人性可能会引发争论，但是争论总不失为一种利器，让我们能够了解人性及其重要性。”①因此，我们无须自争论中退却，而应更加勇往直前，通过人性研究在一定程度上解决学习型社会建设的问题，并明确学习型社会建设的使命。正如康德所描绘的：“人的天性将通过教育而越来越好地得到发展，而且人们可以使教育具有一种合乎人性的形式。这为我们展示了一种未来的、更加幸福的人类的前景。”②如果我们立足于感悟、丰富和深化“学习人性论”这一发展走向，以学习为本体，以探寻与创新促进学习的方法为基本义务，那么这样幸福的未来前景将会不断显露、展现和创造出来。简言之，从学习人性论的视域考察，学习型社会建设是以学习人性为根基，通过激发人潜隐的学习天性，引导人开展向学、为学的现实行动，进而升华人性，实现“学以养性，习与性成”的人生旨意。

---

① 埃力克．人类的天性：基因、文化与人类前景［M］．李向慈，洪佼宜，译．北京：金城出版社，2014：序言 3.

② 康德．论教育学［M］．赵鹏，何兆武，译．上海：上海人民出版社，2005：6.

第二章　学习创造知识

长期以来，学习的获得隐喻①一直占据主导地位，20 世纪 90 年代学习的参与隐喻开始兴起。当下，简单地将两种隐喻加以整合，并不能深刻揭示人类学习的真谛和价值诉求。由此，学习的知识创造隐喻应运而生。“学习创造知识”的彰显，可以拓展和深化对学习型社会的认识，展现在学习过程中创造知识的追求，确立学习型社会的知识生产价值。

一、获得隐喻：学习即个体获得

人类文明以降，学习就被视为获得知识、技能或习惯等的过程，这就是学习的获得隐喻。作为一种不证自明的观点，它为人们普遍认同，以至进入多种词典，成为学习的定义。随着认知学派心理学的兴盛，人们逐渐使用“概念发展”这一术语来分析“学习过程中的知识增长”。知识以概念为基本单位，可以不断积累、逐步精炼、相互联系，形成越来越丰富的结构。“知识获得”和“概念发展”等术语，都促使人们把“心灵”想象为可填充某些材料的“容器”，而把“学习者”想象为这些材料的“拥有者”。换言之，获得隐喻认为学习就是学习者拥有对一

① 隐喻不仅是一种修辞术，也是一种必要的认知策略，它用一种事物来理解另一种事物，在两个不同的观念之间建立联系或映射，因而具有重要的方法论意义，在很大程度上影响着人们对世界和现实的概念化方式。（张沛．隐喻的生命［M］．北京：北京大学出版社，2004：15-16，196.）

些实体的所有权。这些实体是多种多样的，有知识、概念、意义、图式、事实和材料等。学习者拥有这些实体的行动主要是接受、内化、占有、积累或理解等。教师可以通过传递、促进和中介等多种方式，帮助学习者达成目标。

获得隐喻受到关于心灵的民俗理论的强烈影响。研究发现，民俗理论根深蒂固地信奉视人类心灵为容器的隐喻，因而学习就是往容器中添加内容。[①]基于这样的立场，获得隐喻就是以传统的认知方式看待学习，强调心智模式或图式在学习中的作用，强调命题性知识与概念化的知识结构，视有逻辑地组织起来的知识结构和普遍知识为智力活动的理想结果，视个体为符号处理者，往往完全忽略社会情境对认知的重要作用。从根本上说，这是笛卡尔哲学认识论的延续，即知识是在个体心灵中用逻辑手段加以处理的事物，心灵完全孤立于物质世界、文化及社会环境之外。

客观地说，获得隐喻关注学习者如何最有效地形成一定的知识结构，有助于人们理解个体概念结构的发展与概念改变的过程以及个体专业知识的增长。然而，这一隐喻具有以下两大局限。[②]其一，身陷认识悖论。柏拉图曾提出著名的“美诺悖论”，后被演绎为“学习悖论”，即“我们怎么会想要获得我们还不知道的知识？”具体来说，我们不能去获得还不知道的东西，因为我们没有意识到它的存在。相反，我们去认识已经知道的东西，也没有增长新的知识。这就意味着，要尝试用学习者的心理活动解释学习，就必须把学习归因于学习者拥有先在的认知结构，而且，这种结构要与将获得的认知结构一样高级或复

---

① Bereiter, C.Education and mind in the knowledge age [M]. Mahwah, NJ: Lawrence Erlbaum Associates, 2002: 12-20.

② Sfard, A.On two metaphors for learning and the dangers of choosing just one [J]. Educational Researcher, 1998, 27 (2): 4-13.

杂。如果个体没有这种先在的认知结构，如何能“无中生有”呢？在这个意义上，心灵获得或学习新事物是不可能的。对此悖论，获得隐喻无能为力。其二，遭遇价值困境。获得隐喻视知识为个体所有物，与物质财富发挥的作用一样，所拥有的知识决定了知识拥有者的身份与社会地位，知识在一定意义上成为地位和权力的象征。这样，基于获得隐喻的学习方式，就会在很大程度上导致学习者之间的竞争并强调个体独自的成就，最终造成人与人之间的冲突而不是合作。同时，在获得隐喻这里，知识以及获得知识的方式都被视为一种宝贵的财富，代表了学习者的学习天赋或潜能。而且，这些天赋和潜能与其他个人所有物一样是可度量的。因此，获得隐喻容易根据学习者的天赋或潜能，将其分为不同的类型或等级，给学习者贴上“标签”。

二、参与隐喻：学习即情境参与

随着获得隐喻局限的凸显，“学习即参与”的参与隐喻于20世纪90年代开始兴起。参与隐喻绝对不将学习与情境割裂，尤其关注学习的情境性、文化嵌入性与社会中介性等。参与隐喻认为，学习者学习一个主题，就是逐渐参与特定共同体活动，成为共同体成员的过程。这要求学习者具有使用该共同体的语言进行交流的能力以及根据该共同体的特殊规范来行事的能力。当然，这些规范就是在形成共同体的过程中经由协商而建立的。由此，学习者不再被看作仅仅积累一些个人所有物的人，而被视为参与特定活动的人，一般以实践新手和潜在革新者的身份出现，教师则是延续共同体生命的维持者。

究其根本，参与隐喻与获得隐喻之间的主要分歧如下。第一，获得隐喻认为学习是只发生在个体心灵之中的独立活动，参与隐喻则认为学习不能与其发生和存在的情境分离；获得隐喻重视个体心灵的不断充实，参与隐喻将关注的焦点转移到个体与他人之间逐渐形成的联系；获得隐喻强调把知识当作对象，使之“向内移动”进入个体的心灵，参与隐喻强调个体与共同体之间关系的交互特性；获得隐喻强调所拥有的东西决定了拥有者的身份，参与隐喻强调个体的身份是由其在共同体中发挥的作用决定的。因此，参与隐喻认为，犹如尝试界定肺或肌肉时不提及整个机体一样，谈论“独立的学习者”和“去情境的学习”也是毫无意义的。①参与隐喻重视开发丰富的文化情境来促进学习者的学习和身份发展，强调打破学校与周边社会的界限，将学习活动纳入真实的文化情境与任务之中。第二，获得隐喻关注学习结果或产品即“知识”，参与隐喻关注学习活动即“识知”（knowing）。参与隐喻认为知识并不存在于客观世界中，也不存在于个体心灵中，在人们参与文化实践的过程中，知识才能体现出来。认知与识知分布在个体及其相应的环境之中，学习存在于由参与而建立的各种关系和网络之中。可以说，在参与隐喻这里，知识在很大程度上为识知所取代，恒久的拥有（having）在一定意义上为流变的行动（doing）所取代，获得和累积等术语由话语（discourse）、互动、活动和参与等概念加以补充或直接替代。“获得”意味着学习过程有明确的终点，“参与”则是无止境的。参与隐喻与获得隐喻的区别可简洁地列为表 2-1。

表 2-1 获得隐喻和参与隐喻的比较②

	获得隐喻	参与隐喻
学习目的	个体的充实	共同体的建立
学习	获得某些事物	成为参与者

①② Sfard，A.On two metaphors for learning and the dangers of choosing just one［J］. Educational Researcher，1998，27（2）：4-13.

续表

	获得隐喻	参与隐喻
学习者	接受者（消费者），（再）建构者［（re-）constructor］	边缘参与者（peripheral participant），学徒（apprentice）
教师	提供者，促进者，中介者	专家参与者，实践/话语的维持者
知识、概念	财产、所有物、商品（个体的或公共的）	实践/话语/活动的形式
识知	拥有，占有	归属、参与、沟通

针对人们长久囿于获得隐喻理解学习的困境，参与隐喻打开了一个观照学习的新视野。参与隐喻的出现是人类认识论发展的一种具体体现，受到了人类学情境学习、分布（distributed）认知、文化心理学和话语心理学等理论的影响。

其一，参与隐喻伴随着人类学情境学习理论（situated learning theory）的兴起而产生和凸显。情境学习的核心观点即学习是一种合法的边缘参与。学习是共同体成员在取得合法参与机会的状况下，得以从边缘逐渐进入实践共同体并走向中心的过程。在此过程中，新手通过参与（新手培训工作坊、说明会、讨论和完成作业等），将体验具体化为实物的形式（文件、表格、公式、规则和程序等），以促进对共同体中各种事件的理解。新手在从共同体的边缘走向中心的过程中所处的位置，是其在共同体中胜任力的反映。共同体成员或朝向中心，或停留在边缘，或从中心往边缘疏离，或离开共同体等倾向都与其身份认同感有关。后来，温格（Wenger，E.）将情境学习理论深化为“学习的社会理论”（social theory of learning），明确提出“学习即社会性参与”（learning as social participation），认为学习是“主动参与社会群体的实践，并建构与实践共同体有关的身份的历程”①。

其二，分布认知理论为参与隐喻提供了基础。该理论不满意仅把认知视为脑内的活动，开始寻求认知对情境的依赖，即探究认知的分布性质。分布认知即指认知分布于个体内、个体间、媒介、环境、文化、社会和时间等之中，②这为参与隐喻重新思考学习提供了新范式。

其三，参与隐喻与文化心理学和话语心理学的诞生密不可分。心理学的“第一次认知革命”，主要聚焦于学习者个体的认知，把认知看成某种内部机制的作用，而这种机制是一般性的，不受情境和文化条件的影响和制约，研究者的任务就是发现这个深层次的内部机制进而确立人类认知的一般规律。“第二次认知革命”事实上就是“文化论”的发展，是将“心理学里的个体主义予以彻底社会化”③，认为认知活动发生在一定的文化和社会背景中，文化和社会因素不可避免地影响和制约着认知活动。研究者开始尝试在社会、文化和历史的背景中充分研究和激发认知的功能。话语心理学则倡导将话语置于研究的中心，着眼于将心理学的关注与社会分析结合起来。其最响亮的口号是“超越内在心理解释”，即扭转对个体认知的过度关注，摆脱个体主义的窠臼。换言之，对话语的关注，不是要从话语中透视某种客观实体的存在，而是分析话语如何不断建构社会世界。

参与隐喻通过拒斥客观化的知识，认为知识是不可以独立于人而存在的实体，摆脱了实体观和二分法，以巧妙的方式消解了获得隐喻面

① Wenger, E. Communities of practice: Learning, meaning, and identity [M]. New York: Cambridge University Press, 1999: 4.

② Salomon, G. Distributed Cognitions: Psychological and Educational Considerations [M]. Cambridge: Cambridge University Press, 1993: 1.

③ 布鲁纳. 教育的文化：文化心理学的观点 [M]. 宋文里，译. 台北：远流出版事业股份有限公司，2001: 6.

临的学习悖论。同时，参与隐喻也能解决获得隐喻遭遇的价值难题。① 首先，“参与”一词本身就寓意“和睦”“团结”与“合作”，而不是“孤立”与“冲突”。其次，参与隐喻关注的不是“已成之人”（people as such），而是“行动之人”（people in action）。行动，意味着持续的变化。变化，意味着不能给人贴上不变的标签。行动可以是聪慧的，也可以是不成功的，但不能用这些形容词来形容“行动者”。对学习者来说，所有的选择机会都是开放的，即使以前曾经失败过。与获得隐喻不同，参与隐喻带来了无穷的希望：今天你以这种方式行动，明天你可能以不同的方式行动。由此，参与隐喻可以促使学习与教学实践更为民主。

然而，参与隐喻也面临两个难题。②其一，迁移难题。学习迁移要求学习者携带知识跨越情境的边界。但参与隐喻拒绝视知识为独立的实体，也拒绝视情境为具有明确边界的领域，因此，就没有什么知识可以携带，也没有什么边界可以跨越了。其二，学科内容难题。参与隐喻强调学习者要在真实情境中学习，成为实践共同体的成员。这样，不同情境中的学科内容会发生很大变化，甚至导致明确的学科内容逐渐消失。没有了清晰的学科内容，学与教的整个过程就会迷失方向，陷入模糊的危险状态之中。

可见，获得隐喻和参与隐喻分别具有相对优势，令人难择其一。鉴于此，斯范德（Sfard，A.）赞赏“隐喻多元主义”的立场，认为最强大的研究是以多种隐喻为基础的，进而提出“获得—参与”的复合型隐喻应当成为学习的新隐喻。③第一，将获得隐喻和参与隐喻产生的概念框

①②③ Sfard，A.On two metaphors for learning and the dangers of choosing just one［J］. Educational Researcher，1998，27（2）：4-13.

架看作两种不同的视角，而不是相互冲突的观点。正如哲学家罗蒂（Rorty，R.）所说，“不可公度性（incommensurability）蕴含着不可还原性（irreducibility），但并不蕴含着不相容性（incompatibility）。”① 分歧并不造成对立，这使两种学习隐喻具有能够和平共存的可能性和必要条件。第二，将获得隐喻和参与隐喻适当地结合起来，进而扬长避短。获得隐喻以“认知视角”观照学习，启示人们关注学习者头脑中建构知识结构的方式以及建构起来的知识结构，参与隐喻以“情境视角”观照学习，启示人们怎样组织课堂和其他的学习环境，进而为学习者富有成效的学习提供机会。两种视角为人类学习提供了非常珍贵的互补式分析。第三，根据具体的情形，灵活选择某一隐喻。如果要编制一个模拟人类行为的电脑程序，很可能选择获得隐喻，因为需要建构一些表征输入计算机中。如果是考察教育问题，如分析促成学习成功或造成学习失败反复出现的机制时，参与隐喻的解释可能更有效，因为它反对认知与情感二分，重视社会因素的作用，可以使人们在更广阔的范围内思考多种原因及其关系。

三、知识创造隐喻：学习即知识创造

在获得隐喻和参与隐喻不断论争并尝试调和之时，网络化知识社会的迅猛发展，向人类提出了新的严峻挑战。为了富有成效地从事知识密集型工作，个体专业人员、共同体以及组织，都必须不断自我超越、发展新的能力、改进自己的知识与理解并进行创新，进而创造出新的知识。为了能够有效地参与其中，学习者就必须学会超越个体的努力，为

① Rorty，R. Philosophy and the mirror of nature［M］. Princeton，NJ：Princeton University Press，1979：388.

知识的创造和发展而展开合作。在这样的背景下，知识创造隐喻（knowledge-creation metaphor）应运而生。该隐喻认为，每个儿童、每位公民潜在地都不仅是知识的消费者，而且是知识的创造者和建设者。①也就是说，学习不能仅仅是个体对已有知识的转化或建构，不能仅仅是个体成长为共同体成员的过程，也不能仅仅是二者的整合，归根结底，学习不能被理解为仅仅是学习者消费和传承知识的活动，学习更应该成为学习者生产和创造知识的活动。

知识创造型学习主要包括三种模式：野中郁次郎（Nonaka，I.）与竹内弘高（Takeuchi，H.）提出的组织化的知识创造（organizational knowledge-creation）模式、恩格斯托姆（Engeström，Y.）提出的拓展性学习（expansive learning）模式以及贝莱特尔（Bereiter，C.）提出的知识建造（knowledge-building）模式。这些模式通过大量的实践、实验和实证调查，深刻揭示了知识创造型学习的关键所在。

第一，组织化的知识创造模式。该模式认为，人类隐性知识与显性知识之间的社会化相互作用，能够创造出新的知识，具体包括四个阶段。②

一是共同化（socialization），即从隐性知识到隐性知识，是分享体验并由此创造诸如共有心智模式和技能之类隐性知识的过程。一个著名的例子是松下电器公司在开发家用自动烤面包机时，机器揉出的面无法与面包大师揉出的面媲美。揉面基本属于大师的隐性知识范畴，很难说出其中的微妙道理。就此难题，开发小组负责人跟在大师身边观察体验，发现大师不仅拉伸而且还“搓捻”面团，这就是奥秘所

① Hakkarainen，K.，et al. Communities of networked expertise：Professional and educational perspectives［M］. Amsterdam：Elsevier，2004：Preface x.

② 竹内弘高，野中郁次郎. 知识创造的螺旋［M］. 李萌，译. 北京：知识产权出版社，2006：53-64.

在。经过共同化，负责人学到了大师的隐性知识。该过程的关键是体验，若没有形成共有的体验，个体就很难使自己置身于他人的思考过程之中。

二是表出化（externalization），即从隐性知识到显性知识，是将隐性知识表述为明确概念的过程，主要采用比喻、类比或模型等形式将隐性知识显性化。其核心是“创造概念”，一般由对话和集体反思所触发，是知识创造过程的精髓。如上述小组在共同化之后，借助比喻创造出“麻花面团”概念。

三是联结化（combination），即从显性知识到显性知识，是将各种概念综合为知识体系的过程。运用文件、会议、电话或网络等媒介，人们可以将不同的显性知识彼此结合并加以整理、增添和分类等，进而重构既有信息，催生出新知识。如上例中，工程师结合自己已有的机械设计知识，将“麻花面团”概念进行解读，在机器内壁增添了特殊的肋骨状凸纹设计并多次实验，成功开发出能做出美味面包的家用自动烤面包机。联结化主要由新创造的知识与组织内已有成员的既有知识形成的“网络”所激发。

四是内在化（internalization），即从显性知识到隐性知识，是使显性知识转化为隐性知识的过程。参与前三阶段的个体都获得了相应的显性知识并能将其内在化为自己的隐性知识，但是，个体层面上积累的知识必须与其他组织成员分享，这样才能激发新一轮的知识创造。如果这些在个体层面上积累的知识，以语言和图表等形式变成文件、手册或口述故事等，将对其他组织成员大有裨益。其他组织成员一般通过“做中学”开启内在化过程。上述四个阶段可称为知识创造的 SECI 模型（见图 2-1）。

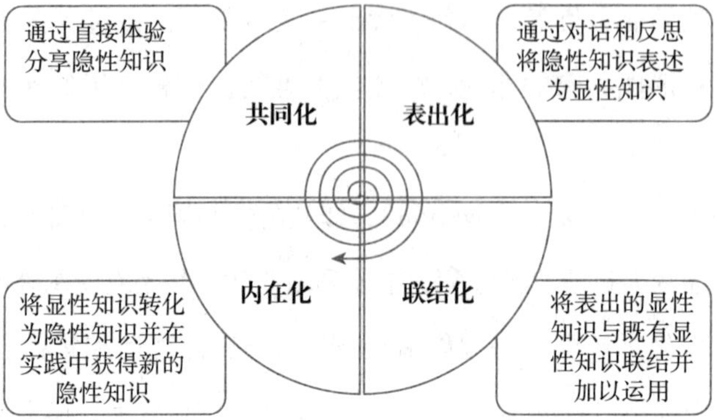

图 2-1　SECI 模型

该模型描述了隐性知识和显性知识如何在“质”与“量”上得以放大，如何由个体到组织里面的小组内部和小组之间，直至在组织之间进行扩展。更深入地说，组织本身无法创造知识，组织需要调动由个体所创造及积累的隐性知识，通过以上四个阶段将其在小组内、小组间、组织间等层次上加以放大并固定下来，这个过程就是“知识创造螺旋”①。也就是说，组织化的知识创造是一个螺旋过程，它源自个体，随着互动群体的扩大，超越小组、组织的边界而不断往前推进。

当前，组织化的知识创造模式在教师学习等领域具有广阔的运用前景。比如一些大学教师作为培养师范生和培训在职教师的教师教育者，可以深入中小学及幼儿园，分享体验一线优秀教师的隐性知识，在共同化的基础上将这些隐性知识显性化，表述为明确的概念或理论，再与已有的教育教学知识加以联结，形成系统化的知识，进而供更多的师范生和在职教师内在化。这样，新的教育教学知识就在教师教育者和一线教师共同学习的过程中被创造出来，并在更大的范围内不断传播。

第二，拓展性学习模式。恩格斯托姆以文化—历史活动理论和拓展

---

① 竹内弘高，野中郁次郎．知识创造的螺旋［M］．李萌，译．北京：知识产权出版社，2006：64-65.

性学习理论为分析框架，批评 SECI 模型强调隐性知识的社会化和共享，没有将问题的形成与分析置于知识创造过程的首要位置。在他看来，知识创造型学习始于批判和质疑。导致这种差异的一个原因，可能在于恩格斯托姆分析的是“西方”组织中的知识创造，而竹内弘高和野中郁次郎分析的是“日本”组织中的知识创造。在日本文化中，一致性和群体思维备受强调，而在西方文化中，个体差异甚至冲突的意义很容易被视为出发点。恩格斯托姆聚焦于共同体活动中的辩证张力、矛盾和冲突，建构了拓展性学习环，主要有七个步骤。(1) 质疑。对当下实践或现有知识某些方面的质疑、批判和拒斥。(2) 分析。分析产生质疑的原因，以便找出问题的解释机制，包括历史分析和实际经验分析。(3) 构建新模型。建立解决问题的明确、简洁的模型。(4) 检验新模型。通过试用新模型，把握其动态性、潜力与局限。(5) 实施新模型。通过实际应用，丰富、完善模型。(6) 反思。评价整个拓展过程。(7) 巩固新的实践形式。将模型的实践结果加以巩固，成为一个新的、稳定的实践形式（见图 2-2）。同时，恩格斯托姆批评 SECI 模型对知识创造的描述过于固定化和确定化，反之，拓展性学习环并不遵循固定的顺序，以上七个步骤只是一个分析拓展性学习过程中不同要素的典型的、启发式的框架。①

简言之，拓展性学习环是由一个简单的观念拓展为一个复杂的活动目标或形成一种新的实践形式。它强调个体和社会情境之间的动态关系，尤其强调改变已有实践和重构新活动。这样的学习从个体质疑现有的实践活动或规则开始，随后学习主体从个体走向集体和网络，越来

① Hakkarainen, K., et al. Communities of networked expertise: Professional and educational perspectives [M]. Amsterdam: Elsevier, 2004: 114-116.

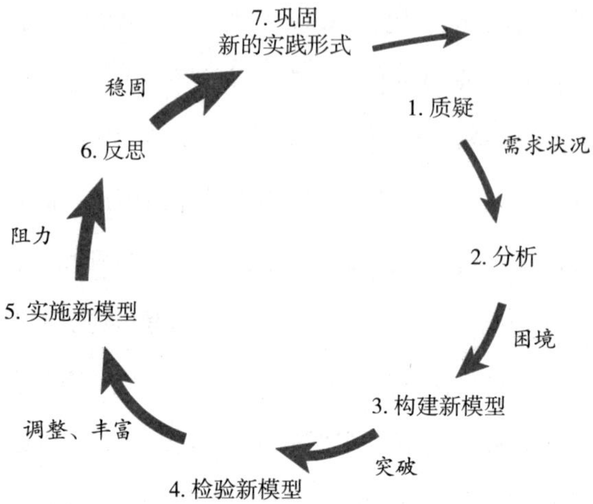

图 2-2 拓展性学习环①

越多的人加入质疑活动，最终形成一种新活动的概念框架、新拓展的活动客体和以客体为导向的活动系统。这里有以下两层意蕴需要重视。其一，拓展性学习关注学习过程中新知识、新活动的创造过程。在这个意义上，学习是一种活动，但它是特殊的活动，是产生活动的活动。学习的一个核心目标就是产生新形式的活动，而这种新形式的活动中承载着新模型、新知识。其二，拓展性学习突破个体学习的范畴，认为学习的主体是集体，要拓展的领域就是集体现有的实践能力与未来实践能力之间的差距。由此，一个完整的拓展性学习环，可以被理解为跨越最近发展区的集体旅程。

第三，知识建造模式。贝莱特尔认为知识社会已经凸显出如下特点：知识能够在共同体成员中系统地被生产出来并加以共享。他认为学习有以下三种水平。②一是无意学习，学习作为认识活动的副产品而发

① Engeström, Y., Sannino, A. Studies of expansive learning: Foundations, findings and future challenges [J]. Educational Research Review, 2010, 5 (1): 1-24.

② Hakkarainen, K., et al. Communities of networked expertise: Professional and educational perspectives [M]. Amsterdam: Elsevier, 2004: 117.

生。日常生活中的学习通常是这种学习，元认知（metacognition）没有发挥具体的作用。二是有意学习，其典型特征之一就是为了拓展知识和理解，学习者付出了有意识的元认知努力。这是个体提升知识和技能的系统工作。三是知识建造，这是生产文化知识的实践活动，科学研究小组或其他专家共同体的实践是其典型代表。知识建造是未来学习和教育的理想模式，是聚焦于创造各种类型的知识客体或概念性人造物（artifacts，计划、策略、理论、观点与模式等）的集体活动。该理论非常重视概念性人造物的作用。波普尔（Popper，K.）强调在物理客体或物理状态的世界（世界 1），以及意识状态或精神状态的世界或关于活动的行为意向的世界（世界 2）之外，应该还存在一个世界 3，即思想的客观内容的世界，尤其是科学思想、诗的思想以及艺术作品思想的世界。这里的概念性人造物就是波普尔所说的世界 3 中的实体。因此，贝莱特尔特别强调建立创新型专家共同体，共同体中的成员不仅尝试学习某些东西，更要解决问题，产生新的思想，改进公共知识。

立足于知识建造模式，贝莱特尔带领团队依托加拿大安大略教育研究院的丰富资源，基于异步计算机媒介通信技术（asynchronous computer mediated communication technology），开发了名为“知识论坛”（Knowledge Forum，KF）的网上学习平台，专门用于支持和促进学习者的知识建造过程，现已有美洲、欧洲、亚洲和大洋洲的近二十个国家使用该平台。“知识论坛”中有许多促进知识建造的功能，如一般网上讨论区只供发表不同见解，而 KF 提供各种功能表达各观点之间的关系，鼓励和促成思想交锋。

深入比较可见，以上三种知识创造模式在关注的过程、创新的来源以及界定学习活动所在组织的范围等方面，都表现出一定的差异（见表 2-2）。

表 2-2 知识创造三种模式的比较①

	组织化的知识创造模式	拓展性学习模式	知识建造模式
关注的过程	强调以隐性知识和显性知识相互作用为本的知识螺旋	强调以物质客体为本的活动与实践	强调以概念性人造物为本的知识建造
创新的来源	将隐性知识转化为显性知识	通过拓展性学习克服张力、混乱与模糊	专门致力于创造与拓展知识客体
组织的范围	从个人、小组、组织到组织间四种不同的存在论水平	活动系统和活动系统网络	知识建造共同体

上述三种模式虽有差异，但都十分强调创新，认为学习不仅是“消费”活动更是“生产”活动，不仅是“继承”活动更是“创新”活动，包括创造出新的隐性知识、新的显性知识、新的活动或新的概念性人造物。而且，上述三种模式还存在以下两大共同点。

第一，三种模式都在共同体的框架下探讨创新过程，凸显人造物的中介作用。这看似与参与隐喻相同，但知识创造隐喻不仅关注人与人之间的互动或人与环境之间的互动，而且更关注共同体成员之间通过系统开发“活动的共同客体或人造物”而发生的互动。这些共同客体，在贝莱特尔模式中，就是概念性人造物；在恩格斯托姆模式中，就是理论、实践与活动；在野中郁次郎模式中，就是公司开发出的产品。如果说获得隐喻是“独白式”（monological）立场，视学习为个体内在的心智活动，参与隐喻是“对话式”（dialogical）立场，强调人与所在情境的互动，那么知识创造隐喻就是“三元交互式”（trialogical）立场，不

① Paavola, S., et al. Models of innovative knowledge communities and three metaphors of learning [J]. Review of Educational Research, 2004, 74 (4): 557-576.

仅关注个体和共同体的维度，而且强调人们协作开发出能够共享的客体或人造物，强调这些人造物在学习过程中的中介作用（见图 2-3）。

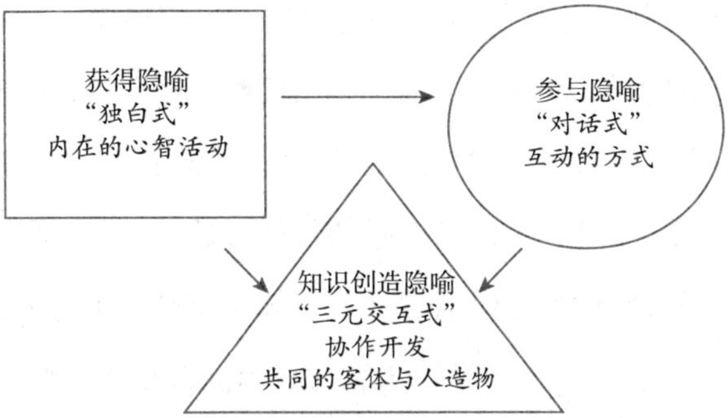

图 2-3　三大学习隐喻的基本立场①

知识创造隐喻认为，"人类活动是中介性活动，人类并不是直接对环境做出反应，而要借助符号或工具等中介物才能实现"，正是作为中介物的工具与符号等人造物，"弥合了笛卡尔主义带来的个体与无法触摸的社会结构之间的割裂"，自此，"不能再离开个体的文化环境来理解个体，也不能脱离正在使用和生产文化人造物的个体来理解社会"。②简言之，三元交互的学习活动，意味着人们运用多样的"人造物"（符号、概念、工具等），通过中介过程（实践、显性知识与隐性知识的互动等），共同开发出活动的客体（概念性人造物、实践、产品等）。在这个意义上，学习的知识创造隐喻也可称为"学习的人造物创造隐喻"（artifact creation metaphor of learning）。需要说明的是，这些客体是具体的（即使是观点和概念，也必须"表达出来"予以共享和发展），也是在开发过程中不断变化的。换言之，三元交互式立场关注人

① Paavola, S., Hakkarainen, K. The knowledge creation metaphor—An emergent epistemological approach to learning [J]. Science & Education, 2005, 14 (6): 535-557.

② Engeström, Y. Learning by expanding: Ten years after [EB/OL]. [2012-10-06]. http://lchc.ucsd.edu/mca/Paper/Engestrom/expanding/intro.htm.

们通过协作，不断开发出新客体并持续改进和完善这些客体，而不是局限于与静止不动的客体打交道，也不是徘徊于已有的知识水平。

第二，在视创新过程为社会化过程的同时，三种模式都非常强调个体胜任力与创造性的重要性。在知识创造隐喻看来，获得隐喻和参与隐喻归根结底都是简化论，将学习简化为个体的心智过程或学习者的情境参与。知识创造隐喻则将个体的创新看作共同体共同努力创造新事物的动力，将社会环境看作个体创新与认知发展的条件。野中郁次郎模式里的一些机制确保个体的隐性知识与猜想能够在小组内、小组间和组织间等各层次有效地表达出来，而且共同体的知识能够被更多的个体加以内在化和使用。在恩格斯托姆模式中，个体质疑当下的实践，是活动系统中新学习环得以启动的关键起点。在贝莱特尔模式里，带着问题的个体，正在尝试创造和评估概念性人造物，以便更好地使用和共享这些客体。

知识创造隐喻已经被广泛运用于企业、医院和学校之中，主要有如下方面。 第一，提出“知识创造型企业”和“知识创造型学校”等理想。比如，知识创造型学校要求学校尤其是教师与校长成为专业知识的创造者，教师的专业经验要转化为能在学校内部和学校之间共享的知识。①第二，创建知识实践实验室（knowledge practices laboratory），致力于开发与研究知识创造的理论基础、实践、方法和工具。第三，革新和利用相应的信息通信技术支持学习活动中的知识创造。第四，启动人造物项目，促使学习者投入到能够产生人造物的活动中去。第五，推行教学的渐进探究模式（pedagogical progressive-inquiry model），引领师生共同开发与创造知识。

① Hargreaves, D. H. The knowledge-creating school [J]. British Journal of Educational Studies, 1999, 47 (2): 122-144.

获得隐喻、参与隐喻和知识创造隐喻，已经开辟出一重重新的视野，展现出一个个新的观点，它们在差异中共存，在分歧中互补，共同奠定了认识人类学习的理论基石，孕育了学习型社会建设的深化方向。

第三章　学习获致德福

人类能力的极限和技术的上限频频被挑战和突破，良知和道德的底线屡屡受冲击而沦丧，自我存在感和幸福感越来越萎缩。在这样的背景下，学习者调动其整体生命存在，在学习中获致德福，就成为一种明确的价值诉求。美德伦理学、积极心理学和优良品德（character strengths）①研究倡导、确证和诠释了德福一致论，使得经由学习而修德致福成为可能，拓展了学习型社会建设的价值路径。

一、美德伦理学倡导德福一致

赫斯豪斯（Hursthouse，R.）在《美德伦理学研究》一书中指出："美德伦理学是一种古老而又崭新的伦理学方法，论其古老是因为它可以追溯至柏拉图和亚里士多德（Aristotle）的学说，而言其新是因为作为一种古老方法的复兴，它最近才回归到当代道德理论中来。"②1958年，安斯科姆（Anscombe，G.E.M.）发表论文《现代道德哲学》，标志着美德伦理学的兴起。该文发表之后，学界掀起了对长期盛行的规范伦理学的猛烈抨击。随着为美德伦理学辩护的更多文章出现，其优势作用和强势地位日益彰显。到20世纪90年代，劳登（Louden，R.B.）等人

① character strengths，指的是通过个体的认知、情感和行为而反映出来的人类普遍具有的一组积极品质。"strengths"，原意为"力量""优势""长处"等。根据我国文化传统与德育话语习惯并参考已有学者的解读，将其译为"优良品德"，主要指"一个人所具有的全部品德中占优势地位的品德"。

② Hursthouse，R.On virtue ethics［M］. Oxford：Oxford University Press，1999：1.

发表了《美德伦理学和反理论》一文，旗帜鲜明地宣告："美德伦理学……现在不仅发展成了一个独立的伦理学范式，而且几乎获得了所有年轻伦理学学者的青睐。如今我们可以发现，致力于构建可行的功利主义和义务论体系的理论家已越来越少了，亚里士多德取代密尔和康德成为大多数人愿意拥护的经典道德哲学家。"①至此，美德伦理学创生了基本的理论观点并建构了相应的方法论基础，这标志着一种独立的伦理学理论流派得以形成。随后，斯洛特（Slote，M.）的《从道德到美德》一书于 1992 年出版，成为系统建构美德伦理学的第一部专著。②

美德伦理学得以复兴而呈强劲发展之势，很大程度上是因为人们对规范伦理学占据主导地位而引发的普遍道德危机心存忧虑。规范伦理学主要以道德义务或道德规则为核心，通过道德规则来规范人们的道德行为。但是，规范过于抽象，较难以为人们遇到的复杂情境提供有效指导与帮助。那些深谙规范的道德哲学家，在解决现实生活中的问题时，并不比医生、警察或其他职业者更高明。而且，还存在更严重的问题，即许多人根本不遵从某种道德法则，毕竟规范伦理学未能获得像法律那样、让人必须绝对服从和尊重的地位。对此，人们期望建基于美德伦理学，从人类最本质的优良品德出发，以修养人的良善德性来维护和创建美好的道德社会。

从实质上说，"美德是一种获得性的人类品质，对它的拥有与践行使我们能够获得那些内在于实践的利益，而缺乏这种品质就会严重地妨碍我们获得任何诸如此类的利益。"③基于以上对美德的理解，美德

---

① Louden，R.B.Virtue ethics and anti-theory［J］. Philosophia，1990，20（1/2）：93-114.

② Statman，D.Virtue Ethics［M］. Edinburgh：Edinburgh University Press，1997：78.

③ 麦金太尔. 追寻美德：道德理论研究［M］. 宋继杰，译. 南京：译林出版社，2011：242.

伦理学诉诸人的品德和秉性，侧重追问“我应当成为怎样的人”，而不是“我应当采取怎样的行动”；优先考虑“善”和“卓越”等美德论概念，而不是“应当”“正确”“错误”“义务”等义务论概念；反对将伦理学化归为某些指导特定行为的规则或原理，强调以行为者为中心而不是以行为为中心；注重对行为者及其内在动机与品质特征的关注和评价，而不是只对外在行为和选择进行考量。

在美德伦理学者看来，如果人们修养了优良品德，则无须机械、固执地依赖于规则约束，也一定能做出正确、适当的行为，从而体验人生的幸福感。这一系列人类为了幸福所必需的优良品德，就是美德伦理学所倡导的“美德”。与其他伦理学流派相比较，美德伦理学极富魅力的特质之一，就在于其对人类自身幸福的至诚追求，其对个体提出德性要求的同时就是在帮助个体成为一个幸福的人。亚里士多德认为合德性的活动自身必定是令人愉悦的，德性是幸福的前提，是构成幸福的首要因素，德性力量的发挥可以使人达至幸福。也就是说，只有当一个人在实现德性的活动中伴随着愉悦，他才是幸福的，“幸福是灵魂的一种合于完满德性的实现活动”①。这就是修德致福的“德福一致论”。它既为“学习何以使人幸福”赋予了可能，也为“学习如何使人幸福”开辟了途径。

二、积极心理学确证德福一致

什么是幸福？人们对此见仁见智。有人从伦理学角度提出：“幸福是一种生活状态，是一种人们对生活经验的主观感受，当然也是一种生

① 亚里士多德．尼各马可伦理学［M］．廖申白，译．北京：商务印书馆，2003：32.

活价值的评价。相对于每个生活的个体来说，幸福是真切的。当你感到了一种舒适感、一种成就感、一种特别的快乐、一种称心如意的感觉，那就是幸福。”①目前大多数研究者认同，幸福感包括“生活满意度”和“情感体验”两个基本成分，前者是个体对生活总体质量的认知评价，后者指个体生活中的情感体验，包括积极情感（如愉快、轻松等）和消极情感（如抑郁、焦虑等）两方面。研究发现，生活满意度是体现幸福感的最完善的指标之一，对生活满意度的积极评价与积极情感相关，对生活满意度的消极评价则与抑郁等消极情感关联。②此外，幸福感与自尊也紧密相关。大量调查表明，自尊与生活满意度呈稳定的正相关，是幸福感的一个重要指标。③

着眼于理解并帮助人们提升幸福感的积极心理学，系统探讨了个体的优良品德究竟能否对其幸福感产生影响。研究表明，希望、热情、感恩、挚爱和好奇心与生活满意度的相关程度最高且相关性很稳定，而且，“希望”这一品德能很好地独立预测个体的幸福感水平。④研究者还进行了相应的干预研究，如要求学习者频繁践行自己的五种最为突出的优良品德，同时注重发展自己较弱的五种品德，一个学期后实验组学习者的幸福感水平显著高于控制组。⑤类似的一系列研究有力地回答了“学习何以使人幸福”这一问题，证实了通过培养优良品德以提升学

---

① 万俊人. 什么是幸福［J］. 道德与文明，2011（3）：32-33.

② Proctor, C., et al. Strengths Gym: The impact of a character strengths-based intervention on the life satisfaction and well-being of adolescents［J］. The Journal of Positive Psychology, 2011, 6（5）: 377-388.

③ Diener, E., Diner, M.Cross-cultural correlates of life satisfaction and self-esteem［J］. Journal of Personality and Social Psychology, 1995, 68（4）: 653-663.

④ Peterson, C., et al. Strengths of character, orientations to happiness, and life satisfaction［J］. The Journal of Positive Psychology, 2007, 2（3）: 149-156.

⑤ Quinlan, D., et al. Character strengths interventions: Building on what we know for improved outcomes［J］. Journal of Happiness Studies, 2012, 13（6）: 1145-1163.

习者幸福感并对其幸福感产生持久积极影响的可能性。培养学习者的优良品德，有助于减少其心理疾病和问题行为的发生，激励人们在当下和未来的生活中表现得更优秀，增强其幸福感。

在明晰优良品德可以预测幸福感之后，人们开始进一步研究“为什么优良品德学习可以使人获得幸福感”①。研究发现，个体运用自己较突出的优良品德，有助于他们在目标实现上取得新的进步，同时满足他们对自主性、人际关系和胜任力的基本心理诉求。②那些具有优良品德的人，能更轻松地面对压力、困难和挑战，更具有灵活性和创造性，总能勇敢面对困难并采取有效手段去加以克服，而且拥有良好的人际关系，有充分的自信能获得亲人、朋友、同事和社会的帮助，普遍表现出更高的社会道德水平和更好的社会适应能力。优良品德的运用，促使个体获得积极体验，当这样的运用成为一个人的习惯而且可以自然地加以表达时，这种体验将得到进一步强化。③

三、优良品德学习诠释德福一致

秉承“德福一致论”的指引，人们从世界各国传统文化和现代思想中提炼出人类的美德，并将其进一步细化为可具体实践与测评的优良品德，从而创新出美德理论框架与分类体系。这些优良品德都与幸福感

---

① Niemiec, R. M. Mindfulness and character strengths: A practical guide to flourishing [M]. Boston, MA: Hogrefe, 2013: 35.

② Linley, P. A. Using signature strengths in pursuit of goals: Effects on goal progress, need satisfaction, and well-being, and implications for coaching psychologists [J]. International Coaching Psychology Review, 2010, 5 (1): 6-15.

③ Forest, J., et al. Harmonious passion as an explanation of the relation between signature strengths' use and well-being at work: Test of an intervention program [J]. Human Relations, 2012, 65 (9): 1233-1252.

密切相关。其中，“行动性价值—优良品德目录”（Values-In-Action-Inventory of Strengths，VIA-IS，又称“行动性价值的优良品德与美德分类体系”）较为著名（见表3-1）。

表3-1　行动性价值的优良品德与美德分类体系①

美德	优良品德
智慧：认知性的优良品德，牢固地掌握并友善地使用各种品德	1. 创造力（原创性、适应性、独创性） 2. 好奇心（兴趣、寻求新奇、开放经验） 3. 判断力（批判性思维、全方位思考） 4. 热爱学习（渴望学习） 5. 洞察力（平衡）
勇气：情感性的优良品德，勇敢面对内外部挑战以达成目标	6. 英勇（勇敢） 7. 坚毅（坚持不懈、刻苦勤奋） 8. 诚实（真实、正直） 9. 热情（有活力、有激情、有魄力、有精力）
仁爱：关系性的优良品德，亲切友好地照顾和关怀人、事、物	10. 挚爱（爱与被爱） 11. 友善（慷慨、关照、关怀、同情、无私的爱） 12. 社交力（情感智力、人格智力）
公正：公民性的优良品德，为健康的共同体生活奠基	13. 集体责任感（公民意识、社会责任感、忠诚） 14. 正义（平等） 15. 领导力（建设团队）
节制：合乎中庸之道的优良品德，防止做事过度，常指任何形式的有益克制	16. 审慎（谨慎） 17. 宽容（同情） 18. 谦虚（不自夸） 19. 自理（自我管理、自律）

① Peterson, C., Seligman, M. E. P. Character strengths and virtues: A handbook and classification [M]. Washington, DC: American Psychological Association; New York: Oxford University Press, 2004: 29-30.

续表

美德	优良品德
卓越：帮助自我与更高的精神境界建立联结的优良品德，可以为生命提供超越功利和世俗的意义与价值感	20. 领略优美（敬畏、赞美、高尚） 21. 感恩（感激） 22. 希望（乐观、前瞻、远见） 23. 幽默（活泼、快乐） 24. 精神（虔诚、信仰、追求）

该体系参考了林奈物种分类系统（Linnaean classification of species），依据一般抽象到具体的分类等级秩序，区分出三个概念等级。（1）六大美德。处于表 3-1 的左列，是人类进化过程中有益于解决或应对重大问题或挑战，使人类物种得以繁衍，而被精心挑选保留至今的优秀品质。（2）24 种优良品德。处于表 3-1 的右列，既是构成或定义美德的具体成分，也是形成美德的过程或途径。例如，“节制”可以通过锻炼和加强审慎、宽容、谦虚和自理等优良品德来实现。如果一个人具有某个美德类目中的一两个品德，就可以认为这个人在该领域具有好的德性。（3）品行。即人们在特定情境中表现出某种优良品德的一些特有的习惯行为。从概念的逻辑关系来看，品行是对个体优良品德在具体情境表征上的界定。这一体系为人们开发新型的学习活动，让个体更清楚地体认自身在当下已经具备了哪些优良品德，以及识知自身通达幸福之旅仍需培养和发展哪些优良品德等，提供了思考与行动的框架与依凭，进而有利于人类文化的优化繁衍，构筑幸福社会。①

优良品德并不是固定的或者是建立在不可改变的生物起源的特点

① 潘蕾琼，黄甫全．优良品德学习何以使人幸福——美德伦理学复兴的文化哲学解析［J］．教育研究，2014（8）：15-24.

之上，如果不进行有意识的培养和锻炼，就可能会在发展的进程中丢失。①但可喜的是，优良品德可以被习得以灵活应用于实践中。正如亚里士多德所言，道德的善是习惯的结果，“我们通过做公正的事成为公正的人，通过节制成为节制的人，通过做事勇敢成为勇敢的人”②。积极心理学的研究也表明，我们关注更多积极事物就会受到更多积极影响，体验更多积极行为就会将其更多地表现出来。比如，对友善做出思考并将自己设定为友善的人，就更可能会做出友善的举动。

行动性价值的优良品德与美德分类体系，为人们确定了一个“通过发现和锻炼学习者的优良品德以增强其幸福感”的思路，③也呼唤着人们基于此来开发相应的优良品德学习活动。这些优良品德，应该成为活动目标和内容设计的首要选择。该体系之所以得到世界范围内的普遍认可，主要原因在于其力求突破以往理论的消极立场和诸多局限，着重突出幸福取向、优势为本和行动价值等特点。

第一，幸福取向。面对成千上万的优秀品德，如何选取是一个很大的问题。优良品德理论模型在建构之初就设定了一系列标准，其中很重要的一点就是那些入选的优良品德，要能有助于个人获得成功、满足和幸福感，要能有助于人们对美好生活各种构成要素的追求与获取。尽管优良品德和美德影响着人们对待逆境的方式，但优良品德理论的关注点是个体实现自身价值和抱负的方式，这不仅能够使个体远离心理疾病，而且更指向人的蓬勃发展和幸福。人的生命状态就像一条坐标轴，

---

① Proctor, C., et al. Strengths Gym: The impact of a character strengths-based intervention on the life satisfaction and well-being of adolescents [J]. The Journal of Positive Psychology, 2011, 6 (5): 377-388.

② 亚里士多德. 尼各马可伦理学 [M]. 廖申白，译. 北京：商务印书馆，2003：36.

③ Joseph, S., Wood, A. Assessment of positive functioning in clinical psychology: Theoretical and practical issues [J]. Clinical Psychology Review, 2010, 30 (7): 830-838.

以零点为分界点，零点以下为消极的病态，零点以上为积极的健康状态。传统心理学是“修补损坏”，将－6 改进为－2，这仍然是消极的，只是从“大坏”修补到“小坏”而已。优良品德理论则不同，其突破了零点界限，认为幸福是人与生俱来的权利，通过发现、建构、培养人的优良品德和美德就能实现幸福感由 0 提升到＋3 乃至上移到＋8 或更高，这就牢固地确立了优良品德理论的幸福取向。①“幸福是一种内部实现的状态，而不是指向外部无限欲望的满足。既然幸福本质上是一种内部状态，那么向自身之外的其他地方寻求幸福的举动本身就是一种错误。我们完全可以致力于修养自己的优良品德，通过改善我们思考、感受和行动的方式来享有更满意的生活。”②

第二，优势为本。优良品德理论的一个重要特点，即避免关注人的消极和病态心理的劣势取向，转而关注人的积极力量和美德，确立了“优势为本”的价值立场。每个人都有至少三到五种优良品德，优良品德理论倡导优势为本，其首要任务就是帮助人们识别自己或他人的优良品德。通过观察、反思或借助于问卷，人们可以进行优良品德的发现与辨识，以此增强对那些被忽视或视为“理所当然”的优良品德的意识，进而推动对优良品德的探索和练习。通过对人固有的品德优势的测量、培育和增强，人可以真正成为一个健康且幸福之人。

尽管人类拥有多种不同类型和程度的优势，但是，优良品德作为个体的一种优势，不同于天赋（talents）、兴趣（interests）、技能（skills）和资源（resources）等其他类型的优势。③天赋是人天生的内

① 赛利格曼．真实的幸福［M］．洪兰，译．沈阳：万卷出版公司，2010：143.

② Ricard, M. Happiness: A guide to developing life's most important skill［M］. New York: Little, Brown & Company, 2006: 33-35.

③ Niemiec, R. M. Mindfulness and character strengths: A practical guide to flourishing［M］. Boston, MA: Hogrefe, 2013: 31-32.

在能力优势，具有强烈的生物附加性，如智力、音乐天赋和运动天赋等。个体的一部分天赋可能得到了很好的发展，一部分则可能没有。兴趣是推动人们对所热爱的领域进行不懈追求的内在优势，比如做运动、参加某种活动和投入艺术工作等。技能是通过训练得以发展的特定的专业能力优势，比如计算技能和研究技能等。资源是一种外部支持优势，如社会和精神联结等。尽管这些方面的优势同样被视为是非常重要的，但是优良品德才是人之为人（who we are）的核心，它为其他优势的发展提供了一条路径。例如，一个人可以基于坚毅和自理的优良品德来追求音乐或体育上的天赋，希望这一优良品德有助于获得和培养工作中的新技能，好奇心可以促使人们探索感兴趣的领域，感恩和友善能够帮助人们获取外部资源。天赋可能会被浪费，兴趣可能会被磨灭，技能可能会被消磨，资源可能会被剥夺，然而，优良品德是明确的、具体的，可以不断与其他积极品质相整合，以成就人类更伟大的善与幸福。

第三，行动价值。拥有优良品德的潜质，还是付诸具体的行动，这两者是不等同的。比如，一个人可能拥有一种东西而不产生任何结果，就如一个人睡着了或因为其他某种原因而不去运用他的能力一样。关涉着幸福的优良品德，必须表现为“行动”而不仅仅是潜在的能力，才能帮助人们获致幸福。因此，优良品德不仅表现在人们的思想和情绪中，更体现于人们的行为层面，既是关乎我们是谁即存在（being）的问题，更是我们要付诸这个世界的行动（doing）。[①]从根本上说，优良品德理论突出的是“行动性价值”（value in action）。这就意味着，24种优良品德不仅是理论上的希冀，更是行动中的体现。通过在行动中不

① Niemiec, R. M. Mindfulness and character strengths: A practical guide to flourishing [M]. Boston, MA: Hogrefe, 2013: 31.

断练习、运用和强化优良品德，人们不仅可以获得稳定而持久的良好品德修养，更能够增加内心的满足感与幸福感。在这个意义上，优良品德学习就是使人们养成持续践行优良品德的行为习惯。

第四章　学习拯救生命

在很多人看来，日常生活就是一种在琐碎和单调中穿行的状态，日久生厌。人们如何通过学习活动，冲破日常生活中的重重迷障，从琐碎中体验超然，从单调中得到救赎，就是价值层面的学习型社会研究迫切需要思考的问题。本章将挖掘和分析学界鲜有关注的加缪（Camus, A.）的学习价值理论，希望在一定程度上让“学习拯救生命”的价值命题走入人们的视野。加缪一出生，贫穷与困顿就伴随着他，然而，他消弭了怨恨，领悟和超越了命运，最终成为法国著名的存在主义哲学家并获得了诺贝尔文学奖。“存在”问题自古希腊哲学开始就备受重视。跃过克尔凯郭尔（Kierkegaard, S.A.）的“永恒的上帝庭院”，逃出海德格尔（Heidegger, M.）的“无遮蔽真理的深渊”，加缪的存在思想从雅斯贝斯（Jaspers, K.）抽象思辨的笔录本上纵身一跃，来到活生生的日常生活中。对人的日常生活加以审视，建立在“运行机制”之上的习惯力量及“万物崩离、中心失依”的现实境遇等，都让加缪产生了一种前所未有的强烈荒谬感，他用尽一生去追问人的存在，最终发现：荒谬的现实将人逼至孤独受困的境地，人随时都可能被投入虚无。对此，人需要借由学习活动，触发意识的觉醒，产生反抗的态度，付出抗争的行动，进而实现对自我乃至众人生命的拯救。

一、我学习，我反抗

“起床，乘电车，在办公室或工厂工作四小时，午饭，又乘电车，四小时工作，吃饭，睡觉；星期一、二、三、四、五、六，总是一个节奏，在绝大部分时间里很容易沿循这条道路。”①在日常生活中，人们按照固有的原则、秩序和规范心安理得地生活着。然而，在某一清醒时刻，人们会突然感到厌倦。“厌倦产生于一种机械麻木生活的活动之后，但它同时启发了意识的运动”②，激发人们以清醒的“意识”审视周围的一切，促使人碰触到现实生活中迷障的壁垒，引发人对惯常行为进行反思，进而，不适感、异己感和流放感就越发厚重地盘旋在人们的上空。加缪使用“荒谬”这个词来概括这种人类处境的惶然。人生而荒谬，但这并不足以让人绝望。③人被命运和责任主宰，但学习能使人在这荒谬世界中产生突围的渴望、抗争的行动并获取“崇高”，使陷入因荒谬而生的虚无意识之中、感到无限绝望的人得到摆渡，从而开启生命的另一种可能，即“反抗”。这不是日常意义上的“用行动反对、抵抗”，而是在拒绝惯常的同时确认新的价值。学习，实质上就是一种反抗。在勇敢承担荒谬的命运，以挑战式的抗争超越习惯力量之时，人不断地反思澄清自身的价值体系，重构学习价值观，从而在思与行的结合中充盈越发萎弱的精神世界，体验生命的意义。

（一）学习让人走出日常狭隘

《第一个人》中雅克和同伴进入图书馆，“经过了几个星期，几个月，几年的阅读，一种奇特而强烈的激情使一个充满影像及记忆的世界在他们心中诞生并日益扩大”，“他们对梦想与现实同样充满了激情”，“他们看到的不是摆满黑色封皮书籍的墙壁，而是一个多变的天地，一个广阔的视野。一进大门，就已经把他们从那个社区狭隘的生活中解脱

①② 加缪．西西弗神话［M］．杜小真，译．北京：人民文学出版社，2012：23.
③ 加缪．加缪全集：戏剧卷［M］．李玉民，译．上海：上海译文出版社，2010：589.

出来了”。[1]“他们深情地爱着学校里的一切”，“学校不仅仅是他们逃避家庭的场所”，“学校还培养他们一种饥渴感。这类饥渴感对于成人，特别是对孩子来说是至关重要的，这就是对发现的一种渴望”。[2]这样的“饥渴感”让人沉浸于学习的天地，这种“沉浸”赋予人梦想，任由人“枕着”梦想在学习的海洋中徜徉。正是这种学习活动，使人不被“荒谬的阴暗面”以及世界中的“罪恶”所侵蚀，也不被贫寒与愚昧所围困，而是始终保持着反抗的姿态。在这种“反抗”中，人们学习以“知”破除“无知”导致的人与世界的隔阂，走出“无知”这座没有吊桥的堡垒。在学习活动中，“知”与“无知”带来的人与人之间理解的障碍得以消除，人逐渐意识到自己发现世界的能力，并通过想象、分享及他人引导，“绘制着这个从未见过的世界的草图”[3]。这种清晰的感知，使人深情地爱上学习。人摆脱了孤独和狭隘，感受到了自己的存在。

（二）学习让人付出抗争行动

人们“无事可做，只好在这阴沉沉的城市里兜来转去，日复一日地沉湎在使人沮丧的回忆中”[4]。加缪称荒谬带给人的这种影响为“流放之感”。“我们心灵深处始终存在的空虚感确是一种流放之感，一种明确清晰的情绪，一种焦心的回忆之箭，一种荒诞不经的妄想，不是妄想年光倒流就是相反地妄想时间飞逝。”[5]然而，人存在的价值和生活的意义是在“现在”的具体境况中通过自主选择和行动创造的。追悔于已逝的往昔或寄望于未来以逃避现在，实为剥夺了“现在”的意义。加缪

---

① 加缪．第一个人［M］．刘华，译．上海：上海译文出版社，2013：173.

②③④⑤ 加缪．加缪文集［M］．郭宏安，等，译．南京：译林出版社，1999：100，99，288，289.

在阅读《痛苦》时说："我从不曾忘记那本美妙的书，这是第一本同我谈起我所熟悉的事情的书：一位母亲，贫穷，美丽的天空。像往常那样，我通宵读完了它。天亮时，我产生了一种崭新的奇特的自由感，在陌生的土地上，我迈开犹豫的脚步。我刚懂得书本不仅是让人忘却和消遣。我那种固执的沉默，无法摆脱的无名痛苦，奇特的社会，家人的傲气，他们的贫苦，还有我的心事，这一切都可以说出来……《痛苦》使我发现了创作世界。"①加缪体会到，学习活动所促发的人的创造力，肯定了人自身生命的价值，将人从流放之感中解救出来。人的创造力的发挥，成为具有反抗意义的行动，开启了新的生命之旅。这样，表面否定性的抗争发展为肯定性的捍卫。反抗"表面上看来是否定之物，其实它表现了人身上始终应该捍卫的东西，因而十足地成为肯定之物"②。否定与肯定之间的较量，代表了人不肯屈服的那一部分，是人的最独特的部分，也是人之为人的尊严感的体现。

"思维，就是重新学会看和注意，就是指挥其意识。"③经由学习，人能够更加深刻地运用思维和意识来考察、感知和体悟人与自然、他人以及自身的关系，促使反抗行动更为深入。思维还能赋予人敢于自我批判的勇气、处于荒谬境遇的坚守以及执着于追寻生命意义的热情。例如，《西西弗神话》中的西西弗为老百姓找到水源，天神责其泄露天机，罚他推石头上山。一般人以为将石头推上山顶就完事了，但事实是石头一到山顶就会滚下来，就需要西西弗再推上去，于是推石头成了西西弗永不止息的苦刑，他如此循环往复地做着他人眼中既无用又无望

---

① 格勒尼埃．阳光与阴影——阿尔贝·加缪传［M］．顾嘉琛，译．北京：北京大学出版社，1997：6.

② 加缪．加缪全集：散文卷Ⅰ［M］．丁世中，等，译．上海：上海译文出版社，2010：183.

③ 加缪．西西弗神话［M］．杜小真，译．北京：人民文学出版社，2012：34.

的劳动，因为众神认为让一个人去做一件永远不能完成的工作，就是最大的惩罚。然而，西西弗从自身的厄运出发，直面那块巨石，坦然地面对他人眼中的“无望”与“徒劳”，泰然地将其推上山顶。他在意识到自己荒谬命运的同时，也用行动战胜了命运对他的嘲讽。在这场较量中，西西弗不仅仅意识到自身生命的“值得”，还用他直面厄运的行动证明了人可以在荒谬中生活，依靠清醒的意识获取一种张扬自我、坚守自我的坚韧的精神力量。加缪称赞西西弗：“他高于他的命运。他比他的巨石更强大。”①

在加缪的思想体系里，纵使生而荒谬，死也是最终的归宿，但在生死之间，却可以由自己掌握。这既是一种反抗，又是一种拥有。这种对存在的沉思而焕发出的意志，对荒谬的反抗而喷涌出的激情，足以赋予生命个体以价值。加缪由揭露荒谬出发，从“我的反抗”走向“我的热情”，为人构筑了一种新的生命价值观。“如果我试图到达什么地方，那就是这光线的最深处。如果我企图理解并尝一尝这告诉我们世界秘密的美妙滋味，那我在宇宙的深处找到的则是我自己。我自己，这就是说那种把我从伪装下解脱出来的极度的激情。”②在反抗过程中，人们不断地对周遭的一切发问、反思，从麻木的生活和粉饰太平的安宁中解脱出来。在这种生命体验中，人们的内心也充实着激情与自由。这种激情与自由又不断地促使人遇见新的自己，于这种反复地自我面呈过程中永续生命的意义。

（三）学习让人领悟生命中道

亚里士多德将人始终面临的精神状态分为“过度”“不及”“中道”

---

① 加缪．加缪文集［M］．郭宏安，等，译．南京：译林出版社，1999：707.

② 加缪．置身于苦难与阳光之间——加缪散文集［M］．杜小真，顾嘉琛，译．上海：上海三联书店，1989：46-47.

三种，前两种都属于恶，“中道”才是德性。在加缪看来，“以暴力征服暴力的行为”和“将希望寄托于圣宠王国的思想”都是一种“过度”与“不及”，而能够排斥引起社会动乱的过度行为和悲观厌世的不及行为，促使社会和谐、人内心达到均衡的途径，就是指向“生命”的“中道”，“保持中道才是维护人性和人的尊严的唯一有效方式”。①在荒谬的现实里，人的学习与反抗，要成为有价值和崇高的活动，而不是反势态而为之的行为，就必须“寻求两极的平衡”。

作为反抗的尺度，节制和适度规约人的行动，使其朝着正确的方向前进。但是，节制“并不意味着不去行动，不去斗争，甘于平庸，放弃生活，而是以清醒的头脑去掌握行动的分寸，避免行动陷入无节制的疯狂”②。适度“是一种不断被智慧激发和控制的经常性的冲突。它既不战胜不可能，也不战胜深渊。它与二者平衡相处”③。

二、拯救自我，拯救众人

众人生命的拯救，建基于自我生命的救赎。“人必须强壮和幸福，才能更好地帮助遭遇不幸的人。自己生活艰难，让生活担子压垮，就不可能帮助任何人。反之，能主宰自己，主宰自己生活的人，才能真正慷慨仗义，有效地给予。”④在生命意义的构筑过程中，学习凸显出拯救自我和拯救众人的双重价值。

---

① 葛金玲．欧洲语言与文化：第1期［C］．上海：上海社会科学院出版社，2014：22.

② 张容．形而上的反抗——加缪思想研究［M］．北京：社会科学文献出版社，1998：234.

③ 加缪．置身于苦难与阳光之间——加缪散文集［M］．杜小真，顾嘉琛，译．上海：上海三联书店，1989：216.

④ 加缪．加缪全集：戏剧卷［M］．李玉民，译．上海：上海译文出版社，2010：748-749.

（一）拯救自我

在加缪看来，人的学习不局限于知识的获得，拯救自我的学习也不局限于一种。自我觉悟式和人境交融式的学习，激发人对现实的批判和热情，使人更加坚定对生命的爱和信念，导师指导与对话激荡则是学习升华的关键。

其一，自我觉悟。拯救自我的学习，重点在于对生命的自我觉悟，“智慧”和“勇气”对引发自我觉悟尤为可贵。1930 年，加缪 17 岁时，改变他生活道路的疾病（右肺干酪样结核）已经初露端倪。在当时及后来相当长的时间里，这种病意味着不治之症，这对加缪的思想产生了重要影响。他这个酷爱生活、从不曾琢磨死亡或虚空的意义的年轻人，尝到了疾病的可怕滋味，但是他没有被打倒，他将疾病看作对付死亡的良药。他说，疾病“创造了一种见习过程，在这种见习的初步阶段要学会自悯自怜。它支持着人为摆脱必死无疑的命运做出不懈的努力”①。在这种对生命的肯定以及直面死亡的勇气支撑下，加缪的内心获得了超越死亡的自由，实现了自我拯救。

加缪在病中领悟到了自身所拥有的生命力：正是当人可能失去所有希望的时候，才真正“发现了自己”，此时他知道他能依靠的只有自己。1934 年，加缪给格勒尼埃（Grenier，J.）老师的信中写道：“一个年轻人不可能完全自暴自弃。各种各样的厌倦情绪并不会使他丧失自身拥有的不断振作起来的力量。长期以来，我一直对自己的生命力全然不知。这也许让您惊讶，但我并无自鸣得意的意思。我觉得我具有抵抗力、毅力和意志。除此之外，还有如此美好的良辰和亲切的友人。因此，您不必过分为我担心。确实，我身体状况还不佳，但是，我有康复

① 格勒尼埃．阳光与阴影——阿尔贝·加缪传［M］．顾嘉琛，译．北京：北京大学出版社，1997：3.

的愿望。”①

其二，人境交融。人的生存环境及生活经历，是不容忽视的无形力量，人大部分的学习成长都借此而完成。例如，从加缪进入阿尔及尔大学开始，一直勤工俭学，他做过多种工作，如气象站工作人员、船舶经纪人的雇员、汽车零件售货员以及政府雇员等，“生活的丰富经历和阅读的广泛造就了他如观察家一样敏锐的眼光、思想家的沉思个性、作家的创作天才和艺术家的丰富情感”②。更值得一提的是，加缪生长在地中海沿岸的阿尔及利亚，这里的人们赤裸地在海滩上晒太阳，在大海里畅游。这些贴近自然和生命本身的生活方式以及背后的文化意蕴，深深地影响了加缪的一生，他心中充满了阳光、大海、鲜花和石头等“南方意象”，其早期作品《正与反》与《婚礼集》热情洋溢地赞颂了这种地中海式的生活方式。在加缪作品的核心，总有一颗不灭的太阳。“太阳”对加缪而言，具有特别的意义。他自小在困顿的环境中成长，虽然物质匮乏，但是地中海岸边终年温暖的阳光，却不会仅照耀富有人家，对于贫寒之家同样眷顾，所以加缪将太阳比喻为光能、热源以及力量。

其三，导师指引。面对荒谬的现实，需要真知来帮助人们释放自我，获得救赎，而要真正获得这种让人得以救赎的真知，导师的指引至关重要。“只有处于最高层次的人才具备所需的知识，从而能够确保得到救赎。”③导师帮助有天分的人开启心智，帮助学习者激发潜能，而不是面授知识，如同导演般，“对演员是激发，而不是面授感情”④。人

① 格勒尼埃．阳光与阴影——阿尔贝·加缪传［M］．顾嘉琛，译．北京：北京大学出版社，1997：3.

② 张容．形而上的反抗——加缪思想研究［M］．北京：社会科学文献出版社，1998：16.

③ 坎伯．加缪［M］．马振涛，杨淑学，译．北京：中华书局，2002：28.

④ 加缪．加缪全集：戏剧卷［M］．李玉民，译．上海：上海译文出版社，2010：727.

们需要这样的导师，“为我指路，惩罚我、称赞我”，① “越有天分越需要有一个开启心智的人” ②。正如加缪自己，导师格勒尼埃是他走上文学创作道路的重要引路人。格勒尼埃推荐的《痛苦》一书，使加缪在阅读时首次产生了写作的愿望。这让 17 岁的加缪萌发了当作家的想法，他模糊地觉得自己会成为作家。他的志向正是在这段时间确定的。③格勒尼埃给加缪和他的同学们讲授关于地中海的课程，使加缪发现了地中海精神。他还把一些法国诗人介绍给加缪，并使他们之间建立起了通信联系。加缪知道，这种联系对他的成长完全是有益的。后来，加缪在写给格勒尼埃的信中说：“我向您保证在任何情况下保持清醒的头脑，决不盲从。是您的思想和您的榜样在时时帮助我。” ④在加缪心中，导师和课堂尤其是贫困学子的人生之“光”。课堂之上，真知面前，没有任何外在物质的标榜，没有身份地位的隔阂。这种精神上的平等，让人在学习过程中获得超越物质、战胜荒谬的慰藉，也获得心灵上的宁静与自由，从而对生命迸发出更强烈的热爱。

其四，对话激荡。加缪坚持认为：“任何妨碍相互理解与交流的行为或惯例，都不利于实现人类生活的美满。” ⑤在他的许多作品中，交流与合作都以不同的形式凸显出来，主要的一个共同点是“对话”。作品中的人物在各种各样的“对话”中激荡出灵感，使学习活动更进一步。例如，《流亡与独立王国》里的画家约拿斯通过与艺术界“旧雨新知”和教学生涯中“后学晚生”有声或无声的“对话”交互，增加了许多对艺术不无裨益的见闻，使得自认思想贫乏的他变得才思充沛起来。

---

①② 加缪．加缪文集［M］．郭宏安，等，译．南京：译林出版社，1999：28，25.

③ 格勒尼埃．阳光与阴影——阿尔贝·加缪传［M］．顾嘉琛，译．北京：北京大学出版社，1997：6.

④ 张容．形而上的反抗——加缪思想研究［M］．北京：社会科学文献出版社，1998：14.

⑤ 坎伯．加缪［M］．马振涛，杨淑学，译．北京：中华书局，2002：110.

同时，这种对话“迫使”约拿斯更加严格地要求自己。学生之间的论战也常常让他“不能不深刻反思自己的艺术”。①加缪很重视共同体学习，无论是建筑团体、集体画室还是戏剧小组等，希望和团结一致伴随漫长时日的训练，谈话和研究共同塑造作品与角色。加缪曾感慨：“足球场和舞台始终是我的真正大学，老实说，我的一点点儿精神，就是在那里学到的。”②

（二）拯救众人

“任何人都不可能单独拯救自我。”③如果不是所有的人都能获得拯救，一个人获救又有什么益处呢？加缪说：“我们的文明要求解救所有的人，否则任何人也得不到解救。”④事实上，加缪在此凸显的是一种共同参与、投入以及积极认同的行动，这样，人才能分享生命的意义。

首先，加缪强调以反躬自省引发他人自省。加缪通过作品中克拉芒斯忏悔式的独白，显示了人的“双重性”。作为律师的克拉芒斯，平日专门承揽所谓高尚的诉讼，替寡妇和孤儿等弱势群体辩护，对日常生活中需要帮助的人如盲人、老人、问路人等，都热情地施以援手，时刻沉浸于高尚的道德优越感中，甚至感觉自己“有些超人的味道”。直至有一天，对一个投水的女人，他却因“不可抗拒的软弱”而见死不救。此时，克拉芒斯的良好感觉开始动摇，他不得不直面真实的自我。⑤在加缪看来，这就是尘世中最真实的自我。因而，加缪在小说中创造了“法官—忏悔者”这一术语，即人直面和剖析自我真实的内心，对自己的弱

---

① 加缪．局外人［M］．柳鸣九，译．杭州：浙江文艺出版社，2010：137-138.

②③④ 加缪．加缪全集：戏剧卷［M］．李玉民，译．上海：上海译文出版社，2010：752，757，595.

⑤ 黄晞耘．重读加缪［M］．北京：商务印书馆，2011：179-180.

点进行“自我起诉”，并将最阴暗的形象公之于众，这一形象就成了一面“镜子”，可以去照所有的人。①

加缪认为，知识分子尤其应当成为“法官—忏悔者”，这是一个最佳的冠名。②知识分子需要通过反躬自省、自我剖析以及忏悔的方式，利用人性的共通性和一致性将人性的弱点从己身之“镜”折射出去而引发他人的自省，以此实现从己身的批判向拯救他者的摆渡。

其次，加缪强调体验人类的共同价值。人的反抗行动有可能产生于他人或集体的受压迫处境，反抗“并不仅仅必然地产生于受压迫者，它也可能产生于受压迫的景象，而他人正是这种景象的受害者”③。这就显示出人性的互助性特质，即在他人的抗争情形中，个人会产生共情并认识到：“要捍卫的这种价值并不属于他一个人。至少，应当由所有人来造就这种价值。”④只有当人的思想领悟到了存在，而不是把自身作为主体、把思想之外作为对象以造成思想与存在的主客体对立，人才能于这种思想与存在同一的过程中，确认己身的“在场”。人一旦进入思想、确认在场，人性的互助性特质必然促使人处于敞开状态，从而揭示“一切在者之所在”，由此，人所觉知的各种公众认可的价值，也必然与个人存在融合。

客观地说，加缪的思想也存在局限，他更多地关注了日常生活的具体经验，而较少涉及科学活动的抽象经验。但是，加缪从日常生活层面切入，对“存在”问题加以追问，面对现实世界中人与自然、人与他人及人与自身关系的断裂，他规避了逻辑思辨的论述，突出了人的内省体验，显示出其思想的深刻性与启发性。在加缪的眼里，荒谬、反抗和学

①② 陈为人．摆脱不掉的争议：七位诺贝尔文学奖得主的台前幕后［M］．太原：山西人民出版社，2013：123．

③④ 加缪．置身于苦难与阳光之间——加缪散文集［M］．杜小真，顾嘉琛，译．上海：上海三联书店，1989：55，56．

习，不仅仅是一种哲学概念，还表现为人与现实世界的各种荒诞不经的博弈，释放出一种审美意蕴。荒谬使人重新审视一切，引发人对机械呆板的生活的反抗，在具有反抗情怀的学习中，人们体验自由、喷涌出穷尽一切并自我穷尽的激情，借此赋予世界以意义，赋予生命以价值。这就让人在悲怆的人生处境中，体会到一种崇高的精神，使人超越精神和肉体的双重折磨，直面理想的失落以及人与存在的分裂和技术的僭越，于否定与肯定的较量中，主宰自己的生命，确认自身的存在。在这一过程中，显现的是一种生命界限内的均衡与适度，实现的是生命体的生命本体和生活的统一以及个体与“一切在者”的生命共享。加缪这种极具生命力和审美色彩的学习价值观，对于重新理解当下的学习活动和升华学习型社会的价值具有十分重要的意义。

第二篇　活动篇

学以养性、学以创知、学以立德、学以致福和学以益生的价值诉求，并不会凭空实现，而必须在一定的学习活动中得以落实和彰显。那么，学习型社会建设在深化过程中应该开展怎样的活动，才有利于实现相应的价值理想呢？

近年来，“整体推进”“以城带乡”“区域统筹”等基本战略相继提出，“东部地区”“西部地区”“中部地区”的特色规划陆续出现，“营造终身学习文化”“构建终身教育‘立交桥’”“发展社会学习平台”“建设各类学习型组织”“强化保障条件”等多种建议不断涌现，“终身教育券”“e学网”“市民学习卡”等实践探索络绎不绝。①在一定意义上，可以将这些看法归纳为“社会取向”，即立足于“社会”维度思考学习型社会建设，主要从“社会教育”出发强调所有的集体、协会、组织等都必须共同承担教育责任，进而从管理体制、组织机构、法规制度、财政投入和终身教育工作者队伍专业化等切入落实保障系统。

在这样的背景下，学习哲学开启了一条“学习取向”的路径，即立足于“学习”维度分析学习型社会建设，从究竟需要怎样的学习形态、需要学习什么样的内容、有效学习涵摄哪些要素及终身学习的评价指标为何等问题出发，建构学习型社会的学习活动原理。

---

① 学习型社会建设研究课题组．学习型社会建设的理论与实践——学习型社会建设研究课题总报告［M］．北京：高等教育出版社，2010：61-289.

第五章　文化学习的形态

人不是已经预成的存在，而是持续生成的存在。“生成性”是人的基本特性，它要求人与文化不断整合，从而补偿自身不足并追求完满人生。人与文化整合的本体，正是人的学习活动。人类“原始文化”孕育出“生活学习”，其后的“文化调适”生成了“学校学习”，而“学校学习”造成的“文化悖论”则开始逼促“学习重构”，呼唤重新建构新型的学习形态，以推动学习型社会的深化发展。

一、原始文化孕育生活学习

对于生活在现代的人来说，原始社会确实是太遥远的过去，但人类的学习正是从这个遥远的过去开始的。那时，“通过直接的和个人的经验，儿童轻而易举就学会了他需要知道的东西。生活就是他的导师。”①学习是在生活中进行的，是融于生活之中的，原始文化孕育出“生活学习”的形态，“生活化”是其基本特征，学习主体、学习内容和学习方式等的生活化是其主要表现。

（一）生活化的学习主体

在原始社会，“家庭生活或氏族生活、工作或游戏、仪式或典礼等

---

① 涂尔干.道德教育［M］.陈光金，等，译.上海：上海人民出版社，2001：182.

都是每天遇到的学习机会。”①对每个原始人来说，学习并不是一种特殊的权利，而如同生活一样是一种天然的权利。因此，原始社会的学习主体是生活化的，每一个正在生活着的人，都可以成为正在学习着的人。

（二）生活化的学习内容

原始人信奉“万物有灵观”，相信所有存在物的灵魂在躯体死亡后仍能继续存在，相信各种灵魂可以升格进入威力强大的诸神行列。②原始社会的学习内容包括两大类：一是与获得食物、衣服和住所等相关的内容，如打猎、捕鱼、使用工具、缝制毛皮和建造房子等；二是与镇抚和取悦各种存在物背后的“灵魂”相关的内容，如仪式、习俗、禁忌、装饰、舞蹈、音乐、绘画和雕刻等。这两类内容都是生活中必需的内容。

（三）生活化的学习方式

在原始社会，生活就是学习，生活时间就是学习时间，生活空间就是学习空间，学习尚未从其他活动中分化出来成为独立形态。人们是在打猎中学习打猎，在捕鱼中学习捕鱼，在制造工具中学习制造工具，在作战中学习作战，在人与人的接触中学习人际行为规范。学习方式就是生活的方式，学习的效果也在生活中得以检验。

---

① 联合国教科文组织国际教育发展委员会．学会生存——教育世界的今天和明天［M］．华东师范大学比较教育研究所，译．北京：教育科学出版社，1996：27.

② 泰勒．原始文化［M］．连树声，译．桂林：广西师范大学出版社，2005：中译本序.

二、文化调适生成学校学习

原始人类在发展过程中，积累起越来越多的知识经验，单靠口耳相传和重复模仿难以保存和传承，这就产生了文化遗失的危机。就此，原始社会末期奴隶社会初期，在政治、经济和社会等多重因素作用下，原始文化启动了“文化调适”，体现为萌芽了承载文化的文字，出现了专门从事文化整理和传授的人员和场所等。在文化调适的背景下，“学校”得以产生，“学校学习”得以生成，并逐渐接替“生活学习”成为学习的主导形态。在学校学习这一形态之下，学习主体是特定的，学习内容是规定的，学习方式是限定的。

（一）特定的学习主体

在奴隶社会，只有奴隶主阶级的子女才有权进入学校学习。封建社会的学校学习主要为贵族子弟享有。随着社会的进一步发展，特别是义务教育法规的颁布与推行，普通大众的适龄子女都能够进入学校学习。学校学习主体由“身份”特定变成了“年龄”特定。但不论何种特定，这些主体都被赋予了一个特别的角色名称，即“学生”。

（二）规定的学习内容

“自从正式学校起源以后，这些学校即趋向于变成几乎纯粹的语言文字的教育机关，直到晚近还是如此。”①较之生活学习，学校学习的内容不再是整个生活的内容，而是被规定的，主要是以书面文字承载的文化。这提升了学习的便捷性，但在很大程度上导致了非文字形式的种族经验被排斥于学校学习之外，抽象的间接经验取代具体的直接经验

---

① 爱尔乌德．文化进化论：下编［M］．钟兆麟，译．上海：世界书局，1932：142.

成为学习活动的主要媒介。自此，学校学习也就日渐脱离与生活和社会活动的天然联系，逐步正规化和形式化。而且，在教师主导和考核导向等驱动下，主要是教师教什么学生就学什么。

（三）限定的学习方式

在学校里，教师的教起着促进学生学习的作用。这在一定程度上决定了教师怎样教学生就怎样学，也决定了学校学习的方式从本质上说是限定的，它在很大程度上受教师的限定。比如，教师按明了、联合、系统和方法四段教学法来组织教学活动，那么学生的学怎样展开就随之被限定了。

三、文化悖论逼促学习重构

学校学习本是“文化调适”的产物，是为了提升人与文化整合的有效性而诞生，结果却在一定程度上阻碍了人与文化的有效整合。这种目的和结果的反差，造成了典型的“文化悖论”。这样的悖论，有力地逼促着“学习形态的重构”。

（一）文化悖论导致人与文化的“有限”整合

当学校为特权阶级垄断之时，只有有限的特定人群能够通过学校学习实现与文化的整合。随着义务教育的普及，学校学习的特权性质被打破，却出现了一个新的严重问题。这就是，“学校教学”遮蔽了“学校学习”。伊里奇（Illich，I.）称其为“学习价值的制度化”①。也就是

① 单中惠，等. 西方教育学名著提要［M］. 南昌：江西人民出版社，2000：634-636.

说，人创造了学校，赋予了学校以教育的价值，并普及了义务教育，要求每一位社会成员到一定年龄就要进入学校学习，结果人把自己的学习全部托付给学校，将学习的价值全部让渡给学校的教学。学习价值的制度化，否定了学校中不传授的内容的价值，消解了学习者为优化生命而学习的意识与责任，使人们日益丧失了在学校外进行自觉、自为和自律学习的愿望与能力。这样，虽然学校学习有了长足发展，但始终实现的是人与文化的“有限”整合。

（二）学习重构强调人与文化的“无限”整合

“学校学习”导致的文化悖论，促使人们超越和革新这一学习形态，启动学习形态的当代重建。概括起来，相应的探索主要有三条路向：一是反思与改进学校学习，如倡导新的学校学习方式和提出教学回归生活思潮等；二是呼唤学习成为贯穿人一生的活动，如推进成人学习和终身学习等；三是重新发现生活学习的重要价值，如强调全方位学习和非正式学习等。

深入分析，这些路向有着同一性。人的生成性需要人与文化整合，由于个体的有限性与文化的无限性之间存在永恒矛盾，就必然要求作为专门促进人与文化整合的学校学习进行自我反思与完善，同时要求作为人与文化整合本体的学习，在时间和空间维度上进行延伸和扩展。其中，时间维度上的延伸，即把过去限定于儿童青少年阶段的学校学习，不断地往前往后延伸——往前逐步延伸至幼儿学习、婴儿学习和胎儿学习，往后逐步延伸至成人学习和老年学习，使学习覆盖人的一生。空间维度上的扩展，即把过去限定于学校围墙里的学习，不断扩展至家庭、社区、工作场所乃至社会生活的方方面面并创造性地将它们整合起来，使学习存在于人的全方位的生存空间之中。可见，第一条路向是从改进学校学习出发，后两条路向是从突出时间范畴上和空间范畴上的生活学习出发，它们最终在促进人与文化整合这一根基上实现着同一。

这种同一的实质在于，通过更有效的学校学习以及持久而广泛存在的生活学习，缓解个体的有限性与文化的无限性这一矛盾，弥补已有学习形态仅仅实现着人与文化“有限”整合的不足，强调和追求人与文化的“无限”整合。

四、学习重构呼唤文化学习

追求人与文化的“无限”整合，是学习形态重构的明确方向。这一方向，决定了新的学习形态，不是由“学校”赋予，也不是由“生活”赋予，而是由“文化”赋予。继学校学习之后，已经开始孕育、逐渐成长并亟待关注的学习形态，实质上属于“文化学习”。

（一）文化学习的概念

文化学习，指所有个体在整个生命时间和空间里，通过多种方式与整体性的文化实现“无限”的整合，进而使个体的生命存在及其活动经由与文化的“无限”整合而获得“无限”优化。这样的学习不是对学校学习的纯粹否定，也不是对生活学习的简单肯定，更不是生活学习与学校学习的组合叠加。它既不导向学校学习对生活学习的拒斥，也不暗示生活学习对学校学习的颠覆，而是内蕴着对生活学习的重新发现与建构及对学校学习的反思与改进，力求打破生活学习的自在性使之走向自觉，力求扬弃学校学习的优劣使之更为有效，力求使二者走向相互渗透与融通，并以多种介于高度结构化的学校学习和高度非结构化的生活学习之间的中间形态，来丰富学习的亚形态和提升学习的效果，最终成就学习作为优化人的生命存在及其活动的一种主要方式的地位与价值（见图 5-1）。

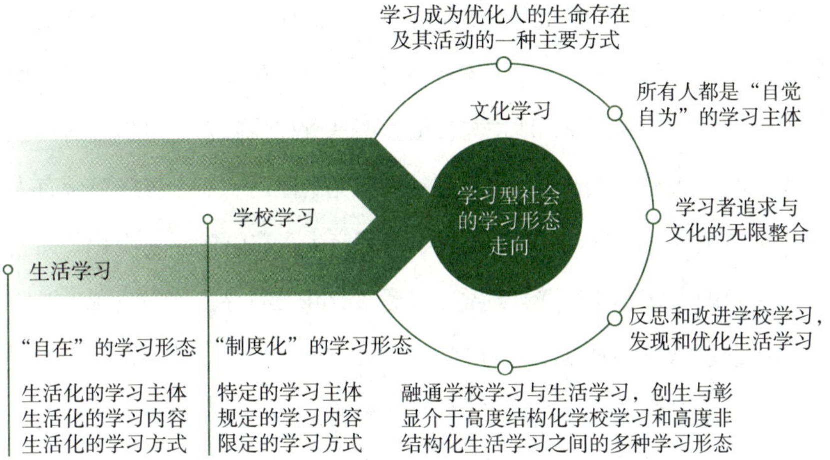

图 5-1　文化学习

由此，学习成为人类一种普遍的文化活动。人类通过学习不断实现与文化的无限整合，以文化来解除生命的匮乏，获得完满的人生。这样，文化学习就超越了传统认识论的阈限，被赋予了本体论的意蕴。学习不再仅仅是获得知识与技能的活动，而是人的自我生成活动；学习不再仅仅是人的一种认识世界的方式，而成为人的一种在世界上存在的方式。人类学习活动的地位获得了重估，所谓人生，乃是通过文化学习而“文化成人”的动态过程。

（二）文化学习的图景

普遍的学习主体、全面的学习内容和多样的学习方式等，共同勾勒出文化学习这一形态的图景。

1. 普遍的学习主体

为优化自身生命而学，是文化学习的基本意蕴。所有人都是学习的主体，都是“学习者”。其中，由于受特定身份限制，学校学习中的学习主体经常被称为“学生”。学习者是存在区别的：一是作为自在的、无计划的、偶发的甚至无意识的学习者，二是作为自觉的、有目的的学习者。文化学习倡导的学习主体普遍化，不只是在学校学习主体之外确认生活学习主体的存在、地位与价值，更是重在唤起人们对学习的自我意识，促使其从自在的学习状态超越到自觉的学习状态，最终使所有人都成为自觉的学习者。也就是说，学习者产生了自觉的学习意识，拥有不断学习的意愿，具有明确的学习目标，能够主动寻找学习资源，能够以自己的意志与能力克服学习过程中的困难让学习得以持续下去，而且能够有意识地在相当长的一段时间里保持并运用所学习的内容。

康德说，“人类脱离自己所加之于自己的不成熟状态”，就是“启蒙”，所谓的不成熟状态，就是“不经别人的引导，就对运用自己的理智无能为力”的状态。①从自在的学习状态超越到自觉的学习状态，并让后者成为社会所有成员的普遍生存状态，而不是少数社会精英的特殊生存状态，在一定意义上就是人逐渐摆脱学习的不成熟状态的“启蒙”过程，也是建设学习型社会的题中之义。这种“启蒙”，在很大程度上需要依靠学校学习活动来唤醒、激发和提升学生追求与文化实现“无限”整合的意识和能力，进而促使所有人都成为“自觉自为”的学习主体。

2. 全面的学习内容

文化学习，意在追求个体与整体性文化的“无限”整合进而使人的生命存在获得“无限”的优化。这不仅决定了学习主体的普遍化，而且决定了学习内容的全面化。全面的学习内容，应当能够优化人的

---

① 康德．答复这个问题：“什么是启蒙运动?”［M］//康德．历史理性批判文集．何兆武，译．北京：商务印书馆，1990：22.

整体生命存在，而不只是有益于人的某一方面的生命存在。诚然，由于不可能有“上帝之目”，也就不可能对学习内容做到终极式的全观，此处的“全面”，指尽可能以整体的方式来看待学习内容。具体而言，文化学习的内容是有利于生命优化的整体性的人类文化精华。从载体看，既有书面文字承载的显性知识，又有可意会不可言传的隐性知识。从形式看，既有学校传授的内容，还有被学校忽视或悬置的内容。

3. 多样的学习方式

文化学习内蕴着学校学习方式与生活学习方式以及二者相融合的多种方式。当下，提倡学校学习领域引入认知学徒制和建设实践共同体，大力发展社区教育中心并配备专门人员等趋势，都可视作将这两种学习方式加以整合的努力。这些努力，试图使学校学习生活化，同时增强生活学习的形式化和制度化程度，进而将学校中的学习方式和自然生活场景中的学习方式统一起来。

但是，不能被当下这二者之间的融合趋势遮蔽了它们本身的相异性所在。就此，卡山纳（Kansanen，P.）提出，对应于教师“teacher”，教师的教被称为“teaching”，那么，对应于学生“student”，其实学生的学应当被命名为“studying”。①这就从语言分析的角度，凸显了学生学习的教师导向，并与学习者的学习（learning）相区分，保证了学生学习的教师导向特质不被其他学习方式的特质所冲淡与掩盖，保证着学习定向能力、学习策略和学习方法等尚未得到充分发展的学生，能够以有效的途径习得人类最基本的文化精华。而且，对成人学习方式本身的特

---

① Kansanen，P.Studying—The realistic bridge between instruction and learning. An attempt to a conceptual whole of the teaching-studying-learning process [J]. Educational Studies，2003，29 (2/3)：221-232.

殊性也应当有清晰的认识与把握。过去，人们总认为学习只有在正式机构中才会发生，或者认为成人每天在自然生活场景中的学习没有多大作用。直到霍尔（Houle，C.）《探索的心灵》一书于1961年出版，描述成人学习可以是一种高度自主而有计划的学习之后，才引发图赫（Tough，A.）注意到成人学习的方式其实主要是“自我导向的学习”，进而对其展开长期研究并得到大量的论据支持。由此，成人学习的自我导向方式才被普遍认可并得到系统研究，最终诸多合乎成人学习特质的策略与方法才得以提出。①

如是观之，文化学习视野下的学习方式，乃是一个包括高度教师导向、中度教师导向、低度教师导向、低度自我导向、中度自我导向和高度自我导向等学习方式的连续体。这样，就消解了“存在着最好的学习方式”这一认识，取而代之的是“只存在最适合某一课堂、某一场景、某一个体的学习方式”，而如何选择与创生它们，就需要人们加以分辨和探索。

作为学习形态优化的新方向，文化学习观照的是人类每一个体的基本学习需要。它一方面把学校学习形态下一部分人被剥夺了的学习权利进行还原，使人类每一个体都获得天赋的学习权利；另一方面则将生活学习形态下存在的学习随意性予以消解，使人类每一个体都享有持存于一生的自觉的“学习生活”，从而开辟了一条通达“教育公平”“社会公正”“人类平等”的基本途径。

未来学家尼葛洛庞蒂（Negroponte，N.）说：“预测未来的最好办法就是把它创造出来。”②雅斯贝斯也说：“人的未来只能是一种开放

---

① 陈茂祥. 自我导向学习理论及其在成人教育上的启示［J］. 台湾朝阳科技大学朝阳学报，2001，(6)：65-89.

② 尼葛洛庞蒂. 数字化生存［M］. 胡泳，范海燕，译. 海口：海南出版社，1997：9.

的可能性。如果我力图预见未来，这恰是为了改变事件的进程。”[1]本章分析和预测学习型社会深化发展出来的一种新型学习形态应当是文化学习，而文化学习这一理想能否实现就取决于现在是否据此来行动。

---

① 雅斯贝斯．时代的精神状况［M］．王德峰，译．上海：上海译文出版社，1997：193．

第六章　实虚共在的内容

当前，受实用文化的强烈影响，学习内容在日常生活世界中的有用性被过分强调。在这样的背景之下，一些疑问不绝于耳，比如哲学领域充满玄想的理论、历史领域已经“蒙尘”的史实等，学习者在生活世界中鲜有运用，为什么还要学习它们呢？导致类似这些疑问产生的原因，在很大程度上是对生活世界与学习内容本身的理解不够深入。本章拟从剖析学习内容的性质入手，理顺不同性质的学习内容与不同层面的生活世界之间的关系，为学习型社会中学习活动究竟学什么提供一定的参考。

一、实用与虚用：学习内容的性质区分

虽然人们对生活世界的界定林林总总，但是这一概念在哲学界特别是生活世界理论得以产生的德国哲学界那里，已经得到系统研究。《现象学研究丛书》的主编奥尔特（Orth，E.W.）指出：“生活世界”这一术语具有某种日常语言的词性，因此显得容易理解，但是“生活世界”成为哲学中的“时髦用语”应归功于一位哲学家玄妙沉思的思路，此人就是胡塞尔（Husserl，E.）；“生活世界”在胡塞尔各种讨论的论证关系中是人类经验基地的名称，“生活”在他那里意味着一切可能的生活。①奥尔特的这一论述明确地昭示，生活世界不能被“降级式”和

① 奥尔特．“生活世界”是不可避免的幻想——胡塞尔的“生活世界”概念及其文化政治困境［J］．邓晓芒，译．哲学译丛，1994（5）：63-68.

“扭曲式”地诠释为日常生活世界，生活世界意味着“一切可能的生活”。奥尔特强调，胡塞尔的这个如此“膨胀性”的生活世界概念，应当尝试在“总体关联”中去解释。[①]也就是说，生活世界是一个关系世界，是一个多面性的世界，是一个各种生活形式共在的世界。

“生活世界”这个指涉着“一切可能的生活”的概念，至少可以区分为日常层面的生活世界和精神层面的生活世界。日常层面的生活世界，主要关涉个体的衣、食、住、行以及与人交往等日常生存；精神层面的生活世界，主要关涉个体精神生活的丰富和个性的自我完善等。雅斯贝斯明确指出：“人是精神，人之作为人的状况乃是一种精神状况。”[②]这样看来，人的精神生活世界的重要性并不亚于日常生活世界的重要性。人不仅是日常生活中的物质性存在，而且是寓于日常生活中的精神性存在。当人的精神出现危机时，就会有无穷的烦恼，就会有一种被放逐的感觉，就会发现自己生存的危机。而当人认识到自己的精神世界，并不断地去体验精神世界的无限可能性的时候，才能够拥有真正的自我，进而成为一个健全的人并体会到人之为人的幸福感。据此，学习内容可以区分为两种性质：一是“实用”内容，二是“虚用”内容。

（一）实用的学习内容

“实用”的学习内容，就是为人们的日常生活所需的内容，这些内容能够在人们的日常生活中实际运用。比如，在原始社会，学习者要学习打猎、捕鱼、使用工具、缝制毛皮、建造房子等与生存息息相关的内容，这些内容都是日常生活中所必需的，是非常“有用”的；而在现代

---

① 奥尔特．“生活世界”是不可避免的幻想——胡塞尔的“生活世界”概念及其文化政治困境［J］．邓晓芒，译．哲学译丛，1994（5）：63-68.

② 雅斯贝斯．时代的精神状况［M］．王德峰，译．上海：上海译文出版社，1997：3.

社会，学习者则要学习电脑和网络等与现代生活高度关联的内容，这些内容对现代人来说也是非常“有用”的；等等。“实用”的学习内容，日常需之，日常用之。人们感到它们“实实在在”是“有用”的，是“实际”上的“有用”，是具备“实在感”的“有用”。

（二）虚用的学习内容

如果说“实用”的学习内容是在人们的日常生活中实际运用的内容，“用之于形身”，乃“形用”或称“身用”，那么“虚用”的学习内容就是有益于人自身完善的精神财富，“用之于心神”，乃“神用”或称“心用”。比如，化学领域中千变万化的分子、原子，数学领域中纷繁复杂的公式等学习内容，虽然较少在人们的日常生活中实际运用，但是这些内容不断将无限的“未知世界”呈现在学习者面前，它们令人激动、令人兴奋、令人产生洞悉“未知世界”奥秘的人之为人的成就感与价值感。再比如，哲学、宗教、历史、文学艺术等领域的学习内容，虽然在过于追求实用和效率的时代，没有太多实在意义上的有用性，但是这些内容为学习者提供了无限的“精神之旅”，它们令人冥想、令人深刻、令人多智、令人明辨、令人安详、令人达观……“虚用”的学习内容的共同点是，虽然都没有物质实用性，但都是“精神滋养品”。这种“精神滋养品”的“有用”，存在于学习者进入它们所开启的无限世界之后得到的直接感受和领悟之中。

从以上关于“实用”与“虚用”学习内容的初步阐释可以大致看出，这两种性质的学习内容恰恰与两个不同层面的生活世界相沟通。它们之间相沟通的具体机制，则需要进一步分析。

二、实用内容：改善学习者的日常生活世界

“实用”性质的学习内容究竟如何与学习者的日常生活世界相沟通？这一问题需要再具体化为两个子问题：直接经验型的内容如何与学习者的日常生活世界相沟通？间接经验型的内容又如何与学习者的日常生活世界相沟通？

（一）直接经验型的内容：重复性运用

当下，直接经验型的学习内容受到人们的普遍推崇，因为学习者学会了这些内容之后，就可以直接把它们重复性地运用于日常生活世界。比如，当学习者学会了有关电脑和网络的基本内容，就可以在日常生活中使用电脑和上网；当学习者学会了维修电器的基本知识，就可以在日常生活中对家用电器进行维修；等等。从实质上说，直接经验型的内容与学习者日常生活世界的沟通机制就在于，学习者能够将所学到的这些内容“储存”在头脑里，当在日常生活中遇到相同情境之时，就将这些内容“提取”出来加以直接运用，进而帮助自己应对日常生活世界中遇到的各种问题。可以说，直接经验型的“实用”学习内容，以其能够直接重复性运用的特点，已经成为学习者展开日常生活世界的不可或缺之物，它所具有的有用性很基本、很重要，其价值已经为人们普遍认可。

（二）间接经验型的内容：解释性运用

与直接经验型的“实用”学习内容越来越受到人们青睐相反的是，间接经验型的“实用”学习内容正在遭遇人们的诘难甚至声讨。因为在不少人看来，这种类型的学习内容不能在日常生活世界中运用，不能有益于日常生活世界的展开，而且把学习者限制甚至束缚在书本世界之

中，割裂了学习者与日常生活世界之间的联系。在这样的形势之下，间接经验型的内容是否“有用”？是否背离了学习者的日常生活世界？此类问题，就值得深入反思了。

间接经验不仅是“人们缩短认识过程的有效途径”，而且是“个人知识的主要构成部分”；既为人们“探寻直接经验指出了方向”，还为人们“提炼直接经验提供了武器”，更为人们提供了“依据直接经验发展和丰富人类认识的起点”。①应当肯定，学习以书面文字等形式承载的间接经验型内容，有助于学习者在一定的时间限制之内掌握人类漫长历史中积累起来的生活经验精华，进而让间接经验成为个人知识的主要构成部分。这样，个体得以逐渐超越自身的有限性通达人类文化的无限性而拥有通观全局的视野，也得以利用间接经验来捕捉、提炼与统整直接经验。可见，间接经验型的学习内容，并没有脱离学习者的日常生活世界，而是以一种更高级的形式发挥着有益于学习者展开日常生活世界的作用。

进一步说，间接经验型的学习内容，是以“解释性运用”的方式作用于学习者的日常生活世界。学习者学到的间接经验型内容，能够为学习者提供一种独特的解释视野，即一种解决问题的“知识背景”和“思考方式”。在日常生活世界中，学习者正是借助学到的间接经验型内容来分析和思考，这些内容构成了学习者观察事物和分析问题的“媒介”，学习者通过这些媒介来诠释与展开自己的日常生活世界；而那些没有接触过这些内容的人就会暴露出联想的贫乏与解释的无力，他们不知道事物或事件的来龙去脉，他们没有通观全局的视野和能力。换言之，间接经验型的学习内容为学习者提供了在“知什么”与“知如何”

---

① 冯正刚. 试论间接经验在认识中的地位和作用［J］. 人大复印报刊资料·哲学原理，1982（13）：60-64.

这两种比较熟悉的认识方式之外的一种隐含的认识方式，即“用什么来知”，这为学习者提供了一个在其中分析、解释和判断事物和事件的特定背景。由于不可能把日常生活世界中要遇到的所有问题都以直接经验的方式让学习者事先“体验”一遍，因此，间接经验型的学习内容赋予学习者的独特解释视野就显得尤为重要了。

当然，如果人们在学习活动中或教师在教学活动中对间接经验型内容处理不当，的确会在一定程度上产生与日常生活世界相疏离的问题，这就是怀特海（Whitehead，A.N.）所说的间接经验型内容成了“僵化知识”和“呆滞思想”，即仅为大脑所接受却不能加以利用。① 但是，我们不能因为这些处理不当导致的负面后果，就批判甚至否定间接经验型内容本身存在的合理性与合法性。应该看到，只要对学习或教学方式做出适当改进，使间接经验型内容尽量与生活世界中的丰富日常体验紧密相连，这些多姿多彩的学习经历就可以创造“解释性运用”的机会，唤醒学习者的“解释性运用”的意识，增进学习者的“解释性运用”的能力，进而使间接经验型内容更好地发挥出有益于日常生活世界的作用。

三、虚用内容：丰富学习者的精神生活世界

除了希望日益优化自身的日常生活世界之外，人们还渴求对自身精神生活世界进行不断充实和持续丰富。“虚用”的学习内容，就是充实精神生活世界的必要手段，是开启精神生活世界的无限可能性的主要条件。“虚用”学习内容与精神生活世界的沟通，主要包括两个方

① 怀特海. 教育的目的［M］. 徐汝舟，译. 北京：生活·读书·新知三联书店，2002：2-9.

面：一是使学习者的各种精神性成分得到训练；二是使学习者获得精神性的享受。

（一）训练学习者的各种精神成分

回顾历史，人们耳熟能详的形式训练说有力地证明了学习某些知识可以达到训练注意、思维、想象和记忆等精神性成分的目的。罗素（Russell，B.）认为，这些知识最重要的优点是能帮助心灵养成沉思的习惯，“使得生活不致趋于黑暗、枯燥，不致充满肤浅的自我主张”①。爱因斯坦在十几岁时，就开始阅读康德和斯宾诺莎等哲学巨匠的著作，这让他具备了抽象思索时空关联的能力。同时，他从自身经历中感受到学习有关知识对各种精神性成分的重要训练价值，进而明确反对“学校必须直接教授那些在以后生活中要直接用到的专业知识和技能”这种观点。他提出：“如果青年人通过体操和走路训练了他的肌肉和体力的耐劳性，以后他就会适合任何体力劳动。思想的训练以及智力和手艺方面的技能锻炼也类似这样。因此，爱因斯坦对教育下这样一个定义：‘如果一个人忘掉了他在学校里所学到的每一样东西，那么留下来的就是教育。’”②这留下来的东西应当主要就是人的思维、想象和记忆等精神性成分的发展与完善。这就是说，个体学到的内容可能几乎没有机会或很少有机会在日常生活中加以具体运用，然而，通过学习它们而得到训练与发展的各种精神性成分却使个体自身获得丰富、提升与完善，而且这些精神性成分也将长期在生活和工作中发挥作用。

---

① 罗素．真与爱——罗素散文集［M］．江燕，译．上海：生活·读书·新知三联书店上海分店，1988：186.

② 爱因斯坦．爱因斯坦文集：增补本　第3卷［M］．许良英，等，编译．北京：商务印书馆，2009：173-174.

（二）赋予学习者无穷的精神享受

就“虚用”的学习内容使学习者获得精神性享受而言，苏霍姆林斯基进行了具体阐述。他指出：“如果全部生活仅限于劳动，那么我会感到世界是枯燥的、没有欢乐的。我相信，在我的生活中除了劳动以外，还一定会有一种丰富的精神生活。这个信念一直在鼓舞着我。所以，我决心掌握法语，以便将来能读雨果的原著。”①他进而告诫说，“在选择自己生活道路时”，“不应从狭隘的实用主义观点出发来考虑问题”，“不管他们将从事何种劳动”，“他们应该抱有一种强烈的愿望去学习、去认识世界，以不断丰富自己的精神世界。倘若学生只是以将来是否有用这种观点来看待知识，他就会没有激情、计较个人利益、动机不纯，甚至情操低下”。②他以“人的丰富的内心世界是人的全面发展的一个极其重要的标志”为出发点，指出“并不是所有的知识都能用于劳动，人也并不是单纯为劳动而生存的。也许，我之所以想懂点浪漫主义和感伤主义，就是因为我是人。也许，劳动越是简单就越是需要掌握更多的知识，并具有更高的文化水平，这样就可使生活变得更有乐趣，更加明朗”。③罗素也说，我们需要“足以激发整个人生目的概念之知识：艺术与历史，对英雄传记之了解以及对人类在宇宙中奇特的附属和短暂的地位的了解”④。他形象地描绘道：“熟悉《哈姆雷特》在实际生活中没有多大用处，除非某人碰巧要杀死他的叔叔；但它能给人以一种精神财富，舍此会使人感到遗憾，并且它也能在某种意义上使人变得更为出色。”⑤

---

①②③ 苏霍姆林斯基．学生的精神世界［M］．吴春荫，林程，译．北京：教育科学出版社，1981：3，4，3-4.

④ 罗素．真与爱——罗素散文集［M］．江燕，译．上海：生活·读书·新知三联书店上海分店，1988：186.

⑤ 罗素．教育论［M］．靳建国，译．北京：东方出版社，1990：8.

“实用”内容的学习虽足以解除日常生活中的一般苦恼，却不足以开拓人生的博大浩瀚胸怀，因而，学习并不仅仅是为了外在的有用，它还有丰富精神生活的内在价值，而且学习本身也是一个能够使人获得乐趣和享受的过程。在一定程度上可以说，正是“虚用”的学习内容拯救学习者于“幽禁”的狭小时空和“荒谬”的尴尬处境，引领学习者踏上无限的精神之旅，进入宽广的自由之境。

四、实用与虚用共在：学习内容的基本定位

通过以上分析可知，学习型社会的深化发展不应倡导片面的“实用”学习内容，不应主张单一的“虚用”学习内容。我们既不能从“实用”立场指责“虚用”的学习内容对学习者的生活世界无用，因为它正是要在“实用”之外以“心用”的方式来彰显自身的价值；也不能从“重复性运用”立场指责间接经验型学习内容对学习者的生活世界无用，因为它正是要在“重复性运用”之外以“解释性运用”的方式来彰显自身的价值。从根本上说，“实用”的学习内容让学习者借以实现谋生，主要表现为学习者可以“重复性”和“解释性”地运用这些内容来展开日常生活世界；“虚用”的学习内容让学习者借以实现自我丰富，主要表现为通过对这些内容的学习，学习者可以获得精神生活世界的完善。在“实用”内容缓解日常生活层面的匮乏的同时，“虚用”内容则抚慰与充实着精神层面的“饥饿的灵魂”。因此，“实虚共在”是学习型社会中学习内容的应有取向。这一共在的取向，消解了“实用”和“虚用”学习内容之间的拒斥，克服了“间接经验型”和“直接经验型”学习内容两者的对立，不仅可以纠正人们认识上的片面性，而且可以引导人们在具体学习活动中走向中道。

应该注意的是，虽然以上从两个方面分别阐述了“虚用”内容对学习者精神生活世界的意义，但是训练和享受经常是交织在一起的。比如，罗素对哲学知识重要性的描述，就充分触及和表达出“虚用”内容的双重意义。他认为，哲学可以扩充我们对于一切可能事物的概念，丰富我们心灵方面的想象力。此外，尤其在于通过哲学冥想中的宇宙之大，心灵便会变得伟大起来，因而就能够和那成其为至善的宇宙结合在一起。①而且，“虚用”内容的训练和享受意义与“实用”内容的实用性也是经常交织在一起的。斯宾塞（Spencer，H.）就强调学习内容的实用性与训练意义是相互联系的，他认为：“获得任何一种东西有两项价值，作为知识的价值和作为训练的价值。获得每一种事实的知识，除了用以指导行为外，也可以用来练习心智，应该从这两方面来考虑它在为完满生活做准备时的效果。”②同时，对“实用”内容的学习，也不仅可以满足学习者展开日常生活的需要，还可以升华为精神层面的享受，包括习得知识的过程与结果所带给学习者的纯粹的智慧的快乐，用这些知识来创造性地解决生活中的实际问题所带给学习者的自我效能感与价值感。

---

① 罗素．哲学问题［M］．何兆武，译．北京：商务印书馆，1999：134.

② 斯宾塞．教育论［M］．胡毅，译．北京：人民教育出版社，1979：10.

第七章　五元交互的要素

赫根汉（Hergenhan，B. R.）等人在《学习理论导论》一书的结尾，概括出学习研究的四种主要趋势，其中之一是“研究范围较小，研究者满足于对学习过程的某一方面进行研究，而不愿尝试对学习做出全面的解释”①。加涅（Gagné，R.M.）一语道破：“从最广泛的意义上理解学习一词，必须将动机与态度等加以考虑，然而我们不打算在这种意义上开展学习研究，我们将研究限定在学习知识或者学科内容这一层面。”②这样的趋势一方面使学习研究朝着某一维度纵深推进继而取得累累硕果，另一方面也导致人们对学习的看法囿于一隅。鉴于此，非常需要对学习做出整体性的解释。本章在挖掘和梳理已有相关成果的基础上，尝试建构“五元交互”的学习要素结构，以期在一定程度上阐明学习型社会中有效学习活动的基本要素以及它们之间的关系。

一、认知与情感关涉

过去的许多研究，都习惯从认知维度切入分析学习活动。学习活动被片面地等同于求知活动。这种取向，导致人们仅重视学习的认知成分，较少关注情感要素。破除已有的思维定势，可以发现和解读出“认

---

① Hergenhahn，B.R.，Olson，M.H. An introduction to theories of learning [M]. 7th ed. Upper Saddle River，NJ：Prentice Hall，2005：456.

② Gagné，R.M. The conditions of learning [M]. 2nd ed. New York：Holt，Rinehart and Winston，1970：25.

知与情感关涉”的动向。

（一）舍勒与阿德勒的贡献：认知启动的情感根源

知识社会学的先驱、现代哲学人类学的奠基人舍勒（Scheler, M.）较为关注学习活动，明确揭示了认知启动的情感根源。舍勒批评了康德的“理性先验论”，认为情感不是从理性和意志演绎来的，而是有其自身先验的内容，进而建构起“情感先验论”。这赋予情感以先验地位，确证了情感的本体价值，消解了情感对理性的依附。在此基础上，舍勒构筑了自己全部哲学的核心：“在人能够思维或意愿之前，就已是爱的存在。”“爱”有两层意蕴：其一，爱是先验存在的精神行为，是“一种不可还原的和自发的运动”；其二，爱是“对全部对象进行感知和认识的基础”，是“理性之母”，是“人类参与客观世界全部精神活动的源泉”。①简言之，“爱”这种天生的精神行为，启动了人类所有的认知活动。

爱有三种形式，即“生命的爱”“心灵的爱”“精神的爱”。生命的爱，带来对自然进程、社会过程、心理过程和机体过程的控制与支配内驱力，这是追求科学知识的情感根源。心灵的爱，带来精神方面的惊讶感。当人们不考虑一个对象在某种时空秩序中的偶然性实存和偶然性本质，而把它当作一种理想类型来领会时，会出现这种惊讶：诸如此类的事物出于何种原因、方式、目的而“从根本上说”在这里存在，而不是在这里不存在？这是人们寻找第一原因的需要，是人们追求形而上学知识的情感根源。精神的爱，带来“维护”和“保全”群体、而后是个体的持续存在与拯救的迫切需要，这是追求宗教知识的情感根源。简言

① 弗林斯．舍勒思想评述［M］．王芃，译．北京：华夏出版社，2003：45-48.

之，生命的爱，使个体产生“按照目的和意志来控制自然和社会的内驱力”进而探求与获得“控制的知识”，即科学；心灵的爱，使个体产生“惊奇的动机”进而探求与获得“本质的知识”，即形而上学；“精神的爱”，使个体产生“对于救赎和对神圣的大能拯救的渴望”进而探求与获得“拯救的知识”，即宗教。①

舍勒并不是独行者，阿德勒（Adler，A.）也促进了认知与情感的“携手”。他以自卑、补偿和追求优越等核心观点为基础，阐释了认知启动的情感根源。阿德勒认为，“我们每个人都有不同程度的自卑感”，“由于自卑感总是造成紧张，所以争取优越感的补偿动作必然会同时出现”。②人为了补偿自卑感和追求优越感，开始了认知，投入学习。阿德勒常常发现那些去学习医学而最终成为医师的人，“在儿童时期大多很早便认识了死亡的真面目，而死亡又是给予他们最深刻印象的人类不安全的一面。也许是兄弟或父母过早死掉了”，因此，他们以后的学习，“便在于为他们自己或为别人找出更安全、更能抵抗死亡的方法”。③换言之，自卑感是认知的根源，认知是补偿自卑感的一种方法、过程与结果。当然，自卑既会启动“积极”的认知活动，也会启动“消极”的认知活动。比如，一个孩子让自己的功课很糟，只是为了获得教师或父母的持续关注，弥补受人忽视的自卑感。在孩子看来，如果他是班上最懒的学生，教师就会一直关心他。④

舍勒与阿德勒的观点都表明，不仅要关注认知，更要培育认知的情感源头，诸如对安顿生命的渴求、对心灵惊异的盼望，同时要洞察认知的情感根源，比如什么样的具体感受（如自卑感等）导致了当前的认知

---

① 弗林斯．舍勒思想评述［M］．王芃，译．北京：华夏出版社，2003：130-131.

②③④ 阿德勒．自卑与超越［M］．李心明，译．北京：光明日报出版社，2006：46-47，53，56.

活动。

（二）皮亚杰与弗洛伊德的联袂：认知过程的情感浸润

皮亚杰（Piaget，J.）的认知发展论作为认知学习理论的典型代表，为人们高度肯定和广泛推崇。然而，随着研究的深化，人们发现任何活动无疑都具有理性和情感两种成分，学习活动亦是如此，其认识过程饱受情感浸润。在这方面，弗思（Furth，H.G.）跨出了决定性的一步。他挖掘出被长久忽视的弗洛伊德（Freud，S.）的学习理论，展现其视学习为情感过程的独特取向，并促成了皮亚杰与弗洛伊德学习理论的相互砥砺、补充与整合。

在弗洛伊德的理论中，生的驱力与死的驱力是所有心理能量的源泉。弗思认为，生的驱力不仅仅与性联系在一起，应当在更广泛的意义上理解这一概念，应当注意到弗洛伊德在很多地方将生的驱力描述为“一致与联合”的需要。同时，死的驱力不能仅仅被理解为向死的内驱力，应当被解释为“保持与巩固”的倾向。当然，“保持与巩固”最为极端的形式就是“死亡”。因为只要机体还活着，就必然处于活动变化之中。①具体来说，生的驱力引发“建构性同化”（constructive assimilation），即不断增加认知结构的复杂性、逻辑性和有序性；死的驱力产生“保持性同化”（restrictive assimilation），即让获得的知识在认知结构中得以保持。②知识的获得与积累，就来自这两种同化的相互作用。这样，学习成为一种生命实现（life fulfillment）的过程，即由生的驱力导致的“建构”及由死的驱力造成的“保持”不断交互作用的生存与发展过程。

---

①② Furth，H.G.Knowledge as desire：An essay on Freud and Piaget［M］. New York：Columbia University Press，1987：70-71，26.

认知过程还受到弗洛伊德所强调的心理防御机制的制约。学习活动中的心理防御机制主要有排斥（rejection）、堵塞（blocking）、恐惧（phobia）和扭曲（distortion）等。皮亚杰所说的“扭曲式同化”（distorting assimilation），就是“扭曲”这一防御机制作用的结果。“扭曲式同化”广泛存在于儿童及成人的学习活动中。当个体遇到与自己已有认知结构不相调和的状况或信息时，本应通过“顺应”来调整认知结构使之与现实相一致，但是个体却没有这样做，而是通过扭曲这些信息将其“同化”到已有的认知结构之中。“扭曲式同化”产生的一个根本原因，就是与顺应相比，同化只需要较少的心理能量，也带来较少的情绪困扰。①所以，学习者对一些知识掌握不好，既有认知的问题，也有情感的影响。

二、个体与社会沟通

长期以来，学习被视为“个体获得”。随着社会取向学习理论的兴起，学习开始被看作“社会互动”。就此，有人提出学习活动已从“个体获得”走向“社会互动”。基于整体主义，就不能以“非此即彼”的思维方式来看待问题，而应以更包容的态度来分析这两种观点之间的分歧与论争，使之从分化与对立走向融通与互补。

（一）布鲁纳的学术生命史：“个体—社会”张力的鲜活展现

在20世纪的心理学发展史上，皮亚杰与维果茨基（Vygotsky, L.）是双峰对峙的两位大师。前者突出研究学习活动的个体维度，后者

① Illeris, K. The three dimensions of learning [M]. Malabar, Florida: Krieger Publishing Company, 2004: 104-105.

侧重研究学习活动的社会维度。布鲁纳（Bruner，J.S.）早年深得皮亚杰学说的真谛，后期则吸取维果茨基的理论精华，并在晚年提出个性化的“文化论”（Culturalism）。

布鲁纳对自己在20世纪60年代所进行的、以皮亚杰思想为指南的研究与实践进行过总结。他说，当时要解决的问题是“认知历程如何能以合适的教育来襄助其发展”，而这一研究的假设之一是“学童们生活在某种教育的真空状态里，丝毫不受大文化脉络中的问题所苦”。①这一时期的布鲁纳认为学习是个体获得。后期，布鲁纳产生了明显的转向。“直到‘发现贫穷’以及美国民权运动的时代，我们才从自满而又不自觉的教育改革之梦中醒来——特别是发现贫穷、异化和种族歧视对于心灵生活的冲击有多强烈，以及这些社会疾病对于儿童成长的侵害有多深远。……在那之后几年，我发现自己对于文化在学校教育中影响学童的方式愈加投注心力。”②他还回忆了一个关键事件，即与维果茨基理论继承者鲁利亚（Luria，A.）的交谈。他说，鲁利亚“对于语言和文化在心智功能上的角色做了热切的解说，使得我对那仰之弥高的皮亚杰理论竟发生了信心动摇。皮亚杰的主张一向是更为自足、更为形式主义的理论，在其中的心智发展几乎没留下什么空间可让文化来挥洒”③。

为了避免仅从个体角度观照学习活动的严重弊端，布鲁纳引入了“社会维度”。他指出，学习活动无法从文化和社会脉络中完全分离出来进行研究，“纯粹的记忆、纯粹的思想、纯粹的知觉、简单的反应时间——这些都是虚构之论，虽然偶尔会很管用，但仍难免于只是虚

①②③ 布鲁纳．教育的文化：文化心理学的观点［M］．宋文里，译．台北：远流出版事业股份有限公司，2001：20-21，21-22，22.

构”①。总而言之，应当把“学习看成置身在文化脉络之中的事业”②。但是，布鲁纳并没有简单否定皮亚杰，他的思想是对皮亚杰与维果茨基学说的“涵括式”超越。1996年，时逢皮亚杰与维果茨基100周年诞辰庆典，81岁高龄的布鲁纳特意撰写了《赞颂分歧：皮亚杰与维果茨基》一文，对两位大师的学说进行了比较分析，表达了他采两家之长而整合创新的独特理路。③虽然布鲁纳这位学术大师已然逝去，但他用自己的学术生命演变与发展史，客观见证、生动展现并有力推进了两种研究进路的风云际会及最终融合。其后，一些研究已经直截了当地揭示，学习既具有个体性也具有社会性。

（二）后续者的再建构：新兴认知理论的诞生

霍德金森（Hodkinson，P.）明确指出，正是“二元论”哲学思维方式将学习的个体性与社会性相割裂，对此需要警醒，应当看到个体的人同时是社会的人，个体所属的民族、种族和阶层等社会文化会影响其学习内容、方式和效果。④萨洛蒙（Salomon，G.）等人指出：⑤个体学习或多或少都是一种存在着社会中介的学习，即个体需要教师、父母、同伴等中介者的协助来开展学习活动并发展自己的认知能力；个体需要参与集体性的学习，有时学习内容分布在所有集体成员之中而不是一个人的头脑中；学习活动中个体和他人的持续互动，可以形成双曲螺

---

①② 布鲁纳．教育的文化：文化心理学的观点［M］．宋文里，译．台北：远流出版事业股份有限公司，2001：252，18.

③ Bruner，J.S. Celebrating divergence：Piaget and Vygotsky［J］. Human Development，1997，40（2）：63-73.

④ Hodkinson，P. Learning as cultural and relational：Moving past some troubling dualisms［J］. Cambridge Journal of Education，2005，35（1）：107-119.

⑤ Salomon，G.，Perkins，D. N. Individual and social aspects of learning［J］. Review of Research in Education，1998，23（1）：1-24.

旋式的互惠关系，使两者之间优势互补。随着类似研究越来越多，人们不再停留于描述互惠的现象，开始进一步探索互惠的实质。受系统思想、现象学、实用主义、文化历史活动理论和生态心理学等影响，分布认知、嵌入（embedded）认知、生成（enacted）认知、延展（extended）认知和情境（situated）认知等理论陆续诞生。

分布认知不满意于仅把认知视为脑内的活动，转而寻求认知对临场和情境的依赖，即探查认知的分布性质。①嵌入认知认为，认知主体被嵌入在环境之中，不能与其环境相分离，当主体与头脑之外的特定环境合作时心理才能发挥出被设计的功能，身体之外的一些环境是完成认知任务的构成性参数。生成认知提出，有机体与环境的交互作用是认知系统的组成部分，心理过程并不仅仅由神经过程组成，而是由有机体作用于世界的方式以及世界由此反作用于有机体的方式所构成。延展认知则主张，心理过程并不仅仅位于有机体的头脑之中，而是可以以各种方式延展到有机体的环境之中。也就是说，一个认知过程可以延展到有机体的头脑之外和有机体所处的环境之中。②

情境认知的内涵多种多样，可将其归纳为："我们的认知位于特定的情境之中。也就是说，认知（系统、能力、功能和过程）需要根据情境或语境来定义；认知依赖于情境或语境。这里的情境既可以指大脑的环境，也可以包含身体和身体之外的环境。"③情境认知的一个突出特点，是把个人认知放在更大的物理和社会的情境脉络中，这一情境脉络是互动性的，包含了文化性建构的工具和意义。这样，情境认知就包容了个人和社会两个范围的学习。在这个意义上，"情境认知应该作为一

---

① 周国梅，傅小兰．分布式认知——一种新的认知观点［J］．心理科学进展，2002（2）：147-153.

②③ 李建会，于小晶．"4E+S"：认知科学的一场新革命？［J］．哲学研究，2014（1）：96-101.

个综合的或整合的框架而发挥作用。”①分布认知、嵌入认知、生成认知和延展认知等，都可以被视为情境认知大家族的成员。②

哲学家曾反复追问：“心智始于何处，止于何处？”目前对这些问题的回答有两种观点：心智位于大脑之中和超出大脑。笛卡尔支持前一种观点。他认为，心智虽然没有广延，但心智有空间位置，即位于大脑中松果腺的周围。今天，大多数人已不再相信“心智位于松果腺周围”了，可仍然相信心智位于大脑之中，心理属性是大脑的属性，而且心理过程（感知、记忆、思维、推理等）仅仅存在于大脑之中。也就是说，心智位于大脑内且无法延展到大脑外。然而，按照新兴认知理论的观点，心智并没有固定的位置，心智可以被延展到大脑外，认知的任务通常并不是仅仅在大脑中完成的。各种新兴的认知理论虽各有不同，但都重新认识和超越了传统的认知主义和方法论上的个体主义，其核心观点是一致的，即我们的心智不仅存在于我们的大脑之中，还可以存在于大脑之外。③

三、身体与心智融合

除去体育不计，在绝大多数学习活动中，“身体”似乎一直处于被悬置的状态。这是由哲学上长期的身心二分及“抑身扬心”等倾向导致的。然而，随着哲学和认知科学等发展，身体开始走进人们的视野并逐

---

① 乔纳森，等．学习环境的理论基础［M］．郑太年，任友群，译．上海：华东师范大学出版社，2002：71.

② 夏永红，李建会．超越大脑界限的认知：情境认知及其对认知本质问题的回答［J］．哲学动态，2015（12）：89-98.

③ 李建会，于小晶．“4E+S”：认知科学的一场新革命？［J］．哲学研究，2014（1）：96-101.

渐受到重视。“身心融合”的新看法积淀为“具身”视野，开启了“具身学习”等新走向。

（一）身体的出场

19世纪末，尼采（Nietzsche，F.W.）以非理性的生命取代传统理性的本体地位，提出“一切从身体出发”，“以身体为准绳”，宣告“身体时代”的到来。在《查拉图斯特拉如是说》中，尼采借智者的话说：“我完完全全是肉体，此外无有，灵魂不过是肉体上的某物的称呼。”①

其后，梅洛-庞蒂（Merleau-Ponty，M.）等哲学家创立了“身体现象学”，通过强调“心灵的肉身化”和“身体的灵性化”打破身心二分，消解身与心的对立，赋予身体以重要地位。“我们不能把器官比作一件工具，仿佛它能够脱离整体机能而存在并且获得思考；也不能把精神比作使用这一工具的工匠。”②不存在一条严格分明的界线，将身与心分割开来。身体既不是纯粹物质，也不是纯粹意识，而是物性和灵性交融的存在。这种存在状态，可称为“身心一体”（不是忽视心理存在的身心一元论）。与传统的二元论将身与心区别为“心理现象和生理机制”的二分观点不同，“身心一体”强调身、心相互塑造的“耦合”关系，主张专注于构造身（脑）、心互动的动力系统。③

（二）具身观的出现

“身心一体”作为一种反对笛卡尔身心二元论的哲学思潮，经由认

---

① 尼采．苏鲁支语录［M］．徐梵澄，译．北京：商务印书馆．1997：27.

② 梅洛-庞蒂．行为的结构［M］．杨大春，张尧均，译．北京：商务印书馆，2010：304-305.

③ 李其维．“认知革命”与“第二代认知科学”刍议［J］．心理学报，2008（12）：1306-1327.

知科学和理论心理学而逐渐进入实验领域，产生了具身认知的概念，发展出情绪具身观、态度具身观和道德具身观等多种观点，人们的认识由“离身”走向“具身”。

过去通常认为认知是离身的（disembodied），认知作为一种精神智能同作为物理实体的身体没有本质的联系。然而，神经科学研究表明：身体的结构和感觉运动系统，对高级认知过程的形成有至关重要的作用。认知等高级心理过程是被身体及其活动方式塑造出来的，脱离具体身体的认知是不存在的。①对此，研究者用“具身认知”的概念加以表达。“具身认知”强调，认知并非是发生于大脑中的一种符号加工过程，而是同整个身体紧密交织在一起，而身体是一个具体的身体，是一个活生生的、与自然环境和文化环境交互作用的有机体。②

情绪具身观认为，情绪是包括大脑在内的身体的情绪，身体的解剖学结构、身体的活动方式、身体的感觉和运动体验决定了人们怎样加工情绪。情绪外周理论、面部反馈假说和躯体标记假说等，都一致认为情绪是具身的。相关的行为和脑机制研究，也均支持了情绪加工的具身性。比如，一系列实验结果一致表明，面部活动调节了正在经历着的情绪体验，积极的表情模式能增强愉悦体验，而消极的表情模式会增强消极体验，抑制面部表情则削弱了相应的情绪体验。目前，关于具身情绪的理论解释，主要有镜像神经元系统假说、具身模仿论和知觉符号系统理论等。情绪具身观的提出，使研究者开始重视身体活动与反应在情绪信息加工过程中的重要性。这不仅是对以往情绪认知理论的突破，也为观察学习、指导学习、共情乃至人际互动的机制注入了“身体”成分。

---

① 叶浩生．有关具身认知思潮的理论心理学思考［J］．心理学报，2011（5）：589-598.

② 叶浩生．西方心理学中的具身认知研究思潮［J］．华中师范大学学报（人文社会科学版），2011（4）：153-160.

以身体为媒介的个体间的情绪“共鸣”，是情绪性观察学习和指导学习的基础。个体通过观察他人亲历某一情绪性刺激、事件或行为的情绪反应，或仅仅是在他人的言语指导下，自身就能产生类似亲历的情绪反应，使自己减少了很多不必要的带有伤害性或威胁性的亲历学习，同时也为习得积极的体验或行为提供了便利，从而有利于人类的生存和发展。①

态度是对人或物的情感反应的集合，也体现出具身性。研究发现，人与新的事物交互过程中身体状态的改变，会影响到随后报告的态度，包括一般评价、选择倾向乃至记忆提取，即“身”为诱发因素，而心理结果为结果变量。②

从具身观点看，道德的抽象思维根植于身体体验基础之上。身体经验与道德认知、道德判断等相互嵌入和相互影响。具身道德研究，强调身体与道德情境的互动，探究身体感受、身体动作在道德判断中所起的作用，具有较大的实际价值。③

简言之，心智是具身的，心智并非一个脱离身体与具体环境的抽象特征，心智内在于行动，而非凌驾于行动之上或伴随于行动之侧，因此，行动本身就是心智的。④自 20 世纪 80 年代以来，哲学、心理学、神经科学、机器人学、教育学、认知人类学和语言学等领域，越来越多地谈到“具身”概念，已经形成一种新兴的研究立场，启发着一系列新型研究。比如，有学者在具身理论框架下对个体经济行为进行解释，提

---

① 刘亚，王振宏，孔风．情绪具身观：情绪研究的新视角［J］．心理科学进展，2011（1）：50-59.

② 伍秋萍，冯聪，陈斌斌．具身框架下的社会认知研究述评［J］．心理科学进展，2011（3）：336-345.

③ 叶红燕，张凤华．从具身视角看道德判断［J］．心理科学进展，2015（8）：1480-1488.

④ 唐热风．心智具身性与行动的心智特征［J］．哲学研究，2015（2）：109-117.

出和建构了“具身经济学”，主要关注身体信号、肌体状态、他人动作或位移对个体经济决策的影响。

（三）具身学习的提出

过去，学习被视为一种可以“离身”的精神训练。但是，具身观挑战和突破了这种观念。心智是涉及身体、源于身体和基于身体的，心智始终是具（体）身（体）的心智。认知、思维、记忆、情感和态度等，都是身体作用于环境的活动塑造出来的。从根本上讲，心智是一种身体经验，身体的物理体验制约了心智活动的性质和特征。“具身”作为一种新立场，“以一种全新的方式看待学生怎样学习、教师怎样教学和学校怎样组织”①，正对人类学习产生着深远影响。

以具身观看待学习而新兴的“具身学习”，强调身心一体，认为学习不是一种中枢过程的抽象符号加工，而是与身体活动密不可分，主张把心智“根植”于身体，把身体“根植”于环境，从身体与环境互动的视角看待学习。②具身学习的效果，已为一些研究证实。安塞尔（Ansell，N.）的调查表明，在一些艾滋病横行的国家，对儿童进行艾滋病知识教育，并没有减少会感染疾病的冒险行为，而为预防艾滋病所进行的身体技能训练，却有效地减少了相关的冒险行为。③

具身学习突出了身体在学习活动中的重要性。知识、经验与意义的学习，不仅是大脑中的心理建构过程，更是身心一体的全身建构过程。

---

① Bresler，L. Knowing bodies，moving minds：Towards embodied teaching and learning［M］. Dordrecht：Kluwer Academic Publishers，2004：7.

② 叶浩生. 身体与学习：具身认知及其对传统教育观的挑战［J］. 教育研究，2015（4）：104-114.

③ Ansell，N.Embodied learning：Responding to AIDS in Lesotho's education sector［J］. Children's Geographies，2009，7（1）：21-36.

在这个意义上，过去所提的“全脑学习”改为“全身学习”更为恰切。在这方面，阿舍（Asher，J. J.）提出的全身反应（total physical response）学习方式，与具身学习一脉相承，即通过学习者身体活动式的学习，完成了对知识的理解与把握。这种方式已被运用于外语学习中，教师首先将相关的教学内容设计成一系列可以执行的行为指令，学生在获悉教师指令后，用身体动作的方式对指令做出反应。这样的学习活动，将抽象的知识概念转化为感性的身体动作，使学习者更能接受与领悟。①

秉承具身学习的理念，当下学习活动的改进与优化，应当关注如何借助触、听、看、闻等身体动作帮助学习者学习，应当重视如何让身体动作对学习者的概念形成和逻辑推理等产生积极影响。让我们再一次品味中华语言的魅力吧，“体会”一词，也许可稍作“曲解”，评释为“身体学会了”。

四、技术与学习联系

自人类发明了技术之后，技术与学习的关系就紧密缠绕，难分难解。一方面，新技术催生了许多新型的学习活动及其理论；另一方面，学习活动及其理论的发展为新技术的有效应用提供了方向和空间。当前，学习理论的新突破和社会进步的新挑战，要求技术在促进学习方面承担更多的新使命。

---

① Asher，J. J. Learning another language through actions [M]. Los Gatos：Sky Oaks Productions，1993：35.

（一）技术促进学习：技术与学习的理想关系

曾有学者预言：如同奔驰（Benz，K.）1885 年发明第一辆内燃机汽车导致了世界性的革命，20 世纪下半叶，个人电脑和网络设备的诞生也将给信息交换与终身学习等带来革命性的变化。①然而，这一预言并没有完全实现，许多拥有美好愿景的前沿技术，在学习领域都成效不彰甚至以失败告终。比如，教学电视、计算机辅助教学、交互式多媒体系统和智能教学系统等，都没有在改进学习上取得“突破性”的进展。

就此，国际多媒体学习研究开拓者、美国著名教育心理学家梅耶（Mayer，R.E.）认为，其根源在于人们主要采取了“技术中心”的方式。这种方式的潜在假设是学习者和教师将适应新技术的要求，而不是新技术将适应学习者和教师的需要，因而没有充分考虑学习者的情况。梅耶指出，要使技术真正发挥支持学习的强大效用，必须落实“学习者中心”的方式，充分关注学习者是怎样学习的，进而分析技术如何成为学习者的学习助手。换言之，技术必须调整自身以满足学习者和教师的要求。更彻底地说，不仅要关注将技术应用于学习，更要关注为促进学习而开发新技术。这两种方式的主要区别见表 7-1。

表 7-1　技术支持学习的两种方式②

方式	焦点	技术的角色	目标
技术中心	技术能做什么	提供教学途径	为“教”而运用技术
学习者中心	学习者怎样学习	帮助学习者学习	改进技术或开发新技术以促进学习

① Spector，J. M.，et al. Handbook of research on educational communications and technology [M]. Mahwah，N.J.：Lawrence Erlbaum Associates，2008：xiii.

② Mayer，R.E.Learning with technology [M] //Dumont，H.，et al. The Nature of Learning：Using Research to Inspire Practice. Paris：OECD，2010：182.

（二）支持知识创造：技术促进学习的发展趋势

学习理论的研究表明，人类学习历经了“学习即个体获得”的获得隐喻和“学习即情境参与”的参与隐喻，当下正在走向“学习即知识创造”的新型隐喻。这三大隐喻影响着技术在学习活动中发挥的作用，特别是新近提出的“知识创造”隐喻更是开辟了国际教育技术研究领域的新方向。学习者不能仅仅是知识的消费者，而应是知识的生产者。集“消费者”和“生产者”于一身的学习者，被称为“生产性的消费者”（prosumers，both consumers and producers）。①知识创造隐喻不是否定获得隐喻和参与隐喻，而是对其进行涵括式超越，它不仅关注个体对已有知识的获得与继承，关注人与人之间的互动或人与环境之间的互动，而且强调共同体成员通过互动开发出“人造物”。相应地，技术的作用就从提供资源、推进互动发展为促成“人造物”开发。

具体而言，从获得隐喻的立场出发，技术支持学习就是加速信息的传递过程，为学习者个体的知识获得提供更多的资源。立足于参与隐喻，技术支持学习的聚焦点就是促进社会互动和共同体的建立。当前许多信息通信技术就是在发挥这一功能，网络论坛等技术平台及其使用促成了学习者之间的交流对话，开辟了参与互动的网络空间。知识创造这一新型隐喻，则要求技术支持学习不仅仅是提供学习资源和推进互动交流，而必须考虑如何支持学习者的知识创造，如何促成人造物的开发。不同学习隐喻下网络技术的作用，可以用阶梯式演进层级图表示（见图 7-1）。图中技术的运用推进人类学习由“获得”“参与”逐渐向“知识创造”迈进。

---

① McLoughlin, C., Lee, M. J. W. The three P's of pedagogy for the networked society: Personalization, participation, and productivity [J]. International Journal of Teaching and Learning in Higher Education, 2008, 20 (1): 10-27.

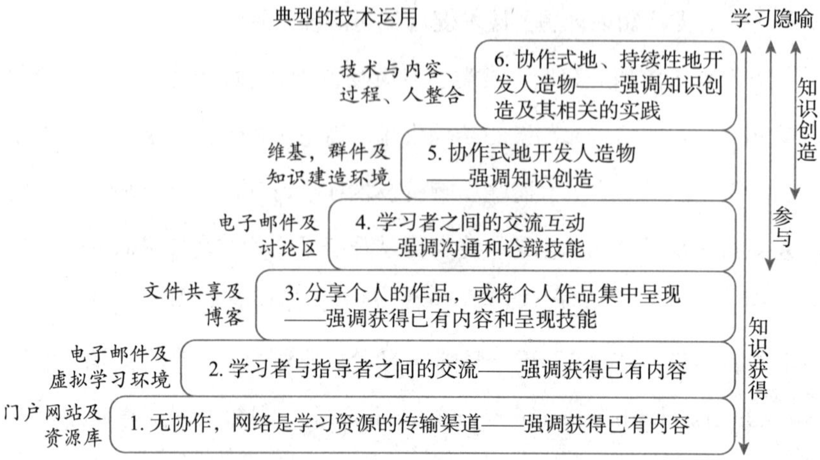

图 7-1　技术支持学习的阶梯式层级①

在最低的层级，网络技术主要作为学习资源的传输渠道，学习者之间基本没有互动交流。比如，学习者通过门户网站上提供的自学教程来进行自学，批量下载网络课程上的文字、图片、音频、视频等资源来拓展学习，通过一些搜索引擎快速获得所需要的学习资源。在第二层级，互动发生了，但主要限于指导者和学习者之间，学习者之间的互动很不充分。比如，学习者通过一些虚拟学习环境提交作业给指导者，指导者通过电子邮件向每一位学习者进行作业反馈等。在这两个层级中，通常强调个体学习，看重学习者对学习内容的吸收。从第三层级开始，学习者之间有了互动。比如，学习者将自己的作业提交到文件共享系统上供他人分享，同时也可以评论他人的作业，但是，学习者一般不会回复评论或根据相应的评论修订自己的作业。这样的互动在很大程度上并不是一种实质性的协作，只是阅读他人的作业，是指导者给学习者安排的

① Minna, L., et al. Main functionalities of the knowledge practices environment (KPE) affording knowledge creation practices in education [C] //O'Malley, C., et al. Computer Supported Collaborative Learning Practices: CSCL2009 Conference Proceedings. Rhodes, Creek: International Society of the Learning Sciences, 2009: 297-306.

一种阅读任务。

在第四层级，学习者之间开始出现直接的、互惠式的互动交流。学习者在网络论坛中讨论一些学习主题，这是较为普遍的情况。讨论的组织主要有两种情况：一是过于松散，二是根据一些小主题或交流论辩的原则组织得过于结构化。在互动交流中，学习者可以锻炼沟通和论辩的技能，包括呈现和捍卫自己观点、接受不同论点或建设性地评论他人看法的技能等。

最富有挑战性的协作，发生在第五层级和第六层级。学习者尝试通过共同努力，生产和改进具体的产品。所有成员都有责任参与到说明、计划、修订和开发共同产品的过程之中。这些开发出来的产品，可以是一份报告、一份产品设计等，即是一个“人造物”。在第五层级，学习者主要开发出一些知识性的人造物。在第六层级，除了开发知识性人造物外，学习者还进行联合式的反思和开发，会学习多领域的内容，并在实践中提升交流和互动的技能，以整合的方式发展起协作进行知识创造的各种胜任力和元技能。

在英文中，信息通信技术被称为“information and communication technology”。第一、二、三层级的技术作用主要集中于“information”维度，即作为信息传播的工具，对应于获得隐喻。第四层级的技术作用开始集中于“communication”维度，主要对应于参与隐喻。接下来，从实质上整合“information”和“communication”，充分发挥技术对学习的支持作用，就需要以知识创造隐喻为引领，以灵活而有效的技术来保障和推动学习者对“人造物”的开发，这无疑是一个新兴的挑战。所以，有学者称获得隐喻视野下的教育技术研究为第一代研究，参与隐喻视野下的教育技术研究为第二代研究，知识创造隐喻视野下的教育技术研究为第三代研究，也是未来应当着重探索和突破的方向所在。①

Web1.0 只是一种发布式媒介，Web2.0 则是网络技术的一次重大变革。Web1.0 只让用户阅读，Web2.0 则让用户生产信息和内容成为可能，用户能主动参与到知识的创造和管理中去。②在 Web2.0 的支持下，知识创造型学习成为“学习 2.0”（Learning 2.0）的形态，强调彰显学习的个体性、参与性和生产性。（1）个体性，主要指重视学习者个体自身对学习资源和学习进度的选择、对学习活动的自我调节和自主管理。其核心是为学习者创造“个性化学习环境”，即一种个性化的学习支持服务系统或工具集合。（2）参与性，主要指通过技术支持，突破个体学习的局限，与更多的同伴甚至专家联结形成共同体，就共同的学习主题进行沟通与协作。（3）生产性，主要指学习者要能够创造知识，要能够为人类知识数量与质量的进步做出贡献。

有学者专文列举了美国、澳大利亚、英国、日本、加拿大等国运用播客、视频播客（Vodcasting）、博客、维基、社会化网络书签（Social Bookmark）、站点摘要等技术支持知识创造型学习的 14 个典型案例。③其中一个代表性案例，是美国北卡罗来纳大学彭布洛克分校（University of North Carolina at Pembroke）门特（Mentor，K.）开设的“维基百科全书运用”课程。在这门课程中，学习者不仅学会了使用维基，而且基于维基创造了刑事司法专题的网络百科全书，包括法律、刑事审判、社会学和犯罪学等内容。学习者对其进行了不断的编辑、修

---

① Hakkarainen，K. Three generations of technology-enhanced learning［J］. British Journal of Educational Technology，2009，40（5）：879-888.

② Spector，J.M. et al. Learning and instruction in the digital age［M］. New York：Springer，2010：8.

③ McLoughlin，C.，Lee，M.J.W. The three P's of pedagogy for the networked society：Personalization，participation，and productivity［J］. International Journal of Teaching and Learning in Higher Education，2008，20（1）：10-27.

订和完善，这些内容已经得到了社会公众的认可。该网络百科全书，就是学习者创造出来的人造物，承载着学习者通过学习创造出来的知识。

（三）重塑技术的中介作用：技术促进学习的新课题

美国技术哲学家伊德（Ihde，D.）在《技术与实践》（*Technics and Praxis*）一书中采用“相互关联的存在”这一非传统现象学的分析框架，指出了技术在人与世界的关系中起着“中介调节”作用。①伊德提出了几种“人—技术—世界”的关系：具身（embodiment）关系、解释学（hermeneutic）关系、他异（alterity）关系和背景（background）关系。②

第一，具身关系。在具身关系中，技术不仅仅是一种工具，更是人造物与使用者的一个共生体。技术成为身体的一部分，人与技术融为一体。人透过具身技术建立起对世界的感知。伊德用“（人—技术）→世界”来表征这种关系。③一个典型的例子就是戴眼镜。当我们戴上眼镜时，我们与眼镜是一体的，但我们关心的不是眼镜，而是通过眼镜所知觉到的世界。这时，眼镜“抽身而去”。在这里，即使技术工具作为中介介入人认识对象的过程，人的注意力也是主要投向对象本身，工具往往会从人的视野中“退场”。伊德称此为“知觉性透明”（perceptual transparency）。一种技术（工具或者设备）是否能在具身关系中被看作是“透明的”，取决于技术的有用性和人对技术使用的熟练程度。如此

① Ihde，D.Technics and praxis［M］. Dordrecht：Reidel Publishing Company，1979：18.

② Ihde，D.Technology and the lifeworld：From garden to earth［M］. Bloomington：Indiana University Press，1990：72-111.

③ “→”代表“人类意向性”，“—”代表“共生关系”，“—”的左边前项代表“在共生关系里起主导作用”。在此共生关系中，技术具身于人，人主导了技术。

一来，技术的设计与使用被赋予“双重期望”：一方面技术要能够以最佳的方式改变人对世界的认识；另一方面技术对人与世界关系的改变要尽可能是“透明”的。①

第二，解释学关系。“人与技术的（经验）关系形成了一个连续统（continuum），如果按照这个连续统来看，我们就会发现，很多技术更多地应用了我们的语言的、以意义为指向的能力。”②如果说“具身关系”是技术对人的身体的延伸，那么，“解释学关系”则是技术对人的语言的延伸。解释学关系体现了人借助技术所显示的信息而获得对外部世界的感知，这类似于对文本材料的阅读与诠释。从这个角度看，人面对的是一个借助具有解释学特性的技术所表征出来的文本世界。例如，在寒冷的冬天，窗外风雪咆哮，但你在暖气房里却温暖舒适。如果你想获知外面“冷”的感觉，除了走出房门直接体验以外，还可以通过“阅读”挂在房门外的温度计“知道”外面有多冷。伊德用“人→（技术—世界）”来表征这种关系。与具身关系中的“知觉性透明”不同，解释学关系中的“透明”不是发生在人与技术之间，而是发生在技术与世界之间，是一种“文本性透明”（textual transparency）。解释学关系体现出来的“透明”，也取决于一个人对仪器或设备显示信息的熟悉程度。例如，功能性磁共振成像技术（fMRI），对于一个医学院校的初学者而言，需要对所呈现出来的各种颜色的脑图信息进行解码和破译，但对于一个医学专家而言，这些信息马上会在他的脑中形成一个整体的感知图式，以使他能快速从这些信息中找到他感兴趣的图像区域。

第三，他异关系。这里的“他异”，其实是借用了法国哲学家勒维

---

① Van Den Eede，Y. In between us：On the transparency and opacity of technological mediation ［J］. Foundations of Science，2011，16（2/3）：139-159.

② 伊德. 让事物“说话”［M］. 韩连庆，译. 北京：北京大学出版社，2008：56.

纳斯（Levinas, E.）的“alterity”一词。勒维纳斯用“alterity”指自我与其他人的不同，一般译为“他异性”。伊德用其指称人与技术的不同。他异关系，是指人把自身的本性投射给技术，让技术“拥有”人的特征，从而为自己塑造一个替代物。在这种关系中，人与技术的交互就类似于人与他人的交互。伊德用“人→技术（—世界）”来表征这种关系。由于人是直接与技术发生交互，所以技术变得“不透明”。他异关系在很多模拟“人—人”交互的计算机界面设计中出现。尽管计算机技术还不能完全模仿身体的肉身性，但可以展示出一种准他者性（quasiotherness）。这表明，他异关系中可以具有，但是并不必然具有通过技术指向世界的关系，技术是作为与人随时打交道的准他者出现的。而且，如果技术成为真正的他者，那么，其将既是技术又不是技术，将作为转化的媒介，在“人—技术”的连续统中处于独特地位，但是这种转化的媒介却是一种可辨认出来的媒介。①例如，自动取款机（ATM）和全球定位系统（GPS）。可以预测，随着技术的发展，人们将会看到更多依据他异关系而设计出来的模拟人的交互行为的高端复杂的计算机程序界面。目前，已有不少研究者尝试这方面的研究。比如，2012 年美国研发了一个名为“Bina48”的类人机器人。这个机器人是当前世界上“最富有感情”的类人机器人，具备超强的模拟会话功能、人脸和声音识别功能，并能根据人脸表情的动作追踪系统做出相应的面部表情。②

第四，背景关系。即技术在人与世界的关系中“退到了幕后”，作为一种背景在起作用。人处处被技术人造物包围着，好像生活在一个

① 吴国盛．技术哲学经典读本［M］．上海：上海交通大学出版社，2008：403.

② Bottenberg, F. Searching for alterity: What can we learn from interviewing humanoid robots? [M]//Rosenberger, R., Verbeek, P. Postphenomenological investigations: Essays on human-technology relations. Lanham: Lexington Books, 2015: 175-190.

“技术茧”（technological cocoon）之中，这是一种在技术之中的关系。伊德将这种关系描述为“人（—技术—世界）”。例如，当电灯被打开、空调被开启时，这些技术物品为人们提供了一个背景，人们往往很少意识到它们的存在，当它们停止发生作用时才会被人们注意到。伊德澄清，在背景关系中，技术既是“透明”的，也是“不透明”的，它只不过是“退到旁边了”（off to the side）而已，它们仍然属于环境中可以被感知的一部分，是一种存在性“缺席”（present absence）。在背景关系中，技术不是简单地从人的感知中“退出”，而是以一种“润物细无声”的方式为人的经验形成提供背景。

就上述四种关系，许多研究者进行了补充或修正。其中，较具有代表性的是维贝克（Verbeek，P.）的观点。维贝克认为，伊德提出的四种关系构成了人与技术关系的连续统，技术从“作为人的身体延伸”到“作为可读人造物”再到“作为可交互的事物”最后到“作为经验的背景”，其实，这个连续统两端还存在三种关系。①（1）融合（fusion）关系。技术已经与人的身体融为一体，人与非人物体共同构成了一个新的实体，并以一种混合的方式与世界发生联系。这是一种比具身关系更加极端的情况。例如，激发大脑深层活动的神经移植技术，恢复聋人听力的耳蜗移植技术以及触发心脏跳动频率的瓣膜移植技术等。（2）浸入（immersion）关系。技术不是与人融合，而是沉浸在环境中，使环境变得更加“智慧”起来，环境通过对用户的“感知”而与其产生交互行为。例如，“智能卫生间”能自动分析一个人的排泄物并据此生成一份医学报告。融合关系和浸入关系都存在双向“意向性”：一是人能感知技术是如何对他们产生作用的，即“反身意向性”；二是环境能智能化

---

① Verbeek, P.Cyborg intentionality: Rethinking the phenomenology of human-technology relations [J]. Phenomenology and the Cognitive Sciences, 2008, 7 (3): 387-395.

地感知人并对人施加作用，即“劝诱意向性”。例如，“劝说镜”（persuasive mirror）能与病人过往医疗记录相联系，当病人照镜子时，人脸识别系统会“告知”镜子呈现出如果他不改掉吸烟、暴饮暴食或拼命工作的习惯，五年后会变成什么样子，从而劝说病人改变生活方式。（3）增强（augment）关系。兼具了具身关系和解释学关系。当人们佩戴了Google眼镜，就能获得所看到的事物的大量信息，如果将人脸识别技术嵌入其中，还能看到他人的潜在信息。如此一来，眼镜不仅能使人获得对外部世界的感知，而且还能使人“读”出所感知世界的意义。

技术哲学对“人—技术—世界”关系的新研究，让人们看到了技术在学习活动中的重要地位。如何重塑技术在学习活动中的中介作用，进而通过技术有力地促进学习者的学习活动，值得深入探索。

五、整体取向理论初显

随着学习活动的多种要素呈现整合趋势，人们开始建构起相应的整体取向学习理论。其典型代表是丹麦学者伊立瑞斯（Illeris，K.）的三维谱系学习理论和英国学者贾维斯（Jarvis，P.）的存在主义学习理论。

（一）伊立瑞斯的智慧：三维谱系学习理论

伊立瑞斯致力于对纷繁复杂的学习活动和学习理论加以整体观照。他梳理了皮亚杰、库伯（Kolb，D.）、弗思、罗杰斯（Rogers，C. R.）、弗洛伊德、杜威、梅茨洛（Mezirow，J.）、艾里克森（Erikson，E.H.）、班杜拉（Bandura，A.）、维果茨基、阿吉里斯（Argyris，C.）、恩格斯托姆、列昂节夫（Leontjev，A.N.）、布鲁纳、温格、贾维斯、吉登斯（Giddens，A.）、马克思（Marx，K.）等人有关学习的论述，共计30余种，最终凝练出学习理论的三维谱系结构。他认为，学习活动在“认知”“情感”“社会”三维度形成的张力场中展开，人类历史上有代表性的学习理论都能纳入这个整体性框架，归属于结构图中的相应位置，这些理论在三维张力场中构成一个结构谱系。其中，皮亚杰、弗洛伊德和马克思作为认知、情感和社会三维度的典型代表，分别位居张力场的三极（见图7-2）。

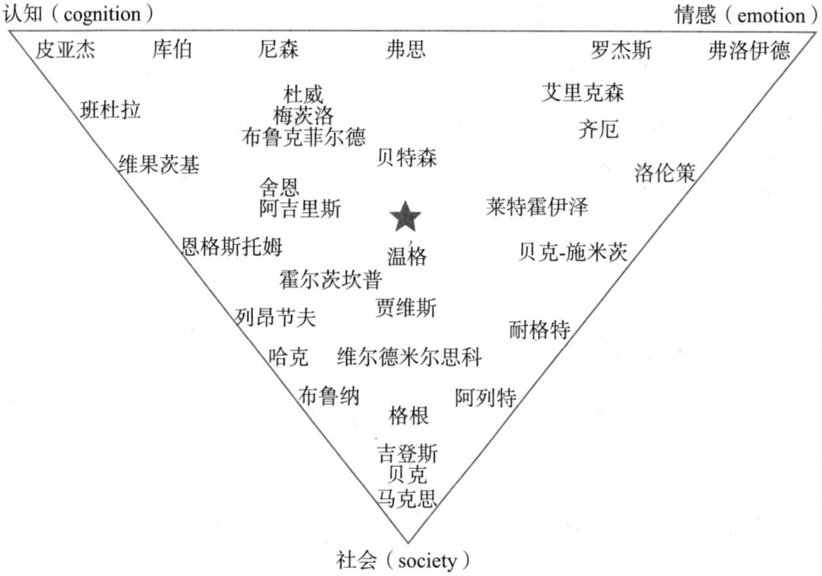

图7-2　三维谱系学习理论结构①

介绍三维谱系学习理论的著作《学习的三个维度》一书出版后，旋即被译为多国文字，欧美众多大学的相关专业都将其列为必读参考书。英译版出版后，伊立瑞斯被哈佛大学教授阿吉里斯誉为“真正懂学习是

① Illeris，K.The three dimensions of learning［M］. Malabar，Florida：Krieger Publishing Company，2004：237.

什么的人”①。三维谱系学习理论，厘清了多种学习理论的研究重心，整合了学习活动的多种要素，呈现出一个系统而深邃的学习世界，给人以整体性的视野。而且，该结构图引人深思。其一，“情感维度”及“情感—社会”场域的学习研究较为“稀疏”，人们对学习活动的这些方面关注不够，有待进一步重视。其二，目前学习活动的理论基础主要局限于“认知”维度，需要进一步拓宽和挖掘“情感”与“社会”维度的理论基础。

（二）贾维斯的思想：存在主义学习理论

贾维斯坚决破除笛卡尔二元论的束缚，植根于存在主义，视学习为人的“存在”过程（existential process），力争整体性地解释学习活动，进而提出了自己的存在主义学习理论（见图 7-3）。

该理论的核心观点是“学习不仅仅意味着人学到了什么，而且意味着人将生成为怎样的人”②，具体体现为以下几点。其一，人是整体的人（whole person），其身体、心智与自我（框 1）都受社会情境（框 2）的影响。人“存在于世”（being-in-the world），则是生活在潜隐的学习机会之中，随时可以在生命历程中展开社会性建构（框 3）。其二，当有机会展开社会性建构时，比如所预料的经历与实际经历之间存在差距，这种差距可以成为学习的开始，人可以选择忽略，或者选择投入学习。其三，如果人选择忽略，那么这个潜在的学习机会自然逝去，人的生命没有新的生成（unchanged）（框 4）。其四，如果人选择投入学习，

① Illeris，K.The three dimensions of learning［M］. Malabar，Florida：Krieger Publishing Company，2004：封底.

② Jarvis，P.Towards a comprehensive theory of human learning［M］. New York：Routledge，2006：5-6.

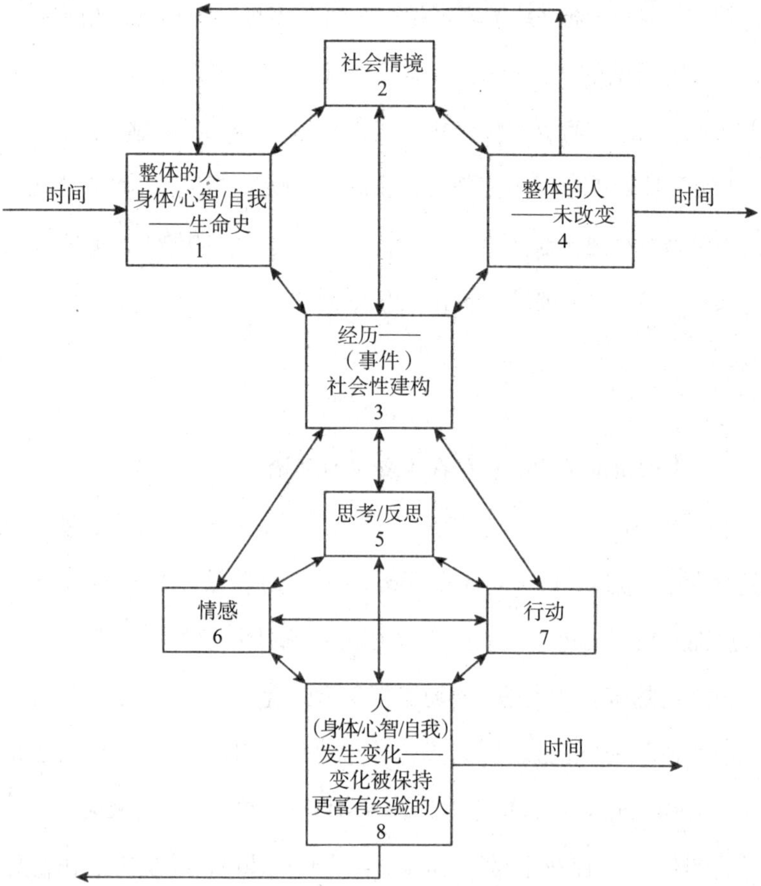

图 7-3　存在主义学习理论结构①

那么就需要进行思考或反思（框 5）、调动情感（框 6）并产生行动（框 7），思、情、行在社会情境下的综合作用，最终带来人的整体性变化，而且这种变化能够被保持下来（框 8），实现生命的生成、发展与优化。

存在主义学习理论正在冲破近百年来形成的行为主义、认知主义、个人建构主义和社会建构主义等理论壁垒，走向多维度的视野融合，这

① Jarvis，P.，Parker，S. Human learning：An holistic approach［M］. London：Routledge，2005：8.

对整体观照学习活动的多种要素，为学习活动构筑整体式的学习理论基础，具有一定的参考价值。

六、五元交互要素结构

以上分析梳理的多种观点，为进一步认识学习活动奠定了基础。遵循学习哲学的历时分析和整体主义等逻辑理路，借鉴已有的整体取向学习理论，把握个体、社会、身体、认知、情感和技术等走向整合的趋势，并凸显学习活动基于“人造物”的知识创造价值诉求，“五元交互”的学习要素结构得以建构。“五元交互”的结构，指个体、共同体、人造物、技术中介和情境五要素以多种样态交互，共在于学习活动之中（见图 7-4）。

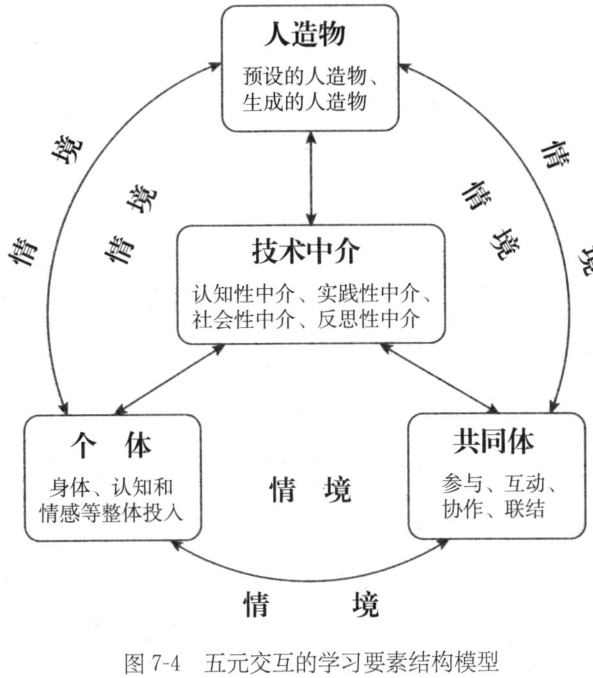

图 7-4　五元交互的学习要素结构模型

其一，个体。个体作为整体的人，作为自觉的学习主体，需要调动整体性的学习生命力去追求与文化的无限整合，即个体的身体、认知和情感等都投入学习活动且相互影响。从培养终身有效学习者的角度看，个体还需要善于做出学习目标、内容、资源和方式等的选择，并能够对学习活动进行自我调节和自我管理。另外，学习者个体不仅要获得知识和参与共同体的活动，还要在获得和参与的基础上力争进行知识创造。

其二，共同体。参与共同体的活动，接受共同体的帮助，有利于优化个体的学习活动。比如，就“学习创造知识”的诉求而言，共同体学习具有的参与性、互动性、协作性和联结性特质，都是知识创造的必备条件。个体之间以及个体与共同体之间的互动，观照的既是已经存在或现成的知识和实践，更是在现有基础上创造出新知识。

其三，人造物。人造物是学习活动中个体和共同体的共享客体。过去，学习活动中的客体主要是预设的，一般是教师掌握并提供客体，如教材和教学用具等，并规定了学生如何共享和使用客体。而知识创造型学习活动中的人造物是生成的，是学习者个体在与共同体互动的过程中创造出来的。共同体成员通过互动开发出“人造物”，是知识创造得以实现的基本保障。学习者在学习过程中创造出来的知识，即由这些人造物承载。这种生成性的、体现了创造性的“人造物”，具有以下特点：空间上的拓展，不同空间的个体和共同体可借助中介手段共同开发人造物；时间上的延伸，一个人造物的改进和完善可持续半年甚至几年；认识论上的扩展，人造物开发可以把书本知识与实践知识、把不同专业领域的知识整合起来。①

其四，技术中介。技术能够提供学习资源，搭建互动平台并提供知

① Schwarz, B., et al. Transformation of knowledge through classroom interaction [M]. London: Routledge, 2009: 65-80.

识创造的“脚手架”。如果没有适当的技术支持，学习者设计、分享、改进人造物将遭遇诸多困难。技术在知识创造型学习中主要发挥四种中介作用。(1) 认知性中介作用，支持共同体成员便捷地共享人造物和有效地评论人造物，特别是通过智能化分类整理评论，可以使对人造物某一关键点的多条评论出现在同一页面上，供共同体成员分享并作为改进人造物的依据。(2) 实践性中介作用，有利于计划、组织和协调知识创造过程，如设置专门的状态栏显示人造物开发的操作计划和实际进度等。(3) 社会性中介作用，有利于管理知识创造共同体，如为网络共同体的成员设置不同角色，开发多种沟通平台促进同伴交流（peer communication）和团队互动（team interaction）。(4) 反思性中介作用，有利于将知识创造过程可视化和反思知识创造的实践过程，如将当前和过去的知识创造互动过程或人造物改进过程，生成为详细结构图并呈现一些分析结论。①

其五，情境。新兴的具身认知、嵌入认知、延展认知、生成认知、分布认知和情境认知等理论，一再强调情境的重要性。个体和共同体所处的社会环境，所在的传统文化，所能提供的人造物创造条件等，都在直接或间接地影响甚至决定着学习活动的过程和结果。

对学习活动而言，以上五要素是必不可少的成分。然而，只有当这些要素以适当的方式存在、相互之间发生真实联系且协同发挥作用之后，学习活动的有效性才得以提升。这些要素之间的相互关系不是并列相加的，而是相互渗透转化，是互为因果和互相作用的。在学习活动中，每个要素自身的内容与结构呈变化状态，其与其他要素的相互关系

---

① O'Malley, C., et al. Computer supported collaborative learning practices: CSCL2009 conference proceedings [C]. Rhodes, Creek: International Society of the Learning Sciences, 2009: 297-306.

也呈变化状态，其在学习活动中的作用、地位同样呈变化状态。在这个意义上，学习活动成为一个充满各种契机的、学习者的学习生命力不断涌动、展示并实现自身力量的动态过程，也成为一个“人、人造物、技术、环境”交互共生的整体网络。当然，既明确五要素应当以相合相生的方式共同参与学习，又辨明应当以哪些要素来主导学习，对学习活动的有效开展是大有助益的。

建构起“五元交互”的学习要素结构，其主旨不在于提供一种封闭的既定结论，而在于呈现一种参考思路，以此启发、反思和调整学习型社会中学习活动的设计等。同时，学习活动的整体性，是在艰辛的局部挖掘过程之中逐渐显现的；对学习活动的整体观照，也是在丰富的具体探察积淀之上得以形成的。建构整体取向的学习要素结构，并不排斥对学习活动的某一要素进行深入研究，反而呼唤对薄弱处和空白处予以特别关注。这样，关于学习活动的整体认识，才会在深刻、丰富的具体研究基础上不断显现、形成、发展和完善，从而更具解释力量和参考价值。而且，基于实际情况，创新出多种五元交互学习要素结构的“变式”，是今后需要进一步研究的主题。

第八章　创价取向的评价

推进学习型社会的建设，开展相应的评价是必不可少的。本章通过梳理一些有代表性的评价指标，尝试提出评价的“创价”转向理路。创价取向的评价活动认为，评价问题既是一个指标选择和构成的问题，更是一个如何认识所评价对象并以一种新的角度来思考如何实现学习型社会建设目标及彰显学习价值的问题。

一、综合学习评价指标

加拿大学习委员会（Canadian Council on Learning）继承《德洛尔报告》的智慧，经过长期研讨论证，于 2006 年发布了综合学习评价指标（Composite Learning Index，简称 CLI）。这是世界上第一个全面测评终身学习状况的工具，为想要监测终身学习和学习型社会建设进展的国家提供了参考，已经成为许多国家推进学习型社会的战略选择。①

（一）四大支柱

以终身学习范式为背景，《德洛尔报告》提出的四大学习支柱——学会求知（learning to know）、学会做事（learning to do）、学会共处（learning to live together，learning to live with others）和学会成人

① Cappon，P.，Laughlin，J. Canada's Composite Learning Index：A path towards learning communities［J］. International Review of Education，2013，59（4）：505-519.

(learning to be)[①]已成为“至理名言”。[②](1)学会求知。不只是获得具体的知识，更要求学会学习，使得通识学习与精深的课目学习之间的整合成为可能。(2)学会做事。强调掌握必备的职业技能以及在新情境中运用知识的能力、发展适应各种不可预知处境的能力和团队合作的能力。(3)学会共处。注重增进对他人及其所在国家或民族的历史、传统和精神的理解，促使人们用智慧与和平的方式来处理不可避免的冲突。(4)学会成人。这也是《富尔报告》的中心议题，要求充分重视培养每个人的独立自主能力、判断能力和个人责任感等，发挥每个人的创造性潜能并使之最大化。[③]

《德洛尔报告》明确指出，“四个学会”是四种基本的学习类型，教育应该围绕其进行组织安排。[④]学会求知，是获得理解的手段；学会做事，就能够在自己所处的环境中创造性地行动；学会共处，则能够参与人类活动，在活动中与他人合作；学会成人，建基于前三种学习，同时予以了必要拓展。这四大支柱是一个整合的“整体”，它们之间有许多相互作用的交互点。虽然需要学习的内容极其广泛、多样且深刻，但是都最终统一于学会成人，即通过学习而成就“完整之人”(whole person，complete person，亦译为“完人”)。

《德洛尔报告》从哲学层面和具体议程方面勾勒了教育改革的路

---

① “Learning to be”有多种译法，常见的有“学会生存”“学会做人”“学会发展”，经考证，译为“学习成为完人”，简称“学会成人”，更为准确。参见：石中英. Learning to be：译法与意义[J]. 人民教育，2003(20)：8-10.

② Elfert，M. UNESCO，the Faure Report，the Delors Report，and the political utopia of lifelong learning[J]. European Journal of Education，2015，50(1)：88-100.

③④ International Commission on Education for the 21st Century. Learning：The treasure within[R]. Paris：UNESCO Publishing，1996：85-98，86.

径，是教育评价及相应制度创新的重要思维框架和参考文献。①报告提出的“四大支柱”，已经成为测评教育制度的效率、效益和公平以及教育过程、结果和影响等的关键指标。②

（二）指标构成

“综合学习评价指标”包括四大支柱引领下的基本指标及具体指标（见图 8-1）。图 8-1 的内环为四大支柱，中环为 17 个基本指标，外环为 26 个具体指标。这些具体指标都可以从加拿大工业部和经合组织等机构获取权威数据，以保证可信性与科学性，如 K_1-K_4 的数据来源为 PISA 测试。

外环中，“学会求知”之下 K_1-K_9 指标分别是：15 岁学生科学素养平均分，15 岁学生数学素养平均分，15 岁学生阅读素养平均分，15 岁学生问题解决素养平均分，20—24 岁没有完成高中教育的青年比率，20—24 岁参加高中后教育的青年比率，25—64 岁完成大学学业的成人比率，到达大学或学院所需的平均时间，到达初等或中等学校的平均时间。

“学会做事”之下 D_1-D_4 指标分别是：为员工提供课堂培训或实操培训的单位比率，25—64 岁成人上一年参加与工作有关的培训的比率，25—64 岁成人近六年参加与工作有关的培训的比率，到达职业学校、商业学校和文秘学校的平均时间。

① De Lisle, J. The Delors Report within the American context [EB/OL]. [2016-04-05]. http://unesdoc.unesco.org/images/0011/001131/113160e.pdf.

② Tawil, S., et al. Beyond the conceptual maze: The notion of quality in education [EB/OL]. [2016-04-05]. http://unesdoc.unesco.org/images/0021/002175/217519e.pdf.

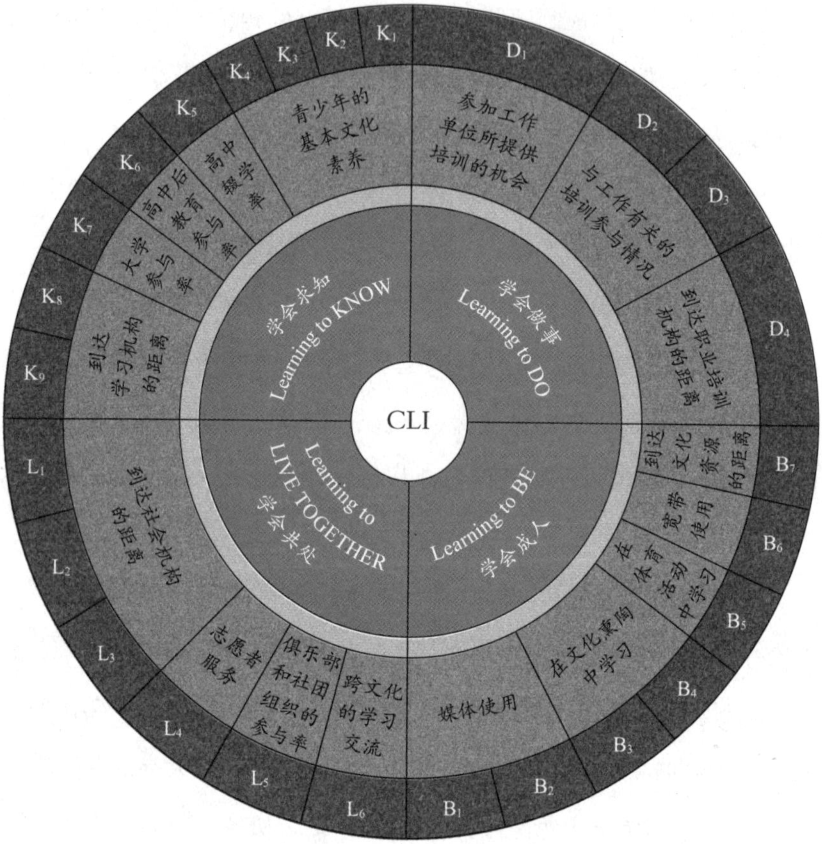

图 8-1　加拿大综合学习指标罗盘①

“学会共处”之下 L_1-L_6 指标分别是：到达图书馆的平均时间，到达商业协会和公民协会的平均时间，到达宗教组织的平均时间，参加无报酬工作的加拿大人的比率，在参加俱乐部和社团组织方面有开支的家庭比率，与其他文化背景的人进行交往的加拿大人的比率。

“学会成人”之下 B_1-B_7 指标分别是：在网络服务方面有开支的家庭比率，在阅读材料和其他印刷品方面有开支的家庭比率，在博物馆参观

① Canadian Council on Learning. The 2010 Composite Learning Index: Five years of measuring Canada's progress in lifelong learning [R]. Ottawa: CCL, 2010: 5.

和其他文化活动方面有开支的家庭比率，在观看戏剧、音乐会等现场表演艺术方面有开支的家庭比率，在康乐和体育设施方面有开支的家庭比率，使用无线网络、有线网络或数字用户线路（DSL）的家庭比率，到达博物馆和美术馆的平均时间。

以上指标涉及从婴儿到老人等人生的不同阶段和学校、社区、职场和家庭等不同的学习情境，有利于评价和推动终身学习进程。①作为一个有效的评价工具，综合学习评价指标体系既可以勾勒终身学习的现实图景，又能以强有力的数据为领导人和政策制定者提供科学的决策依据。基于该指标体系，加拿大已经开展了多次全国性调查，并向公众发布了测评结果。但是，为了测评的清晰和便捷，该指标体系将“学会求知”定位在正式教育领域并主要关注知识发展，将“学会做事”定位在职业学习领域并主要关注职业发展，将“学会共处”定位在增强社会凝聚力并主要关注社会发展，将“学会成人”定位在促进个人成长并主要关注个体发展。因此，如何考虑四大支柱之间的交融性，进而析出一些整合性指标加以测评，还有待进一步研究。

二、学习型城市评价指标

近年来，联合国教科文组织“将建设学习型城市视为建设学习型社会的第一要务”②。通过参考“人类发展指标”“新千年发展目标官方监

---

① 欧盟借鉴这一评价体系并加以改进，研制了欧洲终身学习评价指标（European Lifelong Learning Indicators，简称 ELLI）。2010 年出台的《欧洲终身学习评价指标——让终身学习切实可行》（*Making Lifelong Learning Tangible! The ELLI Index-Europe 2010*），包括 17 个基本指标和 36 个具体指标。较之 CLI，ELLI 希望指标更适合欧洲本土实际且更为丰富和可测量。

② 王俊烽，温得中，傅楷淇．传播终身学习理念　推进全民教育发展——访联合国教科文组织终身学习研究所所长阿奈·卡尔森［J］．世界教育信息，2014（21）：42-45．

测框架”“美好生活指标”，开展专家咨询及选择部分城市试点等方式，该组织研制了评价成员国学习型城市建设状况的“全球学习型城市评价指标”（UNESCO Global Learning City Network Index，简称 GLCN Index）①，以推动全球学习型城市网络的构建。该指标体系包括效益指标、任务指标和条件指标共三类一级指标，下设二级指标和三级指标。

（一）效益指标

效益指标关注学习型城市的最终价值，即聚焦学习型城市建设对社会、经济和环境产生的影响。主要包括“个体赋权增能和社会凝聚”“文化与经济繁荣”“可持续发展”3 个二级指标，其下又含 27 个三级指标。

（二）任务指标

任务指标旨在明确学习型城市的主要构成要素或重要组成部分。主要包括“从基础教育到高等教育的各种学习”“充满生机的社区学习”“有效的工作场所学习”“现代学习技术的广泛应用”“在学习中提高品质与追求卓越”“充满活力的终身学习文化”6 个二级指标，其下又含 37 个三级指标。

（三）条件指标

条件指标涉及政治、管理和资源方面的基础性保障与前提性条件，

---

① UNESCO. The UNESCO Global Learning Cities Network Index [EB/OL]. [2016-10-06]. http: //pascalobserva tory.org/sites/default/files/normanlongworth29nov2012.pdf；高志敏，贾凡，蒋亦璐. 帕提农神庙·学习型城市——UNESCO 全球学习型城市评价指标体系解读［J］. 教育发展研究，2013（11）：6-13.

主要包括“战略愿景、政治意愿及政策承诺”“利益相关者的有效管理及参与”“资源及潜能的调动及利用”3个二级指标，其下又含16个三级指标。

值得一提的是，学习型城市指标体系与联合国教科文组织的标志辉映，其灵感来自于耸立在古希腊雅典卫城上的帕提农神庙（The Parthenon），由顶层、支柱和底层构成（见图8-2）。

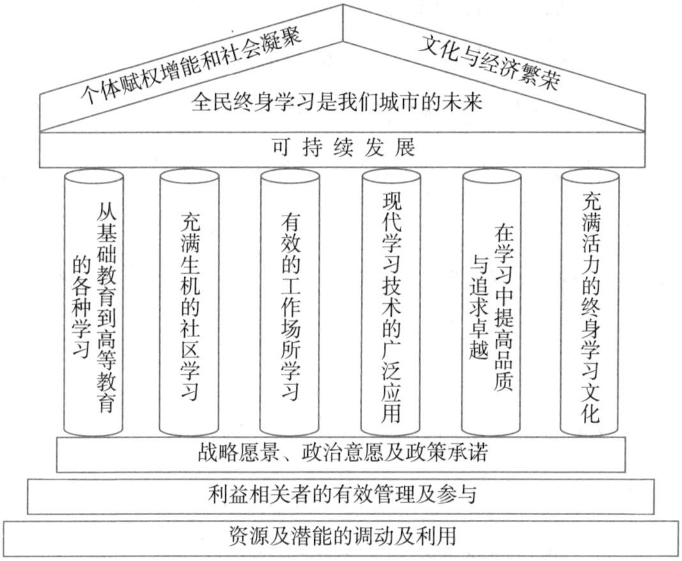

图8-2　联合国学习型城市评价指标①

联合国教科文组织多次提及，运用评价指标的目的，不是在城市之间做出比较，每个城市是不同的，学习型城市建设进展只能在城市自己的文化、经济和社会历史及传统中被测评，该指标仅作为各城市自我评估和经验交流的基础。2013年，联合国教科文组织在北京举办了首届全球学习型城市大会。2015年，在墨西哥举办了第二届大会。这些会议的目的，在于为全球各城市提供交流相应建设和评估经验的机会。

① UNESCO. The UNESCO Global Learning Cities Network Index [EB/OL]. [2016-10-06]. http://pascalobserva tory.org/sites/default/files/normanlongworth29nov2012.pdf.

我国2014年8月发布的《教育部等七部门关于推进学习型城市建设的意见》指出："建设学习型社会是实现'两个一百年'奋斗目标和中华民族伟大复兴中国梦的重要内容和有力支撑。建设学习型城市是实现学习型社会的重要基石"，需要"加强学习型城市建设的科学研究，形成具有中国特色的学习型城市建设理论。建立健全终身学习的统计信息体系，研制监测评估指标体系，支持社会组织等第三方开展学习型城市建设与发展状况评价和监测活动"。[①]从国内情况看，"20世纪末以来，我国已有近百个市（地）级以上城市先后提出建设学习型城市的目标并进行了实践探索，积累了宝贵的经验，取得了可喜的成绩，受到国际社会高度关注。但就全国而言，学习型城市建设刚刚起步，还存在认识不到位、任务不明确、职责不清晰等问题。"[②]因此，需要进一步深化研究，以服务学习型社会发展，满足学习者的学习需要。

三、终身学习者评价指标

在推进学习型社会建设的过程中，有研究者提出需要从培养"终身的有效学习者"这一角度加以考量。近年来，评价并激发学习者的"学习能量"（leaning power）正成为一种国际趋势。

（一）学习能量的提出

"学习能量"这一概念出现于20世纪60年代，是在学习型组织研究领域提出来的。人们认为，具有学习能量的学习型组织，是未来

①② 教育部，等．教育部等七部门关于推进学习型城市建设的意见［EB/OL］．［2016-05-06］．http://www.moe.edu.cn/publicfiles/business/htmlfiles/moe/s3865/201409/174804.html.

学习型组织的理想状态。①进入 80 年代，人们期望通过在学校中、在课堂上“激发和增强学生的学习能量”以培养有效的终身学习者。1985 年，澳大利亚墨尔本大学的贝尔德（Baird，J.）、莫纳什大学的米歇尔（Mitchell，I.）与墨尔本郊区的拉弗顿中学合作开展了促进有效学习的项目（The Project for Enhancing Effective Learning），旨在探索促进学生有效学习的课堂教学方法，以帮助学生成为知识广博、目的明确、思维活跃、有主见的学习者。2002 年，英国布里斯托尔大学克拉克斯顿（Claxton，G.）基于 PEEI 项目发起了“研制有效终身学习指标的项目”（Developing an Effective Lifelong Learning Inventory），目的在于剖析有效终身学习者的特点和品质，通过开发资源、提供策略以及评估记录等方式，促使学习者真正成长为有效的终身学习者。目前，这一项目受到了人们越来越多的关注，在许多国家和地区得到了推广。

英国格拉斯哥大学的麦格特里克（McGettrick，B.J.）参照 DNA 结构模型，提出了学习的双螺旋结构，即学习是两条链之间的相互作用过程。一条链反映了学习者的意愿，包括学习的态度、价值观、情感、意向和动机等；另一条链反映了学习的结果，包括所学的知识、技能和理解等。英国布里斯托尔大学的克里克（Crick，R.D.）在学习双螺旋结构的基础上进一步指出：两条链相互调控、相互支持，而起调控和支持作用的中间部分就是学习能量，是学习能量把两条链连接在一起（见图 8-3）。

① Forrester，J. W. A new corporate design [J]. Industrial Management Review，1965，7(1)：5-17.

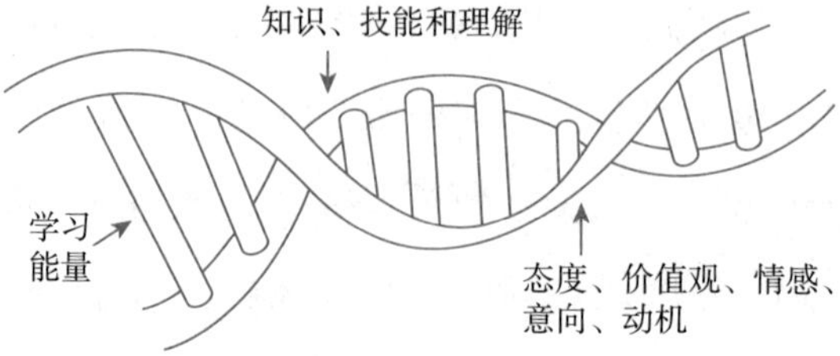

图 8-3　学习能量①

（二）学习能量的指标

学者们采用定量、定性相结合的方法，对不同年龄阶段的人进行调查分析，归纳出学习能量的评价指标。其中，较为著名的有“四指标说”和“七指标说”。

1. 四指标说

克拉克斯顿提出了学习能量的四类指标。②（1）适应力（resilience）。涉及学习的情绪与注意维度，包括准备并愿意专注于学习，能够抵制分心，面对巨大的压力和困难仍然知道如何学习等。（2）策应力（resourcefulness）。涉及学习的认知维度，包括知道不同的学习方式，能有效利用内部和外部资源，综合运用各种方法解决学习问题等。（3）反省力（reflection）。涉及学习的策略和自我调节维度，包括制订一个长期的计划，描述出学习经历，评估学习过程并灵活加以调整，使自己成为最好的学习者等。（4）互惠力（reciprocity）。涉及学习的社会交往维度，包括能以最有成效的、愉悦的、负责任的方式建立学习关系，能分享他人的成果，能与他人共享自己的成果，能在学习过程中学会换位思考等。

---

① Crick, R. D. Learning power in practice: A guide for teachers [M]. London: Paul Chapman, 2006: 5.

② Claxton, G. The learning powered school [M]. Bristol: TLO Limited, 2011: 40-42.

2. 七指标说

克里克提出了学习能量的七大指标，并开发了相应的问卷进行测评。问卷的结果旨在使学习者能够认识并反思自己学习能量的特点，同时帮助教师评估学生个体和全班学生的学习能量特点并形成辅导策略以提升学生的学习能量。七大指标具体如下。①

（1）改变与学习（changing and learning）。有效的学习者意识到学习本身是可以习得的；相信通过努力能够提高自己的学习能力；视学习为终身的过程，并能从提升学习能力的过程中体验愉悦感和自尊感。其对立面是停滞或固着。

（2）探究意识（critical curiosity）。有效的学习者具有探明事物的精力和愿望；喜欢透过事物表面来尝试探究深层次的东西，最终形成自己的结论；很少会不加判断地接受新知识；乐于面对挑战；常常能够把握学习的自主权并享受学习带来的挑战。其对立面是被动学习。

（3）意义建构（meaning making）。有效的学习者注重学习的前后连贯性，努力寻找正在学习的内容和已经掌握的内容之间的联系；试图去理解所学内容对自己的重要性。与之相反的是碎片式学习，仅死记硬背或积累信息，而不将其与自己以前所学知识及自己的信念和价值观联系起来。

（4）创造力（creativity）。有效的学习者能够用不同的方式看待事物，并且能想象出新的可能性；愿意接受浮现在自己脑海中的预感和暗示，并较多地在学习中使用想象力、视觉意象、图画和图表。其对立面是循规蹈矩。

（5）相互依存的学习关系（learning relationships-interdependence）。

---

① Crick, R. D. Learning power in practice: A guide for teachers [M]. London: Paul Chapman, 2006: 9-12.

有效的学习者善于平衡学习过程中的社会化和个人化状态；意识到自己不是完全独立的学习者，但又不应完全依赖他人。与之相反的是孤立和依赖性。

（6）策略意识（strategic awareness）。有效的学习者能更多地了解自身的学习活动；有很强的自我意识，很清楚自己在学习方面特有的优势和劣势；能够看到学习的“前景”和“全局”，有较强的组织性和计划性。与之相反的是机械学习。

（7）适应力/心理弹性（resilience）。有效的学习者能够在学习的困境中坚持更长时间，并且更可能在学习中冒险；在遭遇学习困难时，不易感到不安或尴尬；在处理与学习相关的挫折时，表现出较高的情感容忍度。与之相反的是依赖感和脆弱，缺少心理弹性的学习者更可能在停滞不前或犯错误的时候心理崩溃。

以上七个指标是相互依赖、相互促进的关系，其中一个或两个指标获得发展，其他指标及整体的学习能量水平能随之获得一定程度的提升。①

四、评价的创价转向

在回顾了一些主要的学习型社会评价指标之后，此处借鉴杜威的价值哲学观，尝试提出学习型社会评价的“创价”转向。所谓的“创价”，就是通过判断而指导行动，通过行动而最终创造价值。“创价”转向的核心是，价值不是已然的存在，不是静观的对象，而是需要通过智

---

① 当前，克里克团队正在基于学习能量测评项目积累的数据，进一步修正评价指标及模型并开发新的量表。参见：Crick，R. D.，et al. Developing resilient agency in learning: The internal structure of learning power［J］. British Journal of Educational Studies，2015，63（2）：121-160.

慧指导行动以将其创造出来、使之成为存在的对象，价值是创造活动的结果。“创造价值，就是密切客体与人生活之间的关系，改变自然的通常次序，增强它对人生活的有用性，给人类带来利益和幸福。”①面对笼罩在评价身上的迷雾，迫切需要进行价值创造，以一种新的价值论原理，还原评价促进学习的本真价值。由此，评价不能主要是一种判断人们的学习活动或学习型社会建设是否达到主流标准的手段，而应该颠倒次序，即要适应学习者及相应学习型社会建设者的需要，促使人们在学习活动或学习型社会建设过程中的成功表现最大化。这样的评价，不是以“评”为重心，而是以“创造和生成价值”为重心。

（一）彰显评价的“积极”价值

过去，评价者就像是“在深水区的鳄鱼”，恶狠狠地盯着那些出现问题的人或地方，然后加以捕猎。这样的评价范式，可称为“缺陷范式”，其核心是发现不足，是着眼于过去的。换言之，评价主要着眼于调查哪些方面没有达到标准，从而对不达标的原因进行“清算”。②评价结果则经常用于鉴别、筛选、选拔、汇报和问责等目的，与改进现实情况与未来工作关联不大。究其根本，“缺陷范式”有一个根深蒂固的假设前提：实践活动效果最大化，有赖于人们担忧的最大化，而评价就是最大的“威胁”。人们盼望得到高等级的愿望会产生压力，以激励他们付出更多的努力。因此，需要构建相应的评价指标体系并开展经常性评价活动，以便带来威胁进而激发人们的动机和投入。

如果说缺陷范式的评价是以一种消极的价值哲学清算过去和提供

---

① 冯景源．现代西方价值观透视［M］．北京：中国人民大学出版社，1993：217．

② MECY. Rethinking classroom assessment with purpose in mind［R］. Winnipeg: Manitoba Education, Citizenship and Youth, 2006: 8.

威胁，使人陷于过去的阴影之中，徒增悲伤，那么当下学习哲学视野下的评价活动，则是以一种积极的价值哲学赋予人们创造未来的可能并撒播希望的曙光。与缺陷范式不同，积极范式带来了无穷的希望。简言之，缺陷范式是面对“过去”的评价，而积极范式是朝向“未来”的评价，是在希望曙光的引领之下，对“过去”更深刻、更积极的反思，对“未来”更高远、更切实的筹划。这样，创价取向的评价创造出了新的、充满积极意义的价值。在这方面，已有的学习型社会评价进行了一定的探索。比如，加拿大学习委员会多次强调，综合学习评价指标的测评并不是为了选出“赢家”和“输家”，而是让人们更了解其所在社区的终身学习情况，并鼓励他们思考如何在全国或地方范围内有效推进终身学习，以增强社会凝聚力、振兴经济并改善人们的生活。①欧洲终身学习评价指标的目的，也不仅在于描述，而在于激励。②

基于积极价值观，创价取向的评价认为要促进人们投入学习活动及建设学习型社会，必须建构起新的评价价值文化，以促进人们建立信心并提升自我效能感，基于此，人们才能够并有意愿去进行下一阶段的学习活动或学习型社会建设的“冒险”。需要注意的是，人们的信心和自我效能感，主要来自对自己成功和进步的体验，而不是与成功的同伴相比较所带来的失败和打击。

（二）突出指标的“指引”功能

一般来说，评价必然涉及评价指标。但是，在创价取向的评价活动中，评价指标不仅是区分等级的“标准”，更是指引行动的“标识”。

---

① Canadian Council on Learning. The 2010 Composite Learning Index: Five years of measuring Canada's progress in lifelong learning [R]. Ottawa: CCL, 2010: 2.

② Hoskins, B., et al. Making lifelong learning tangible! The ELLI Index—Europe 2010 [R]. Gütersloh: Bertelsmann Stiftung, 2010: Preface.

指标作为标准，对满足绩效管理和监督问责是必要的，但过度强调“标准”，则往往使人陷入等级评定的困局。“标准”这个词似乎被理解为“不同水平的人实现某类通关的最低门槛”，未试图向改善行动提供更多解释。①在“门槛式”的标准参照（criterion-referenced）中，人们通常没有将评价视为有意义的探究活动及对未来行动的指引活动，而是将其当作一种例行公事的任务。因此，过度强调评价指标作为标准的意蕴，就遮蔽了指标所具有的指引式的“脚手架”功能。

杜威说：“一个事物比较重要的意义是它将使得什么成为可能，而不是它直接就是什么。”②评价指标作为指引行动的标识，其重要意义也体现于此。评价指标不是隔岸观火的旁观者。依据指标收集信息后，人们并非仅仅做出事实判断，更要做出与指导行动有关的真正的实践判断。③指标不仅仅是严格遵守的“神秘权力”，而是人们为了改进学习活动和促进学习型社会建设而开发的“媒介工具”。

（三）建构“创价”的行动脉络

哈贝马斯（Habermas，J.）曾高度赞扬杜威让“行动”这个范畴获得了前所未有的哲学地位。④杜威给了古典哲学致命一击，他改造了超验存在论、旁观者认识论及沉思者哲学观，在实验经验主义的基础上重申经验存在论、行动者认识论及创造者哲学观，将价值问题引入哲学的核心，尝试用实验的科学探究来找到指导行动、优化生活的向导。他的价值哲学思想，观照到了人们的行动世界。人不再沉浸于绝对的价值确定性之梦里，而是要通过价值行动来向生活提供智慧。在这个意义上，

---

① Woolf, H. Assessment criteria: Reflections on current practices [J]. Assessment & Evaluation in Higher Education, 2004, 29 (4): 479-493.

② 杜威. 经验与自然 [M]. 傅统先，译. 北京：中国人民大学出版社，2012：96.

③④ 杜威. 确定性的寻求 [M]. 傅统先，译. 上海：上海人民出版社，2005：202，2.

杜威将行动引入价值生活，即人在确立价值命题、做出价值选择、进行价值判断、创造并实现宜欲（desirable）价值时，人就在行动着，就在使生活愈加精致而富有智慧。将杜威饱含行动意蕴的哲学洞见渗透于评价理论中，就为学习哲学视野下的评价活动开辟了新的方向。

第一，确立价值命题。评价不仅仅是“测量”人们的学习活动状况及学习型社会的建设水平，通过评价“促进”学习活动和学习型社会建设这一价值命题需要首先确立起来。评价的旨趣，不仅是描述事实，更是有效地指导人的行动，是为人的行动提供智慧，指引人通过行动将宜欲达成的价值理想加以实现。由此，事实的描述和价值的行动得以统一。行动认识论涵养着人与经验对象在行动中的交互、价值思维与理性思维的统一以及个体求善品质与认知能力的统一，凝聚着认识论意义上知行合一的思想主张。它并非以价值行动去消减事实认知，而是驳斥“只影响知者而不影响世界”的旁观者认识，以便走出主知主义的误区，投入到“使世界发生有指导的变化”的行动者认识。①行动，不仅决定着学习价值的生成和存在，决定着人们对学习价值和学习事实的感知，还制约着学习价值从潜在意义的符号表征到现实地指导人们学习活动的媒介工具的转换。以杜威的价值哲学观照，学习型社会建设中的评价活动，为学习价值实现的可能性开拓了空间，让每个学习者或称学习型社会建设者不再是只服从于外界决策的被动群体，而成为积极参与和运用评价来优化学习的行动者。

第二，做出价值选择。如果说价值命题的确立，是将评价由调查评价指标的落实情况，引向了如何通过行动实现评价指标表征的价值理想，那么，做出价值选择，以便进一步确认什么样的价值是值得去通过

① 杜威．确定性的寻求［M］．傅统先，译．上海：上海人民出版社，2005：224．

行动加以实现的，就是一个不可回避的问题。

价值选择，需要从所欲（desired）的目的中选择出宜欲（desirable）的目的，并以此研制出评价指标。这里就关涉到人们对“目的”的两种认识：一种观点将目的等同于人们希望达成的理想和愿望，在一定程度上可以说带有一种随心所欲的色彩；另一种观点将目的看作是人们在综合考虑“希望达成的理想与愿望”与“自己现有水平及可能拥有哪些条件和手段去达成理想与愿望”之后所提出来的，是基于对可实现条件的思虑而对“所欲”的选择或修正。前者将目的视为静观的对象，将价值与行动割裂，忽视了人在行动中创造价值的维度；后者看重评价指标作为宜欲的选择，所能发挥的对人的行动的指导作用。所欲目的和宜欲目的的差异，在于未经审视的冲动与探究手段、条件、后果之后形成的欲望之间的差异。①区分所欲目的和宜欲目的重要方法，就是考量实现评价指标的可能性和可行性，如已有基础和所具备的手段等。正如杜威所说：“考察构成匮乏和需要的条件，考察作为构建可实现的目的或可达到的结果的积极手段的条件，就是构建正当的（必需的和有效的）欲望和所期待的结果的方法。简言之，评价就以这种方式发生了。”②

在杜威看来，作为一种“理智的喜欢”，宜欲目的既没有牵强附会，也没有任何“说教”，而是经过批判性地判断了将对实际结果产生决定作用的条件之后，所形成的不同于原初欲望的目标。选择宜欲的目的及研制相应的细化评价指标，展示了反思、探究和考量手段之后对目的的自我纠正，渗透着评价促进行动改进的价值诉求，体现着对被评价对象的价值关怀，也开放了由价值目的到行动策略及真正践行的通路。遵循固定、先在而普遍的标准，其结果不过是鼓励了理智的懒散、对权

①② 杜威．评价理论［M］．冯平，余泽娜，等，译．上海：上海译文出版社，2007：37，63．

威的依赖以及盲目地接受已经以某种方式变为传统的概念。①创价取向的学习型社会评价，不将所欲目的作为评价指标，而要对宜欲目的及相应评价指标进行因时因地因人的思考和研制。这就对目的和手段的单向度认知提出了质疑。创价取向的评价，既放弃了自在目的的观点，也摒弃了“目的决定手段”的思维方式，认为目的和手段的选择是彼此纠正的，正是各种价值需要、情感欲望、偏好兴趣与条件、手段、方法之间的相互关系，制约着评价指标的形成和修正。

人们在开展学习型社会评价时，往往面临着所欲与宜欲的困惑。如果直接提出所欲的目的并将其细化为评价指标，那么就会冲淡乃至失去评价指导行动的价值。当人考察目的所需的各种手段之后，宜欲的目的才是有正当理由的、值得追求的。针对不同情境、不同时间、不同群体而言，选择不同的宜欲目的作为评价指标，才能触发和展开从现有状态向更高水平发展的期望性行动。这样，学习哲学视野下的学习型社会评价活动，就直接涉及现存境况，而间接涉及意欲它达到、期望它引起的未来境况。由此，人既保有现实的价值活动，又享有超越现实的行动及其所带来的更自觉、更完满的价值诉求。

第三，进行价值判断。价值哲学的难题不在于宣称价值如何重要，而在于如何通过判断去创造目的、通过判断指导行动来实现所期待的目的，也就是“如何创造价值”②。支持着价值实现的不是原初的愿望或目标，而是目标与行动之间的动态交互，并在交互过程中权衡实现目的所需的手段及应该采取的行动。

① 杜威．杜威全集：中期著作　第十四卷　人性与行为［M］．罗跃军，译．上海：华东师范大学出版社，2012：147．

② 杜威．评价理论［M］．冯平，余泽娜，等，译．上海：上海译文出版社，2007：译者序．

人经常会陷入一个误区，以为对某个目的有强烈的情感、坚定的愿望，就能得到所欲求的结果。①与此相关的一个误区就是，人们经常认为，只要目的确定之后，手段和方法都是容易找到的，因此，手段和方法常被看作“工具的”甚至是“低下的”。这种将“目的置于行动范围之外”的观点，在价值哲学中长期存在着。②杜威指出，哲学研究的一个核心问题是价值判断，就是“如何形成能有效指导行动的价值判断的理论”③。这就意味着，需要通过价值判断来指导学习型社会建设行动，经由行动创造出所期待的结果，而其中的一个关键，就是在鉴别优势和弱项的基础上开发出具体的行动手段和方法。就学习型社会建设而言，基于对评价指标的测量结果，进一步分析和发现各种数据背后的深层次意义及关系等，让人们明确当前在哪里，未来要到哪里，需要哪些方法、工具、手段、途径和资源才能去那里，都是价值判断的题中之义。而且，还需要尽可能地去创造一些以前没有的方法或条件来达成宜欲的目的。经由判断而得到的具有探究性和创造性的方法与手段，就搭建起了学习型社会建设实际情形与未来情境的脚手架。凸显方法与手段的“脚手架”角色，克服常规情况下人强调未来目的而轻视当下行动的倾向性，受理性智慧指导的评价活动才可能得以筹划和开展。

经由价值判断，学习者可以清晰地理解评价指标及其已达成度，明辨为了实现预期目标所要付出的努力，然后据以选择甚至创造出工具、方式和反馈等，进而形成一种保持并优化学习价值的创价思维。价值判断的创造性功能，就是“对目的和所期望的好以及手段的创造进行仔细的考虑和权衡”，试图通过判断构建行动的智慧。④

---

①② 杜威．杜威全集：中期著作　第十四卷　人性与行为［M］．罗跃军，译．上海：华东师范大学出版社，2012：19，136-137．

③④ 杜威．评价理论［M］．冯平，余泽娜，等，译．上海：上海译文出版社，2007：译者序，107-109．

第四，实现价值创造。价值哲学能有所作为和要有所作为的事情，就是对价值选择、价值判断和价值创造提供指导，使所期待的价值理想成为现实。①上述的评价活动，基于行动认识论，将目光投向知与行的融合之处，所有学习者都可能经由评价来认识和指导学习及学习型社会建设行动并获得成功。认识的目的就是控制变化的进程和结果，使变化能够达成期望性目的（ends-in-view）。②

过去的评价活动，经常是指向过去的、是回溯性的，即判断过去的学习型社会建设得如何。回溯性的价值判断，在一定程度上无情地剥夺了人们改进学习活动及学习型社会建设的理想。创价取向的评价，开启了评价的多层面目标和功能。其中之一就是，力争在分析和批判面向过去的价值判断的基础上，建构一种复合型的价值判断，形成一种基于过去、观照现在、面向未来的逻辑思路。也就是说，经由评价，不仅可以回顾过去做得如何，而且可以推动人们借助于具体的方法与手段，从当下朝向未来，即依靠行动，创造出自己所期待的价值理想。

---

①② 杜威．评价理论［M］．冯平，余泽娜，等，译．上海：上海译文出版社，2007：译者序．

第三篇　方法篇

在挖掘和阐发学习的多重价值意蕴，剖析和建构学习的基本活动原理之后，学习哲学的研究理路随即将对学习型社会建设深化路径的考察与探讨推向了“方法革新”的层面。也就是说，价值理想引领和逼促着相应活动的开展，紧接着，在学习型社会建设过程中使用哪些方法来有效开展学习活动才能真正在行动中践行和创造学习的价值，就是迫切需要深入思考的问题。行动层面的方法探索，既涵摄学习型社会建设的过去，也关涉其当下，更朝未来发出导向，能够为人们的行动提供智慧并推动行动的步伐。

本篇主要包括两个层面的分析。其一，学习型社会的误区澄明。学习型社会在发展过程中形成了多种认识和实践上的误区，对其加以梳理和剖析，可以澄清一些误解和错行，有利于学习型社会的深入建设。其二，学校学习的学本化建构。通过大中小学里学习为本的课程开发、教学改进和评估革新，为学习型社会建设的深化提供源头活水和长效保障。本篇相对侧重于操作层面，期望在一定程度上与“价值篇”和“活动篇”相呼应，勾勒出学习的价值理想和活动原理得以践行的具体方法。由此，学习型社会的深化之路更加立体化，既有理论上的讨论，也有实践中的策略。

本书提出“学校学习的学本化建构”作为推进学习型社会建设的方法，是致力于将“人的一生”和“教育的多个阶段”加以整体观照，凸显人生早期阶段学校学习在学习型社会发展中的独特作用。也就是说，学习型社会的发展需要在关注成人教育及其制度建设等的同时，特别重视大中小学的学习革新，使其能够指向于、贡献于学习者终身的有效学习。

如何才能让每一位学习者在大中小学的学习活动结束后即从这些学校毕业后，还能持续不断地有效学习直至终老呢？在很大程度上可以说，答案还是在于依靠专门、系统、优质的学校教育。若每个个体在生命早期阶段具备了成为终身有效学习者的基础、动力与能力，才有可能真正有效地开展终身学习。如果学生的学校学习经常遭遇失败，那么这种习得性无助可能使之回避、拒绝甚至厌弃学习。反之，如果学生们都掌握了学习方法和调节学习心理的技巧，享有学习成功，感到学习能够为生命助力，今后才可能有意愿、有方法去继续学习。什么人和多少人以怎样的状态加入到建设学习型社会的进程中来，与现存的学校教育体系教给学习者什么以及引导学习者的方法密切相关，与学生在学校中的学习体验和结果密切相关，与学生通过学校学习能否具备终身学习的意识并掌握终身有效学习的技能等密切相关。如果学习型社会的建设仅着眼于学习条件的创设和学习资源的丰富，那么就是将“知识之车”置于“学习之马”前面。在这个意义上，“人人皆学、时时能学、处处可学”可以考虑调整为“人人愿学、个个会学、时时能学、处处可学”。

多年来，学习型社会建设虽然对学校教育体系的重构产生了一定的影响，但具体的学校课程、教学和评估如何能够促进学生终身的有效学习，仍很少得到关注。当下，学校教育改革需要进一步明确自己的发展方向和使命担当，更多地观照到学习型社会建设的要求，提高学生应对挑战和追求卓越的能力，进而培养学生以“我愿意”和“我能行”的态度和能力支持自己的终身学习并推动学习型社会的发展。

第九章　学习型社会误区澄明

经过多年的探索和实践，学习型社会建设尽管已经取得了丰硕成果，但需要澄明一些误区，以便进一步把握深入推进的具体方法。

一、摒除狭隘的潜能观

澄明学习型社会的已有误区，需要摒除“狭隘的”潜能（potentiality）观。这样的潜能观普遍存在，即每个人都是尚未完全发展的，永久性缺乏知识、缺乏能力、缺乏自制的劳动者，生存变成了当务之急。社会中的每个成员为了满足工作的需要，首先要成为一个学习者。这就将学习等同于生存，甚至将学习者置于永久性的生存威胁之中。而且，在新自由主义的话语下，人们将学习者视为具有无限潜能的个体，可以通过无限循环的“学习的改造”（alteration through learning）和表现型测试（performance testing）将潜能变成现实。这样的潜能和学习概念，解释了学习者是如何成长为一种拥有特定职业的特殊类型的人，以及如何拥有某些知识或某种技能的人。然而，学习的改造也可能意味着潜能的耗尽和摧毁。因此，人们需要反思学习型社会建设中所强调的潜能投资。过去，人们按照“学习者尚未完全发展”的逻辑来建构观点，要求学习者必须经过学习的改造来完善自身，以充分实现潜能。①可是，针对潜能全面释放、人将无所不能的观点，阿甘本（Agamben，G.）提出

① Lewis，T. E. Rethinking the learning society：Giorgio Agamben on studying，stupidity，and impotence［J］. Studies in Philosophy and Education，2011，30（6）：585-599.

了疑问：人们是否可以有所不能？不做什么？[①]这种对今天已经步入窘境的人类存在的质问，是令人震惊的。

基于“狭隘”的潜能观理解学习型社会建设，就陷入一种怪圈：学习者能力存在“先天不足”，学习动力来自“生存胁迫”，所以必须按照既定的外在模型加以补充或增强，可是，在这种既定轨道中，学习者丧失了自由发展的可能性。强调外部压力，使个人潜能受到严重耗损，学习者遭遇着真正的“失能”。基于这种“失能”的判断，学习者又只能再度接受与此前性质一致的来自外部社会文化施与的潜能开发模式。在错误理解的指引之下，学习者为外在目标开掘自身潜能，忽略了自我发展的内在意向，从而逐渐丧失了自主选择与支配自身潜能发展的能力。这样的学习型社会，就成为压抑学习者潜能、束缚学习者长期发展的社会。因此，应转变对潜能的理解，学习型社会中的“学习”并不是让“无所不能”成为“唯一的可能”，“盲目的全能”与“绝对的全能”是不可取的，适当承认“阙失”（impotentiality）为潜能发展开拓了广阔空间，有所“不能”及能不做什么也是一种自由，而这种自由有力地助推着潜能的“自觉开发”。外在压力下的潜能挖掘，则属于“定向开发”。

“狭隘”的潜能观伴随着“狭隘”的时间观。从哲学的时间观来透析“学习”就可发现，学习具有由潜能到实现的生成性，其中隐含着时间的控制。结合古希腊哲学思想，有学者提出了两种构建时间观念的哲学分析工具，分别为 chronos 与 kairos。Chronos 指的是“可测量的时间”（measurable time），kairos 则可以解释为现象学意义上的“活的时

① Agamben, G. The coming community [M]. Minneapolis: University of Minnesota Press, 2007: 35.

间”（lived time）。[1]当前，学习型社会中的“学习”，普遍以“可测量的时间”为学习过程的内隐参照。人们认为时间是“可投资的”，具有经济活动的意义，时间成为学习进展的隐喻。依照此种投资效率与投资程度的差距，可划分出两个学习水准相距较大的“阵营”：“东方”与“西方”。[2]前者没有较好地与工业化步调相协调，因而落后于西方，成为全球化中的“他者”。这使得学习型社会成为计算性思维的功利组织，区隔学习者群体，制造新的不平等，进而与学习型社会创造平等学习权利的本源精神相悖。以现象学意义上的“活的时间”为内隐参照，则强调关注当下、不以外在目的为转移的“学习”，时间并非线性的，而且具有开放意义——周围世界是“活的场域”，身处其中的个体“无时无刻不在学习”。这就重塑了学习型社会的学习观念。

根据潜能观、时间观的区别，可将“学习型社会”概括为四种形态。（1）开放型。以“活的时间”为学习发展的时间观，以“自觉开发”为潜能开发的导向，个体与周围环境的联系是多维而活跃的，个体潜能得到充分自由的发展。（2）冲突型。以“可测量的时间”为学习发展的时间观，以“自觉开发”为潜能开发的导向，个体自觉开发潜能的内在动机强烈，但周围环境奉行“可测量的时间”来定义学习，个体与环境处于紧张的关系之中，这种张力限制着个体潜能的自由发展。（3）机械型。以“可测量的时间”为学习发展的时间观，以“定向开发”为潜能开发的样态，个体于外在压迫中迷失自觉，个体潜能与自我产生疏离，自由发展的意向被压抑。（4）过渡型。以“活的时间”为学

① 陈巍，李恒威．胡塞尔时间意识结构的神经现象学重释［J］．哲学动态，2014（9）：101-108；哈萨德．时间社会学［M］．朱红文，李捷，译．北京：北京师范大学出版社，2009：16-19．

② Papastephanou，M. Philosophy，kairosophy and the lesson of time［J］. Educational Philosophy and Theory，2014，46（7）：718-734．

习发展的时间观，以“定向开发”为潜能开发的形态，属于机械型向开放型转变的过渡阶段，接受定向开发的个体此时尝试挣脱既有束缚，在开放的时间中探寻自由发展的方法。相对而言，开放型可视为较为完满的学习型社会形态。

二、慎推强制继续教育

20 世纪 90 年代，加拿大推出了周期性终身学习政策（cyclical life-long learning），带来了许多负面影响。①我国的学习型社会建设需要考虑慎重推行类似政策。

周期性终身学习政策作为加拿大政府推出的“学习与工作政策”（learning-and-work policy），旨在通过实施贯穿整个职业生涯的周期性培训（cyclical training），促进每一位劳动者的专业发展与持续的终身学习，让每一位劳动者都成为“学习型劳动者”（learner-worker）。该政策认为，学习具有“涓滴效应”（trickle-down effect），学习活动可以促进经济繁荣发展，进而影响社会的发展。在这个快速发展的时代，学习被赋予了新的含义，已成为社会和经济发展的关键因素，是一种帮助劳动者获得适应新社会经济环境所要求的必备技能与能力的途径、方式或手段。拓宽学习渠道，就是在促进机会平等、加快社会流动，有利于社会的稳定并增强社会凝聚力，从而为营造一个进步的、民主的社会奠定坚实基础。

历时十余年，加拿大已用实际行动检验了这项政策的有效性，并证

① Grace, A. P. Envisioning a critical social pedagogy of learning and work in a contemporary culture of cyclical lifelong learning [J]. Studies in Continuing Education, 2007, 29 (1): 85-103.

明了知识为本的经济和技术发展的价值。学习型社会中的周期性终身学习，不仅是一种规范，更是一种文化、态度或价值取向。这实际上也是“学习应是一种终身的事业”（learning ought to be a lifelong venture）的新时代含义。然而，周期性终身学习说到底是一种“强制性的继续教育”（mandatory continuing education）。越来越多的年轻人不愿意参加周期性终身学习，他们认为这是政府对他们的控制，是一种“征用式学习”（learning by conscription），即是强制的，而非自愿的。学习变成了一种“看不见的控制”，这样一来，成人教育就变味了，不是自愿的、自发的了。

而且，周期性终身学习造成了一些年轻人的反感。因为，许多参与了成人教育课程或工作坊及接受过正式教育的年轻人都失业了。在这样的背景下，加拿大政府的人力资源部门将失业率居高不下的现状归咎于经济不景气，并声称这是由于年轻人缺乏经验，周期性终身学习就是最好的解决办法。此举并没有真正解决积压已久的问题，而是默许其继续存在，并试图将其作为一种常态。事实上，这只是一种“缓兵之计”，延长了年轻人等待“可能永远也不会实现的优质工作与保障制度”的时间。

尽管政府和社会总在强调周期性终身学习及其带给学习型劳动者的诸多好处，但是一些年轻人仍坚持认为这是一种“恶性循环”和“陷阱”。为了追求高质量的工作和稳定的生活，人们必须不断参与周期性的学习，往返于学习的“跑步机”上，以免被整个社会所抛弃。然而，许多受过教育的学习型劳动者被迫接受低于他们学历背景的工作，而受教育不足的人群在寻找高质量工作时遭遇了更大的困难。这项政策原本具有美好愿望，结果却造成一些人对终身学习与工作的排斥与抛弃。更糟糕的是，这种现象不仅表现在就业和收入方面，还影响了人们的消费、幸福、健康和公民关系等。如此看来，终身学习似乎制造了一场混乱。

要改变这样的状况，有关终身学习政策的制定，要全面虑及当下的社会环境并表现出对历史、希望、可能性、伦理、公正、民主及学习者自主性等的充分关心。同时，从小就要培养孩子的“评判性智力”(critical intelligence)。这种智力可以理解为：在某种程度上，我们可以批判性地理解或质疑，我们有能力重建周遭的环境及改变世界，我们有能力进行决策、选择和评价，进而使我们的世界变得更有伦理道德，我们有能力去实现我们的梦想。这应该成为现代人必备的能力。具有“评判性智力”的学习型劳动者，是有批判意识的个体，专注于他们的生活、工作和学习，他们更能理解所处的环境，能够以“历史的和伦理的主体身份”融入这个世界，从而有可能去改变当下所处的经济与社会发展状况。这样，学习型劳动者既具有获取特定知识的途径，也能够批判性地看待和认识自己在这个世界上的身份和地位。

三、反思八大定位问题

学习型社会的基本定位问题值得反思。择要而言，以下八个方面还存在一些误区，可以进一步探析。

(一)学习型社会是一种“乌托邦”吗

有人认为，学习型社会不可能实现，这只是人们提出的一种理想。各国的资源有限，即便是一些高度发达的国家都难以提供学习型社会所要求的教育供给体系。然而，从社会发展进程来看，学习型社会是可以实现的。一是现代社会自由时间增多和变化速度加快，使学习型社会的建设成为需要和可能；二是学习型社会可通过使“个人成为学习型个人，家庭成为学习型家庭，组织成为学习型组织，社区成为学习型社区，政府成为学习型政府”①的细化步骤，逐步得以实现。总的来说，在资源有限的情况下，学习型社会的理想确实较难达成，但并非永不可实现。而且，理想能否实现，关键在于我们是否按理想来行动，为理想而不懈努力。更何况，建设学习型社会的进程本身就具有十分重要的意义，具有鼓舞、引导和规范的力量，可以指引人们前瞻性、创造性地思考终身学习、教育民主和拓展学习机会等问题。卡西尔曾有一句名言：“乌托邦的伟大使命就在于，它为可能性开拓了地盘以反对对当前现实事态的消极默认。”②而且，卡西尔引用了康德在《纯粹理性批判》中的话进行了阐释：“不要借口说它是不可实现的而将其视为无用，弃若敝屣，这种借口是卑下而极有害的。……因为对于一个哲学家来说，最有害最无价值的事情莫过于庸俗地诉诸所谓［与理想］相反的经验了。因为假如各种制度是根据那些理念设立而不是根据粗糙的观念（它们由于单纯地来自经验，已经断送了一切善良意愿）设立时，这些所谓的相反经验多半根本就不存在了。”③迎合现实，只会导致对现实事态的消极默认，进而裹足不前，陷入困境；超越现实，朝着理想发挥创造力，则会开拓出新的可能，以至趋近理想。

（二）学习型社会是为了“培养人力资源”吗

从历史发展的角度来看，学习型社会之所以逐渐赢得人们的关注，很大程度上是由于学习型社会建设对培养人力资源以振兴经济和推动

① 高志敏．关于终身教育与学习化社会理念的探讨［J］．教育研究，2001（3）：52-58．
②③ 卡西尔．人论：人类文化哲学导引［M］．甘阳，译．上海：上海译文出版社，1985：78，76-77．

技术进步具有重要作用。如果没有对经济发展和社会凝聚力的追求，那么学习在人性自我完善和人格塑造发展等方面的作用就变得没有意义。但是，仅以此看待学习型社会又是远远不够的。任何试图绕过学习的非功利价值的举动，都不是对学习型社会的准确把握，必将会带来一个不健全的学习型社会。学习型社会也有不同的发展阶段。以发展的眼光来看，在早期建设阶段突出人力资源开发这一目标有利于奠定牢固的社会根基和汇聚必要的社会资源，在深化建设阶段则不应遗忘把人性完善等也作为学习型社会的基本目标和依据。

（三）学习型社会可以有固定模式吗

多年来，人们提出了多种学习型社会模式，归纳起来主要有如下模式。①技能提高（skills growth）模式，强调在学习型社会中创建灵活性强、认同度高的复合型劳动力市场以促进经济增长。个人发展（personal development）模式，体现了个人主义学习目的观，虽然社会发展的外在目的逼促个体不断学习，但学习者的内在学习动机同样重要。社会学习（social learning）模式，聚焦于社会凝聚力的形成，"社会资本"是标志性概念，强调社会成员为了共同利益而参与社会生活。学习市场（learning market）模式，将学习型社会视为学习市场，个体作为消费者可以根据自己的需要从中选择性价比最高的学习机会。社会控制（social control）模式，认为学习型社会是一种社会控制形式，在这里，潜在的员工被塑造成具有可塑性和灵活性的工人，雇主可以通过培训来掌控他们的劳动力。地方性学习型社会（local learning societies）模式，认为所有学习都要基于当地情境，不同国家和地区的学习型社会

---

① Preece, J. Beyond the learning society: The learning world? [J]. International Journal of Lifelong Education, 2006, 25(3): 307-320.

各具特色。自我评价（self-evaluation）模式，重视学习型社会中个体的自我反思与分析。学习中心（centrality of learning）模式，提出学习型社会应该凸显学习的中心地位。教育系统改良（reformed system of education）模式，认为学习型社会要致力于推动可转移的学分认证框架，以便多种学习活动都得到认可。结构性变化（structural change）模式，即学习型社会更多地涉及结构改变，为了让更多的人能参与到学习活动中去，需要改革社会的组织原则。这些模式一经提出，得到了不少人的支持。然而，这些模式仅仅指向于学习型社会的不同方面，都只是对学习型社会的“碎片化”描述。

（四）学习型社会即终身学习吗

有学者提出，学习型社会这一概念本身就暗含着学习的持续性，暗含着个体学习要与社会发展变化保持一致，“无论我们从什么样的视角来看，学习型社会的概念都与终身学习一词高度一致”①。而且，不同类型的社会机制会促进不同类型的终身学习。比如，如果人们想在学习型社会中进一步提高社会凝聚力，那么就可以促进社会学习模式的终身学习；如果人们想在学习型社会中使劳动力的灵活性和变通性更强，那么就会促进社会控制模式的终身学习。就此，有学者提出了不同观点，认为学习型社会的模式仅能对人们采取何种类型的终身学习产生一定程度的影响，却不能控制人们的学习，学习是凌驾于社会与政策之上的，学习型社会只是为人们提供了一个参与终身学习的平台。但是，这样的定位也有一定的问题，因为学习型社会被简化为一个围绕终身学习概念“旋转”的集合，个人只需要对自己的发展方向负责。可以

---

① Preece, J. Beyond the learning society: The learning world? [J]. International Journal of Lifelong Education, 2006, 25(3): 307-320.

说，终身学习的重要性是毋庸置疑的，而学习型社会采取何种类型的终身学习就值得人们去思量了。

（五）学习型社会即持续学习吗

在以往的研究中，许多人将持续学习作为学习型社会的实质。然而，有学者提出，尽管持续学习是重要且必要的，但学习型社会并不强制要求人们终其一生都要持续不断地学习。如果人们将学习看作一种责任，那么学习型社会中的每个人都必须要有持续学习的信念和行为。可是，学习是一种人权，人们有选择是否行使学习权利的自由，换言之，个体可以选择不使用这项权利。①值得注意的是，拥有学习的权利并不意味着就没有个人职责，人们要承担尊重他人学习权利的责任。

（六）学习型社会是为了“所有人”的社会吗

从功利主义视角来看，“所有人”可以阐释为“为了所有人的共同利益，让社会所有成员的幸福感和满意度最大化”。不同的人和群体对于共同利益的看法必定有所不同，并不存在符合所有人要求的独特的、唯一的共同利益，但形成共识还是可能的。只是在关于学习的共识上，一些人受益必定以牺牲其他人的利益为代价。在这里，“所有人”被理解为所有人中的大多数，提及共同利益时，关注的是大多数人或者学习型社会的主导者是否受益，而其他少数人不得不做出让步。它从对不同个人和群体的利益和解衍生而来，是一种带有妥协意味的共同利益。②

功利主义视角下“所有人的学习型社会”与学习型社会中“所有人都应被平等尊重与对待”的初衷背道而驰。因此，还必须基于平等主义

---

①② Su，Y. The non-instrumental vision of the learning society [J]. International Review of Education，2010，56 (5)：517-530.

视角加以分析。平等主义要求人们超越年龄、性别、种族、阶级和其他各种因素，平等地对待每一个社会成员。但是，这并不意味着对所有人都一视同仁，而需要根据个体所处的学习环境来具体加以分析。有些形式的学习对某些人来说可能是有价值的，可对其他人而言可能就是没有价值的，甚至会妨碍其学习的自由。从平等主义视角来看，学习型社会中的“平等对待所有人”也不是一概而论的。

（七）学习型社会是一种“社会的新形态”吗

视学习型社会为新社会形态的建构，认为公民权、民主和正义是学习型社会的价值所在和形成学习型社会的基本条件。可是，应该看到学习型社会也是一种“学习的新形态”。在承认二者差异的基础上，要看到它们并不矛盾，即使学习型社会作为一种新的社会形态，也是建基于对学习者学习形态的考量，而且对学习者的学习形态也有具体要求和深刻影响。作为新学习形态的学习型社会，要求重点探讨如何围绕学习者的终身学习需要而革新学习理念与学习方式，以及怎样改革教育方式、重组教育内容和完善教育组织体系等。

（八）学习型社会就是“社区教育的强化”吗

很多时候，人们将学习型社会建设的重心聚焦于社区教育功能的强化，要求不断发展社区教育设施以达到建设学习型社会的目的。在此基础上，应该看到，“学校教育的革新”同样重要。①“学校教育的革新”强调发挥学校教育的中心功能，依托学校不断改革教育教学以达到推进学习型社会建设的目的。

① 陈廷柱．关于建设学习型社会若干问题的思考［J］．高等教育研究，2008（8）：11-16．

四、明确政府责任限度

人们已经发现，在学习型社会发展过程中，政府的角色非常重要。政府应该积极推进学习型企业、学习型家庭、学习型社区和学习型城市的建设，构建起终身教育体系，深化教育体制改革，建立起纵向衔接、横向沟通、资源整合、内外协调、整体优化的教育系统结构，同时应在公共资源的配置上，大力加强图书馆、文化馆、博物馆、科技馆等公共文化设施以及数字化学习资源的建设。目前，许多国家都着力从政府职能、法律支持和公共政策等方面建设学习型社会，人们理所应当地认为学习型社会建设是政府的责任。很多人认为，政府拥有广泛的权力和社会资源，应该包揽所有，而且学习型社会建设是一项宏伟而艰难的过程，个人是没有办法承担的，就算想贡献力量也会心有余而力不足。政府在学习型社会建设中确实发挥着至关重要的作用，有政府积极推进的学习型社会建设就成效显著，反之亦然。可是，政府在学习型社会建设中不应包揽所有工作，而应起主导作用，引领学习型社会建设的方向。政府充分发挥主导作用，有利于有效动员社会各方力量来共同努力，增加教育的有效供给，满足广大人民群众对教育和学习的需求。

现代信息技术的发展，已经为学习者开展自己的学习活动提供了可能性。在当前的背景下，学习不再是一种取决于政府及他人服务的"消费品"，学习者也不是只能墨守成规地盲目接受的人群，学习者已经有可能通过自己的积极主动参与，为自己创造学习机会。联合国教科文组织的报告《学会生存——教育世界的今天和明天》也曾指出："如果任何教育体系只为持消极态度的人们服务，如果任何改革不能引起学习者积极地亲自参加活动，那么，这种教育充其量只能取得微小的成功。”①因此，有必要明确政府在学习型社会建设中的有限责任，看到学习者应该承担一定责任，学习者要能够根据自身的学习愿望、个性特点和兴趣爱好，创造性地获取学习资源和学习机会，在开放的实践环境中使用或尝试多种学习方式。这样一来，学习者就成了学习的开发者和创造者。

学习者能否成为学习的开发者，还取决于其自身的能力发展水平。比如，如果学习者具备了自主学习能力，那么他就能够自主进行学习，就可以成为一名不仅在学校善学而且终其一生都能学好的自主学习者，学习对他而言就是一种伴随着日常生活的必然存在。反之，若学习者缺乏自主学习能力，那么终其一生或许都难以自主汲取推动自身不断发展与进步的知识或经验。

五、凸显学校使命担当

有学者提出：“从本质上说，终身学习是否只是一个关于成人教育、扫盲教育和非正规教育的问题？如果说答案是肯定的，则必定违背终身学习的本质，因为人在一生之中肯定会接触正规学习，而协同作用是终身学习的关键词。”②可见，学校教育的转型必须涵盖整个系统，从而充分释放其促进终身学习的力量和潜能。但现实告诉人们：大中小学教育系统已经在结构和制度上得到了较为完善的发展，而在如何推进终身学习及学习型社会建设方面发展得却不够完善。这些方面，有待正视和重视。特别是目前的学校教学文化中还存在一些错位现象，直接

---

① 联合国教科文组织国际教育发展委员会．学会生存——教育世界的今天和明天［M］．华东师范大学比较教育研究所，译．北京：教育科学出版社，1996：265．

② 阿哈默德．终身学习：从理念到行动［J］．教育研究，2010（11）：40-41．

影响了学习者成长为终身学习者的进程，阻碍着学习型社会的建设，亟待予以消解。基于“学习为本”的立场，以培养“终身有效学习者”的理念观照，教学领域长期存在两大文化错位现象。

（一）“教的价值”代替“学的价值”

在实际的教学领域中，教师的教过多地代替学生的学，以教代学、越俎代庖，是较为普遍的情况。“教的价值”代替“学的价值”，出发点是让学生学得更多、学得更透，结果却与初衷背道而驰，更严重的是造成学生将学习视为教师的事情而不是自身的事情，因为教的主体性事实上取代了学的主体性。学的主体性一旦丧失，学习就成为被迫、痛苦和折磨。这种现象的实质就是“文化悖论”。要逐渐克服教学文化中的这种悖论，需要挖掘并破除其产生的根源。比如，要破除心理安慰效应，主要表现为教师经常这样想：我教了，还教得很细、很透彻，心理也就比较安慰了。正如不少教师经常说的：“教不教是老师的责任，学多少则是学生的事情！”也要破除从众心理，主要表现为教师身边的同事都是尽量多教，而抛弃了“道而弗牵”的智慧。因此，“教”与“学”错位后真正地、全面地复归，还需要更多的教师一起来关注、探索和开拓。在思考教什么和怎样教才能促进学生学的时候，需要考虑不教什么和不怎样教反而更能促进学生学。后者与前者相比同样重要，甚至在一定意义上更为重要。

（二）“教授时间”僭越“学习时间”

在许多学校，教师挤时间、抢时间上课现象较为常见。以“教授时间”僭越“学习时间”，实是“拼体力换成果”。究其成因，大致有以下几点。一是对人性的忽视。强调了“熟能生巧”，忘记了“多能生厌”。

二是对未来的疏离。看到了基本知识与技能是学生未来发展的基础，忘记了基本的学习兴趣更是基础中的基础。我们是否在基础教育阶段，在马不停蹄地抢占时间中，亲手扼杀了学生学习兴趣的幼芽，亲手拆卸了孩子未来发展的基础，这确实引人深思。中国的传统智慧“欲速，则不达；见小利，则大事不成”，值得好好品味和体悟。三是对“学习病理”的轻视。学习病理，是指学习困难发生发展的原理，包括学习困难的表现以及背后的原因和机制等。如果教师对学生学习病理的把握不准或根本没有把握，就只能不断投入大量的教授时间去换取想要的结果。布卢姆（Bloom，B. S.）的掌握学习理论提出：只要有足够的时间和机会，每个学生都有能力掌握任何教学内容。但是，千万不能忽略的是，在掌握学习理论这里，“对于大多数学生来说，每两周教学结束时所需的额外时间与帮助（课内与课外），一般只需一个小时左右”①。要做到这一点，需要教师在提供额外作业或帮助以矫正学生困难时，参照预测中“学生的个人错误”而具有“针对性”②。这在很大程度上源于教师能够发现学生的学习困难并把握导致困难的原因，进而有针对性地迅速给出矫正的有效方法。

“如果只有一个人在想某个问题或做某件事，那么这个行为代表的是个人的习惯，而不是一种文化模式。这是因为，一种被认为是文化的思想和行为必须被一处居民或一群人所共同享有；即使不被共同享有，如果大多数人认为合理，也可以被视为文化的观念和行为。”③在这个意义上，文化是群体的、共同的、强制的，它存在于个体之外，而又对个体施加着强大的制约力量。我们并不老是感到文化强制的力量，这是

①② 布卢姆，等. 布卢姆掌握学习论文集［M］. 王钢，等，译. 福州：福建教育出版社，1986：54，10.

③ 卡·恩伯，梅·恩伯. 文化的变异：现代文化人类学通论［M］. 杜杉杉，译. 沈阳：辽宁人民出版社，1988：29-30.

由于我们通常总是与文化所要求的行为和思想模式保持一致。然而，当我们真的尝试反抗文化强制时，它的力量就会明显地体现出来了。所以，对习以为常的教学文化进行反思和反抗，试图消解教学文化的错位现象，必然遇到无数的困难和矛盾。但是，我们不能用逃避上路的方式，来免除障碍与挫折。可以说，前景越辉煌，过程中的不确定性就越强，复杂程度就越高，而人追求这一前景的激情就越强烈。因此，保持研究和践行的激情，不断发现问题和解决问题，在过程中收获，在矫正中前进，这是值得努力的方向。

第十章　学习为本的课程开发

人们对课程的认识大致经历了从“通过学习来完成课程”，到“关注课程中的学习”，再到“为了学习的课程”的演进过程。在学习型社会的深化进程中，“学习为本”的新型课程哲学正在兴起，即强调课程是为了所有学习者的学习而存在的，必须尽可能满足学习者的多种学习需要。本章以知识创造类、修德致福类以及休闲素养类课程开发为例，阐发学校课程如何在一定程度上践行学习型社会推进所凸显的学以创知、学以立德、学以致福及学以益生等价值诉求，进而满足乃至激发与强化学习者在这些方面的学习价值需要。

一、知识创造类课程开发

受知识创造学习隐喻的感召，学习者可能期望自己开展知识创造型学习活动，并在学习活动中实现知识创造，但这样的学习活动及成效不是自然而然可以发生与达成的。鉴于此，专门开设相应课程就显得尤为重要。如果大中小学开发的这类课程成为学生所熟知和喜欢的学习经历，那么学生就可以在学校之外和毕业之后，有意识并有能力将自己的学习活动发展为知识创造过程。近年来，英美等国进行了“协同设计课程”，围绕人造物（如早产儿衣服、会议袋和盲童触摸书等）的开发，学习者保持密切协作，研制概念化人造物，并将其呈现为可视化草图（图表人造物），进而将设计转化为物质化形态如原型或终端产品。设计过程持续时间较长，有的长达一学期，还有一个虚拟平台支持学习者围绕人造物开发所进行的信息共享与交流互动。整个学习活动是跨领域的，是不同教育组织之间、教育组织与各种专业组织之间协作开发人造物，这些人造物在教育组织外也能使用。这些实践探索，能为知识创造类课程开发提供参考。此处以芬兰的“人造物项目”（artifact project）课程为例，阐述如何进行相应的课程开发。

（一）课程设计

芬兰赫尔辛基大学的研究者与小学教师共同设计了一门课程“人造物项目”，从小学四年级第二学期开始，一直持续到五年级结束。在该课程中，学习者要在文化情境中分析人造物，研究与人造物相关的物理现象（如电），并设计未来的人造物。整个课程围绕开发人造物而开展，打破了传统学校活动的界限，整合了大学教授、图书管理员、电梯员和灯具设计师等多领域专家的力量。课程持续时间长，学习者使用电脑在“知识论坛”中上传短文、发表评论和交流想法等。在学习过程中，学习者要提出自己关于如何研究人造物和设计各种学习活动的想法，同时与教师一道进行实地参观。

1. 课程目标

该课程的目标是了解芬兰文化以及作为其文化一部分的人造物的作用与多样性，在开发人造物的过程中创造知识。人造物是人类生产出来的任何东西，可以是物质化的东西如杯子、桌子等，也可以是概念化的东西如科学理论等。

2. 课程内容

这一课程整合了学校的许多课目，如历史、科学、设计与技术教育等。如在历史课程中，学习者可以参观历史博物馆，采访自己的长辈，获取有关过去的人造物的资料，给所调查的人造物构建一个时间演进轴等。在科学课程中，学习者可以对光的某种物理现象做出自己的推测，并设计实验来证实自己的推测。在设计与技术教育课程中，学习者可以分析现在的勺子设计，还会设计 20 年后的灯具。

（二）课程实施

人造物项目包括三个阶段——人造物的过去、现在与将来。在“人造物的过去”阶段，学习者组成小组，选择一类人造物进行深入调查。大多数学习者选择他们正在使用的并且自己感兴趣的主题，如时钟、勺子、钱、锁与钥匙、珠宝、球和灯等。学习者采用各种方法来加以探究，如参观博物馆、搜集网络材料、访谈祖父母等。在“人造物的现在”阶段，教师带领学习者选择与人造物相关的现象（如球的运动、灯的运转、光和金属的特点等）来加以分析，提出研究问题。如在光的物理现象中，有学习者选择了关于彩虹的问题，探讨“在彩虹中，光是如何组成那些美丽的颜色的”，接着学习者提出自己的推测，用相应的实验进行验证。在“人造物的未来”阶段，学习者根据挑选的灯具类型组成设计小组，邀请灯具设计师讲述自己的设计过程，讲述会主要聚焦在灯具设计的关键点上。学习者要关注他们选择的人造物到 2020 年会是什么样子，同时写下在 2020 年他们假定的工作日发生的故事（见表 10-1）。

表 10-1 “人造物项目——过去、现在与未来”活动①

阶段	时间	步骤	主要活动
人造物的过去	1—4 周	人造物的分类	• 调查我们周围的人造物 • 给人造物分类

① Seitamaa-Hakkarainen, P., et al. Learning by collaborative designing: Technology-enhanced knowledge practices [J]. International Journal of Technology and Design Education, 2010, 20 (2): 109-136.

续表

阶段	时间	步骤	主要活动
人造物的过去	1—4 周	人造物的设计	• 分析勺子的设计 材料方面（物理与化学属性、外观与质量、尺寸与重量、大小） 符号方面（符号与意义） • 调查有关勺子的各种问题
	4—12 周	人造物的历史发展	• 制订小组的研究计划 • 参观国家博物馆 • 写出人造物的故事 • 为其他小组提供反馈意见 • 为所调查的人造物构建一个时间演进轴
	8—9 周	展示	• 在教室里进行一次展览
人造物的现在	1—5 周	光的物理现象	• 写出有关推测 • 选出主要的研究问题 • 设计并实验 • 实验的演示与讨论，重新表述推测
	6—9 周	力的物理现象	• 观看涉及力的录像 • 问题解决：如何称一头长毛象的体重 • 开展实验并报告实验结果 • 写出有关时钟机械装置的推测 • 参观时钟博物馆 • 总结关于时钟的资料
	10—13 周	金属的物理现象	• 提出关于铁的问题 • 参观铁匠铺 • 观看关于磁力的录像 • 观看关于金属的录像 • 用磁铁与金属做实验
人造物的未来	1—5 周	设计灯具	• 灯具设计师描述设计过程 • 分析与审视现有灯具 • 通过绘画、画出草图、制作原型来进行设计 • 对提出的设计进行讨论

续表

阶段	时间	步骤	主要活动
人造物的未来	6—10 周	设计未来的人造物	• 写出一个人在 2020 年的日常生活故事 • 分析所选人造物的未来用户需求 • 分析设计的人造物在未来会如何使用 • 人造物的可视化与技术性设计 • 在设计人造物的背景下考虑其功能性原则 • 画出草图 • 项目展示

（三）课程评价

在人造物项目实施的整个过程中，一直有学习者相互之间的评价以及教师的评价。其中，学习者将开展的活动及其想法写成短文上传到“知识论坛”平台，所有学习者都可以对其他人的短文进行评价，指出存在的问题以及更好的解决方法。教师也会提出自己的看法，引导学习者做出更好的选择。此外，参与到这个课程中的校外人员，会对学习者的表现进行评价，如灯具设计师会在“知识论坛”中评价学习者的设计图。课程的最终评价，体现在所开发人造物的实用性上，学习者开发出的人造物要应用于实践，在实践中接受检验和评价。教师还会指导学习者举行一个展览会，展出自己创造的人造物，并邀请其他师生和家长参加，共同推选出最好的作品。

二、修德致福类课程开发

学习型社会中的学习者，不仅要关注“认知能力”和“学习技能”的发展，而且要重视“情感幸福”和“社会胜任力”的提升。“通过学习让人幸福”，这是学习型社会进一步建设的题中之义，也是帮助人们克服抑郁的良方、增加生活满意度的媒介和开展优质学习及发展创造性思维的助手。鉴于此，需要开启“修德致福”的课程路径，让学习者在学校的专门课程学习中，树立“修德致福”的意识、掌握相应的方法并使之成为终身的习惯，进而拥有幸福和蓬勃的人生。①此处梳理英国“优良品德健身房”（Strengths Gym）课程的设计、实施与评价，以此阐明“修德致福”类课程的开发方法。

（一）课程设计

“优良品德健身房”课程认为，优良品德不是一成不变的，而是由少到多、由弱到强不断发展的。人们越多地学习和运用它们，就能够越多地拥有它们。换言之，个体的优良品德可以像锻炼肌肉和其他力量一样，通过有效练习与实践逐渐习得和增强。该课程就是学习和运用优良品德的重要场所和宝贵机会，因而将其形象比喻为“健身房”。

1. 课程目标

“优良品德健身房”课程由普罗克特（Proctor，C.）带领团队开发，主要是针对正处于青春期的七至九年级学生设计的，同时也适用于一些特殊儿童或青少年犯罪者。该课程不仅是教人优良品德原理的知识课程，还是教人在日常生活中运用和练习优良品德的技能课程，更是教人通达幸福人生的幸福课程。其关键目标，就是学习者最终确立起积极的视角和态度，更明确地意识到自己和他人所具有的优良品德，更多地加以运用和强化，进而增强自尊心，提升学习成就以及增加亲社会行为（如更好的团队协作、更娴熟的社交技能等），由此增强生活满意度

① 本项目团队自 2014 年开始，每年在华南师范大学小学教育专业开设“高尚师德学习”课程，力争践行“学习获致德福”的价值诉求，通过引领师范生开展优良品德学习提升其师德和幸福感，取得了较好的成效。

和幸福感。①

2. 课程内容

每个年级都以24种优良品德②作为学习主题，配套相应的活动型内容，各年级主题在深度、广度和难度上有所递增。七年级为入门级，主要活动是“设计超级英雄”，即在24个品德单元里，学习者分别设计能够代表每种优良品德的英雄人物，思考其身份与形象、所承担的使命，并通过故事说明这个英雄的品德，使用画笔加以描绘。八年级的主要活动是“回忆真实故事”，学习者有意识地回忆在真实情境中运用优良品德的故事，并用写、画或说等形式表达出来。九年级的主要活动是“想象创作故事”，学习者想象优良品德发挥作用的情境，进一步提升运用水平，更深刻地开展对优良品德的哲理性思考。这些都是深入理解和不断强化这种优良品德的过程，师生可以根据实际情况调整24种品德的学习顺序。

每个年级的学习者在学习24种品德之前，设有“发现优良品德”活动。在教师指引下，学习者从优良品德目录中选出5种自己最突出的优良品德，形成锻炼这些品德的积极意向。学习24种品德之后，设有“发现优良品德的变化”等活动。学习者重新评价自己在课程初始阶段选出的5种优良品德，思考其发生了怎样的变化及为什么发生这些变化。

（二）课程实施

“优良品德健身房”形成了对话学习、冥想学习、故事学习和实践

① Proctor, C., Eades, J. F. Strengths Gym: Teachers manual [M]. St. Peter Port, Guernsey: Positive Psychology Research Centre, 2009: 1.

② 24种优良品德的要点，参见本书“价值篇”第三章《优良品德学习诠释德福一致》。

性学习相结合的整体性实施方法体系，特别注重学习者的积极参与和亲身体验，鼓励学习者将品德学习由校内活动延伸至校外实践，由课堂参与拓展为生活践行。学习者可以每天创用一种新的方式锻炼自己较突出的优良品德，即开展“优良品德修养每一天”活动，这能够让人们的幸福感在持续半年的时间里都得到显著改善。但是，如果没有每天采用新方式加以运用，那么效果会大打折扣，其幸福感的提升仅是短暂的。①以“好奇心”为例，周一可以选择一条新路线去学校（以安全为前提），观察和探索沿途的环境；周二则向同学问一个之前从未问过的问题；周三午餐时品尝一种未品尝过的食物；周四给一位亲戚或朋友打电话，就他最近经历的某种积极体验进行探讨；周五试着走楼梯，而不是坐电梯，在走楼梯的过程中体会新的环境；周六做家务时，关注洗碗或吸尘等活动的三个显著特征；周日问自己两个能够深入认识自我的问题，反思并记录当时的瞬间反应。

该课程还重视为优良品德学习创设积极的大氛围，力求通过环境暗示、师生共学和全方位的课程渗透来增强学习效果，并且鼓励师生创造性地实施课程。

（三）课程评价

“优良品德健身房”的课程评价，主要采用学生生活满意度量表（The Students' Life Satisfaction Scale）、积极情感与消极情感量表（The Positive and Negative Affects Schedule）以及罗森博格自尊量表（Rosenberg Self-Esteem Scale）等测评学习者优良品德发展和幸福感提升状况。同时，配合使用学习者作品分析和自我反思等方法，以实现

---

① Seligman, M. E. P., et al. Positive psychology progress [J]. American Psychologist, 2005, 60 (5): 410-421.

三角验证。其中，特别关注学习者最突出的五项优良品德的进一步发展。2009 年，英国对中低收入家庭白人学习者（12—14 岁）的调查表明，该课程学习者的生活满意度显著提高，积极情感和自尊得分相对较高，消极情感得分相对较低。①后续研究也呈现出一致的结果。

在建设学习型社会的进程中，继承我国传统德育的成功经验，顺应优良品德学习课程开发的前沿走势，超越过去的行为矫正范式德育，可以构建起“幸福为本”的德育新形态。幸福为本德育，以幸福价值为引领，致力于帮助学习者有效开发优良品德学习活动，在行动中发现并彰显自身优良品德，以优良品德促进自身全面德性发展，进而成长为具有卓越德行的幸福之人。

三、休闲素养类课程开发

拥有闲暇，是人类孜孜以求的美好愿望。但是，能否明智地享用闲暇，则是对人类文明和教育的考验。当下，闲暇时间已经在相当程度上成为孕育抽烟、酗酒、吸毒、暴力和自杀等问题行为的温床。研究发现，其中一个主要原因是人们缺乏驾驭闲暇时间的能力。②为此，在大中小学开发专门的休闲素养类课程，让学习者通过系统学习有效提升休闲素养，从小就学会掌控自己的闲暇时间，进而在今后的人生之中善于管理和享用闲暇时间，创造有意义的闲暇生活、提升生命质量，就成为学习型社会建设的重要使命。此处以“时间智慧”课程为例，阐述如

---

① Proctor, C., et al. Strengths Gym: The impact of a character strengths-based intervention on the life satisfaction and well-being of adolescents [J]. The Journal of Positive Psychology, 2011, 6(5): 377-388.

② Mundy, J. Leisure education: Theory and practice [M]. (2nd ed.) Champaign, IL: Sagamore Publishing, 1998: 40.

何进行相应的课程开发。

（一）课程设计

美国闲暇教育专家考德威尔（Caldwell，L. L.）带领团队开发的“时间智慧：掌控闲暇时间”课程（Time Wise：Taking Charge of Leisure Time），直面青少年闲暇生活品质亟待提升的现实困境，回应政府密切关注青少年问题行为的政策诉求，尤其适用于处境不利的农村地区12—19岁青少年。①这一课程受积极心理学优势为本取向的指引，将“生态系统理论”（ecological systems theory）作为最基础的理论，同时吸纳了“自我决定理论”（self-determination theory）、“伴随补偿的选择性最优化理论”（selective optimization with compensation theory）和“畅体验理论”（flow theory）的一些观点。②在拟定课程目标的基础上，该课程开发者设计了由“核心课程”（core lessons）和“强化课程”（booster lessons）构成的内容体系。

1. 课程目标

“时间智慧”课程设计了由短期目标、长期目标和最终目标构成的目标体系。③在短期内，对学习者的闲暇认知、闲暇情感和闲暇行为产生一定影响，以逐渐达到减少物质滥用和增加健康闲暇活动的长期效果，进而实现促进学习者积极发展及减少或避免物质上瘾的最终目标。其中，短期目标主要包括以下几个方面。其一，行动目标。学习者更多

---

① Smith，E.，Caldwell，L. L. Adapting evidence-based programs to new contexts：What needs to be changed? ［J］. The Journal of Rural Health，2007，23（suppl 1）：37-41.

② Caldwell，L. L.，Faulk，M. Adolescent leisure from a developmental and prevention perspective［M］//Freire，T. Positive Leisure Science：From Subjective Experience to Social Contexts. Dordrecht：Springer，2013：41-60.

③ Caldwell，L. L. Time Wise：Taking charge of leisure time Teacher book［M］. Scotts Valley，CA：ETR Associates，2005：4-5.

地参与健康的闲暇活动，提升规划和运用闲暇时间的能力。其二，情感目标。学习者减少闲暇时间内的无聊感，增强闲暇体验的意义感、趣味性和满意度。其三，认知目标。学习者形成对调节无聊情境能力和克服闲暇障碍能力的认识、对闲暇资源的意识、在闲暇时间做出健康决定的意识并避免同伴影响。

2. 核心课程

核心课程旨在使学习者掌握健康、有效地使用闲暇时间的基本技能、策略和概念，主要培养学习者无聊情境调节能力、闲暇计划能力、闲暇资源获取能力和闲暇障碍克服能力，涉及闲暇收益、动机类型、闲暇计划、多样与平衡等概念，包括六大模块共 14 项活动，每项活动约 45 分钟。课程要点见表 10-2。

表 10-2 “时间智慧”核心课程要点①

<table>
<tr><th>六大模块</th><th>14 项活动</th><th>要点</th></tr>
<tr><td rowspan="2">探索闲暇活动</td><td>管理闲暇时间</td><td rowspan="2">学习者在“探索我的闲暇时间”活动单的帮助下，反思自己的闲暇生活方式，理解参与闲暇活动的收益，在此基础上分析自己的闲暇收益并建立个人闲暇档案，引起对闲暇时间的重视</td></tr>
<tr><td>闲暇的收益</td></tr>
<tr><td rowspan="2">认识我的动机</td><td>动机的类型</td><td rowspan="2">学习者理解无动机、外部动机、接受动机、认同动机、整合动机和内部动机及其对个体闲暇行为、闲暇体验和闲暇收益的影响，据此分析自己的闲暇动机</td></tr>
<tr><td>动机、感受和收益</td></tr>
<tr><td rowspan="2">以兴趣胜无聊</td><td>克服无聊</td><td rowspan="2">学习者通过发展兴趣克服无聊，先列出自己的兴趣表，再通过选择、优化、补偿，确定自己真正想要培养的兴趣，同时学习调节无聊情境的技巧</td></tr>
<tr><td>培养兴趣</td></tr>
</table>

① Caldwell, L. L. Time Wise: Taking charge of leisure time Teacher book [M]. Scotts Valley, CA: ETR Associates, 2005: 9-75.

续表

六大模块	14 项活动	要点
制订行动计划	克服障碍	学习者根据前一模块确定的兴趣，制订闲暇活动计划，在此过程中培养寻找闲暇资源的能力和克服闲暇障碍的能力
	获取资源	
管理日常闲暇	多样与平衡	学习者通过对多样、平衡和准备三个概念的学习，认识到闲暇活动应该多样且动静平衡，并通过设计备选活动应对突发事件，进而完善自己的闲暇计划，从中获得最大化的收益
	寻找平衡	
贯通式的复习	时间智慧分析游戏	学习者运用先前所学的概念和技巧，分析相应情境故事
	沙滩球游戏	学习者把先前所学的概念和技巧设计成问题，贴在小球上并进行传递，接到小球的学习者回答相应问题
	时间智慧贴画	学习者使用图画、诗歌或故事等形式表现他们当前或未来的闲暇活动，运用先前所学的概念和技巧分析这些活动
	闲暇价值拍卖会	学习者通过拍卖会，进一步明确自己所重视的闲暇价值

3. 强化课程

强化课程由进一步提升闲暇能力的五大模块共 6 项活动构成，可以紧接着在核心课程之后实施，也可以在半年或一年后实施。如果是后者，在实施强化课程之前，需要先复习核心课程的内容。每项活动约 45 分钟。课程要点见表 10-3。

表 10-3 “时间智慧”强化课程要点①

模块活动	要点
时间智慧“小先生”	学习者把自己在核心课程中学到的知识教给别人，既复习核心课程，又成为“时间智慧”的传播者

① Caldwell, L. L. Time Wise: Taking charge of leisure time Teacher book [M]. Scotts Valley, CA: ETR Associates, 2005: 83-121.

续表

模块活动	要点
做决定与冒风险	学习者学会分析、评估及解决参与闲暇活动可能遇到的风险，在此基础上决定自己是否参与该活动
获得“畅体验”；管理压力与体会专注（此模块包括两项活动）	学习者在“闲暇活动金字塔”和“畅体验”模型图的帮助下，理解“畅体验”的概念、表现及产生条件，学会克服参与闲暇活动时遇到的情绪障碍，如焦虑、压力、注意力不集中，最终获得“畅体验”
友谊与闲暇	学习者认识不同类型的朋友可能产生的影响以及自己心目中好朋友的标准，学会正确选择闲暇伙伴，提升社会交往能力
闲暇与改变	学习者借助“我的改变”流程图学习应对闲暇生活中各种变化的步骤，以及做出改变的步骤，提升闲暇决定能力，并在行动中落实自己的改变计划

（二）课程实施

“时间智慧”课程的实施，主要采用开发多种资源、倡导可视学习和提出真实问题等方式，帮助学习者产生自我决定的愿望，形成自主行动的技能并掌握克服行动过程中所遇困难的方法。在此基础上，还要注重开展小组学习和创意游戏，帮助学习者增强同伴归属感并强化学习效果。

1. 开发多种资源，推动学习者自主决定

在该课程的实施过程中，教师不是赤裸裸地进行知识和规则的灌输，而是精心开发出多种多样的课程资源，引导学习者完成各种表格式或图解式的活动单等，帮助学习者从内心深处产生明智享用闲暇时间并为自己闲暇生活负责的愿望，进而自主决定自己如何度过有意义的闲暇生活。例如，在第一次活动中，就指导学习者填写《探索我的闲暇时间》活动单（见表 10-4），分析自己的闲暇活动类型及其收益。经由这一活动单作为中介，学习者填写的过程，其实就是深入理解闲暇活动

表 10-4 《探索我的闲暇时间》表格式活动单①

指导语：请在第一列填写你于放学后的自由时间或周末参加的活动；在第二列圈出你花在活动中的时间；在第三列用“+”或“—”表示你是否喜欢该活动；如果你认为该活动属于闲暇活动在第四列用“*”标示；第五列“收益”先不要填写，待教师提示后再完成。

<table>
<tr><th rowspan="2">我经常参加的活动</th><th rowspan="2">我花在活动上的时间</th><th rowspan="2">喜欢+
不喜欢—</th><th rowspan="2">闲暇活动（标*）</th><th colspan="9">收益</th><td rowspan="6">身体：有利于身体健康
社交：有利于和朋友、家人相处并结识新朋友
心智：有利于挑战和发展自己的智力
未来：有利于达到学业和职业上的目标
心理：有利于提升信心，缓解压力
灵魂：有利于赋予生活更多意义
自然：有利于欣赏大自然、动物和环境的美
创造：有利于绘画、写作或其他创造活动
共同体：有利于帮助别人、动物、共同体或我们的环境</td></tr>
<tr><th>身体</th><th>社交</th><th>心智</th><th>未来</th><th>心理</th><th>灵魂</th><th>自然</th><th>创造</th><th>共同体</th></tr>
<tr><td></td><td>1 2 3 4 5
很少 一般 很多</td><td></td><td></td><td>○</td><td>○</td><td>○</td><td>○</td><td>○</td><td>○</td><td>○</td><td>○</td><td>○</td></tr>
<tr><td></td><td>1 2 3 4 5
很少 一般 很多</td><td></td><td></td><td>○</td><td>○</td><td>○</td><td>○</td><td>○</td><td>○</td><td>○</td><td>○</td><td>○</td></tr>
<tr><td></td><td>1 2 3 4 5
很少 一般 很多</td><td></td><td></td><td>○</td><td>○</td><td>○</td><td>○</td><td>○</td><td>○</td><td>○</td><td>○</td><td>○</td></tr>
<tr><td></td><td>1 2 3 4 5
很少 一般 很多</td><td></td><td></td><td>○</td><td>○</td><td>○</td><td>○</td><td>○</td><td>○</td><td>○</td><td>○</td><td>○</td></tr>
</table>

① Caldwell, L. L. Time Wise: Taking charge of leisure time Student book [M]. Scotts Valley, CA: ETR Associates, 2005: 4.

各种收益并反思自己闲暇活动过程的优劣。再加上教师的适时点拨，学习者就会自发形成想要参与健康闲暇活动的动机并自主决定相应的行为。

2. 倡导可视学习，促进学习者形成技能

一图胜千字，图是最直观的语言。“时间智慧”课程的实施非常重视“可视学习”（learning through visualization），即借助于创造一些适宜的人造物（如流程图、金字塔模型等）用作符号媒介，将内隐的规则和程序以直观形式加以呈现，促进学习者将其内化为心智运演与认知图式，进而形塑学习者的思考、感知和行为方式。比如，在强化课程的第五模块中，采用“流程图”（见图 10-1）的形式，清楚展示制订闲暇

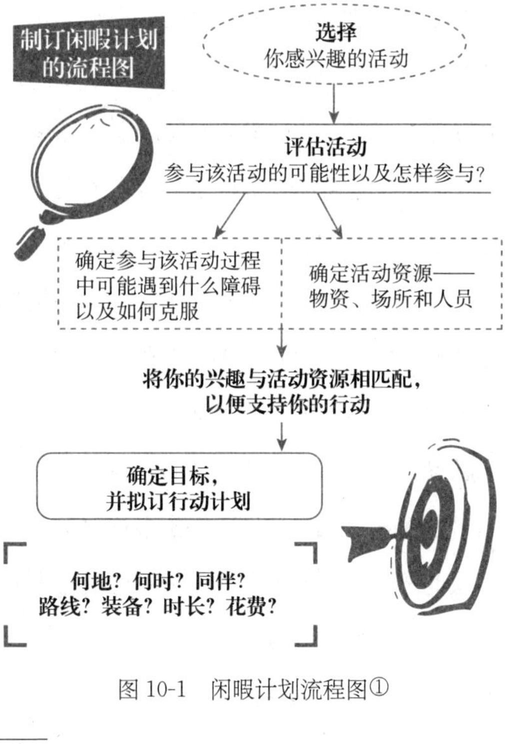

图 10-1 闲暇计划流程图①

① Caldwell, L. L. Time Wise: Taking charge of leisure time Teacher book [M]. Scotts Valley, CA: ETR Associates, 2005: 42.

活动计划的具体步骤，指引学习者通过选择活动、采取策略使活动收获最大化，最终确定目标并制订行动计划，这一过程正符合“伴随补偿的选择性最优化理论”所提出的步骤。

落实可视学习，需要重视发挥人造物的显性和隐性两重符号媒介作用。一是将可视化、易理解、能清晰表达行动规则和操作程序的人造物公开引入活动之中，进行显性干预，使之能为学习者所用，成为学习者的学习媒介。二是注意采用多种方式，将这些可视化的人造物内化为学习者的心智和动作技能，使其潜移默化地影响学习者的行为方式，比如可以将人造物贴到教室的墙壁上，让学习者时时处处耳濡目染，达到最佳效果。

3. 提出真实问题，帮助学习者克服困难

“时间智慧”课程关注真实情境，强调切实提升学习者的闲暇能力。然而，在学习者落实自己的健康闲暇计划时，总是会遇到或多或少的问题。因此，教师要精心搜集和梳理学习者可能遇到的一系列问题，并在课堂上提出来或引导学习者自己提出来。很多时候，该课程的活动都是始于问题的。比如，如果你想要弹吉他，你会遇到哪些障碍？你准备如何克服这些障碍？如果你决定参加某个闲暇活动，但父母不同意，你会怎么办？如果你想要参加某个闲暇活动，你会想出哪些办法获取相关信息？这些问题没有固定答案，学习者的回答也没有对错之分，教师主要是启发学习者从多角度加以思考，提出多样化的方法，并且鼓励学习者创造性地解决问题。当学习者完成相关问题的思考和分析后，由教师对学习者的答案进行总结和提升。

4. 开展小组学习，增强学习者的归属感

在青少年阶段，同伴影响逐渐上升，同伴交往成为闲暇生活的重要内容。缺乏同伴，会使青少年因缺乏归属感而产生强烈的无聊感。“时间智慧”课程的实施，注重建立学习小组，让学习者通过小组合作的形式完成学习活动。比如，在核心课程的第五模块中，为了使学习者理解“多样”和“平衡”这两个概念并运用到闲暇生活中去，教师请学习者以小组为单位，设计一个能够体现多样、平衡的主题公园。又如，在强化课程的“时间智慧小先生”活动中，为了使学习者成为时间智慧的传播者，教师引导学习者小组合作完成“小先生”活动的前期准备（主题选择、广告与海报制作等）及招生与授课。此外，在分析和解决问题的过程中，教师也倡导学习者开展小组讨论和探究。小组合作，不仅提升了学习者的同伴交往能力，还能够使学习者产生强烈的归属感，而这种归属感正是使学习者产生参与健康闲暇活动内部动机的一个重要条件。

5. 运用创意游戏，强化学习者学习效果

在闲暇研究中，“游戏”（game）是一个非常重要的概念。究其原因，游戏的过程能够使人产生愉悦的心理体验，这是闲暇教育追求的理想境界。“时间智慧”课程的实施，非常注重通过游戏创设轻松愉快的情境，使学习者获得积极的情感体验。比如，在核心课程的复习模块，创用了“闲暇价值拍卖会”①。教师在黑板上事先列出一系列闲暇价值，如寻求刺激、学习新事物、放松、帮助他人、陪伴父母、强身健体、提高创造性、享受自由等，所列数量必须是学习者总数的三至四倍。拍卖之前，教师给每位学习者分发数额相同的竞拍经费，讲解游戏规则，特别注意提示学习者，每个人的竞拍经费是有限的，一定要将有限的经费用于竞拍自己最想获得的价值，不然，会后悔莫及的。拍卖开始后，如果谁拍得某种价值，教师就将其姓名写在该价值的旁边。整个拍卖的过程，不仅使学习者获得了愉快体验，还能够促使学习者在特殊

① Caldwell, L. L. Time Wise: Taking charge of leisure time Teacher book [M]. Scotts Valley, CA: ETR Associates, 2005: 74-76.

的情境下明确和反思自己的闲暇价值追求。拍卖活动之后，教师要组织学生总结并交流心得体会，运用个体的即时体验与同伴间的相互影响，再次帮助学习者“矫正”自己的闲暇价值取向，使学习者深刻体会到积极的闲暇价值对生命意义提升的重要性。

（三）课程评价

人们对开设本课程的一些农村中学学生（均来自社会经济地位较低家庭）进行了为期三年的跟踪，发现成效明显，其后的多项研究予以了验证。课程成效主要体现如下。①其一，转变了学习者的闲暇动机。实验组学习者的无动机水平比对照组低，而认同动机水平、接受动机水平和内部动机水平则较对照组高。其二，提高了学习者的闲暇能力。实验组学习者的闲暇计划能力、决策能力和调节能力及主动性均比对照组高。其三，优化了学习者的闲暇体验。闲暇体验主要包括个体在闲暇活动中感知到的无聊或有趣程度以及个体的闲暇幸福感。实验组学习者在参与“时间智慧”课程之前参加了较多不健康的闲暇活动，他们对学校活动不感兴趣，经常觉得很无聊；而在学习本课程之后，他们开始更多地投入健康、有趣的闲暇活动，报告自己觉得很无聊的人数也开始减少。实验组学习者在闲暇活动中的幸福程度，也比对照组高。其四，提升了学习者的闲暇意识。较之对照组，实验组学习者更能意识到社区

---

① Caldwell, L. L., et al. Preliminary effects of a leisure education program to promote healthy use of free time among middle school adolescents [J]. Journal of Leisure Research, 2004, 36 (3): 310-335; Finn, P. R., Jr. An evaluation of the effects of a leisure education curriculum on deliquents' motivation, knowledge, and behavior changes related to boredom [D]. Orlando, Florida: Doctoral Dissertation at the University of Central Florida, 2006: 61; Ferrer-wreder, L., et al. Is more better? Outcome and dose of a universal drug prevention effectiveness trial [J]. Journal of Primary Prevention, 2010, 31 (5/6): 349-363.

中可利用的闲暇资源，也会更多地参加有组织的、有意义的闲暇活动。

“时间智慧”课程已在美国、南非、德国和马来西亚等国实施，其“关注弱势群体”和“践行积极教育”的做法值得借鉴。第一，关注弱势群体的需求。受多种原因影响，我国经济水平和教育资源相对落后的农村学习者一直未能得到应有的重视，长此以往，将给农村青少年发展和社会稳定带来严重的消极影响。结合我国农村实际，开发相应的休闲素养类课程，给予农村学习者发展更多的有效指导，让他们的闲暇生活和学习生活都富有意义，使他们免于成为问题行为的施害者或受害者，是事关数亿农村百姓切身利益、社会公平正义价值取向和国家前途命运的一个重大问题。第二，践行积极教育的理念。当前许多教师为了减少学习者的问题行为，仍采用消极方式，紧盯着学习者的问题行为本身，而不是着眼于引导学习者追求富有意义的闲暇生活。这种方式不仅恶化了师生关系，而且挫伤了学习者的自信，消解了学习者的生活意义感，给学习者身心发展带来了难以估量的负面影响。鉴于此，应当强调，个体的发展与成长，主要依靠的是兴趣的正向生长、自身优势与潜能的积极发挥。每一个青少年都是宝贵的资源，而不是需要被解决的问题。青少年需要发展能力和发挥潜力，成人的任务就是为其提供适当的机会和有效的指导。

第十一章　学习为本的教学改进

为了推进学习型社会发展进程，需要确立“培养终身的有效学习者”教学理念，同时结合实际情况建构出相应的学习方式。

一、提升学习能量的教学

近年来，人们研究了“终身的有效学习者”指标，采用“学习能量”这一概念加以表达。在教学实践中，教师可以发挥自身创造性，灵活采用多种方法让学习者了解学习能量的构成及提升策略并将其应用于学习中，进而增强自己的学习能量。①

（一）制作可视工具

学习能量较为抽象，理解起来有些难度，开发出一些可视工具有利于学习者掌握其要义。比如，可以制作动物卡通和手指木偶。②

为了提升学习者的学习能量，就要设法帮助学习者了解他们可以在学习的哪些方面“有力量”。基于学生的心理发展特征，教师可以启发学生将学习能量的要素与动物建立联系，促进学生在头脑中建立起

① 为了践行“激发学习能量，培养终身的有效学习者”的理念，笔者指导研究生在中小学开展了一系列行动研究，取得了较好的成效。参见：杜湉．通过英语教学提升高中生学习能量的行动研究［D］．广州：华南师范大学，2016；罗遐思．小学学习能量校本课程开发的行动研究［D］．广州：华南师范大学，2015．“学习能量”的概念和构成要素，参见本书第八章“终身学习者评价指标”。

② Crick, R. D. Learning power in practice: A guide for teachers [M]. London: Paul Chapman, 2006: 57-67.

终身有效学习者的形象画面。为此，师生以“什么是终身的有效学习者”为主题开展讨论，进行头脑风暴，引入学习能量的构成要素。接着，将学生分为七个小组，分别代表七种要素。小组任务是为学习能量的构成要素寻找相应的代表性动物，并说明理由和制作相应的卡通图片。比如，意义建构可用兀鹫代表，因为兀鹫飞翔在高空，能看清事物之间的组合，能从很高的地方看到更完整的图景，从而更好地理解世界。心理弹性可用狮子代表，因为狮子常常以智慧和速度战胜对手，它若想成功，就必须保持充沛的体力和面对挑战绝不轻言放弃的心理弹性。互相依存的学习关系可用大象代表，因为大象性情温和，遭遇危险或遇到困难时，它们会相互依偎、相互帮助。由于学生以前学过非洲动物等主题，很容易回忆起动物的相关知识和特征，并与学习能量要素恰当匹配。

继动物卡通获得成功之后，师生一起为七种动物制作了相应的手指木偶。教师在手上戴上某种手指木偶，学生马上就投入相应的学习活动中去。每一种木偶都有特定作用。比如，长颈鹿对应的是探究意识，喜欢通过问自己问题并得出自己的结论来学习。当长颈鹿出现在课堂上，学生就知道该对他们的学习内容提出问题了。长颈鹿常常出现在一节课的开始，用以引出和介绍本节课的关键目标。当一项学习活动开始后，学生们会问自己或相互问“是什么、为什么、怎么样和在哪里”等问题，教师和学生一起解决问题。如果问题不能及时解决，就放入长颈鹿的“好奇箱”（wonder box），学生在课后继续加以解决。又如，兀鹫文尼对应的是意义建构，能够通过联结信息和观点来学习。当文尼出现在课堂上时，学生要在其帮助下建构一个完整的学习拼图。在确定了学习目标并列出学习任务后，文尼会用弯钩状的鹰嘴从篮子里拿出一个拼图组块。学生在组块上写下要成功完成学习任务，需要考虑哪些事项。当学生在组块上写下其想法，相应组块就会展示在课室中的适当位置。每个拼图组块上的文字都可以反复擦写，直到学生将自己的观点全部表达出来，或者教师认为完成接下来的学习任务必须明确的成功标准已经全部列出来，拼图环节就可以结束了。

（二）创建学习环境

给动物卡通加上一些表现其学习能量特征的问候语（见表 11-1），将其设置为课室内交互式白板的桌面背景，展现在交互式墙壁上，可以激发学生的参与兴趣，帮助学生更好地理解这些动物的学习优势，从而进一步理解学习能量的七种要素。

表 11-1　学习能量动物卡通及问候语①

动物	问候语
变色龙 	大家好，我是 Camilla，我的学习优势是变化。我知道随着时间的推移，我的学习和思考能力会变得更好，所有的学习能量要素都会得到发展。我理解我的思维，以及思维成长和扩展的潜力
长颈鹿 	大家好，我是 Gerard，我的学习优势是探索精神。我热衷于问自己问题，并加以探究和解决
兀鹫 	大家好，我是 Vinny，我的学习优势是意义建构。飞翔在高空，我看到思考和学习就像一个拼图。我总是通过在已知和未知之间寻找联系，来试图创建一个更全面的画面。我有能力把在一节课中学到的东西，与另一节课的内容及校外生活联系起来

① Crick, R. D. Learning power in practice: A guide for teachers [M]. London: Paul Chapman, 2006: 60.

续表

动物	问候语
猴子 	大家好，我是 Marvin，我的学习优势是创造力。我热衷于探索和尝试所有的可能性，热衷于发挥我的想象力，用不同的方式来解决问题
大象 	大家好，我是 Elli，我的学习优势在学习关系方面。我喜欢和同伴分享想法和观点，热衷于和朋友们共同努力，一起解决问题
鳄鱼 	大家好，我是 Carmen，我的学习优势是策略意识。我有一系列的策略，能够运用于不同的学习情境之中。我知道应该用什么工具，如何使用这些工具以及什么时候使用它们
狮子 	大家好，我是 Lenny，我的学习优势是心理弹性。我热衷于挑战自己的思维和学习。即使面对难题，我也绝不轻言放弃

学生们还创作了一首歌——《学习的旋律》(*The Rhythm of Learning*)。在这首歌中，每一段介绍一种动物及其学习能量。比如，“我是兀鹫 Vinny，我像国王一样在空中高飞，我看到世界像一块拼图，意义建构是我的事；我是鳄鱼 Carmen，我代表策略意识，我有一个策略工具箱，随时可以解决问题。”传唱歌曲，有利于学生熟悉和掌握学习能量的构成及其意义。

（三）善于分屏思考

在教学过程中，教师需要培养“分屏思考”(split-screen thinking) 的习惯。在大脑的一侧屏幕里，教师考虑如何让学生掌握课程内容；在另一侧屏幕里，教师考虑如何帮助学生发展学习能量。①例如，在学习磁铁的有关内容时，教师可以发展“善于提问”等探究意识，启发学生在仔细观察的基础上思考一名科学家在实验观察中会提出什么样的问题，还可以引发学生围绕“是什么构成了一个好的科学问题”“你能想象如何在家中运用探究意识这一‘学习肌肉’吗”“你认为霍金会如何运用这一‘学习肌肉’呢”等进行讨论。及时推动学生将他们的所学运用到新的背景中，这样他们能看到知识之间的更多关联性。以上这些提问和讨论，其目的并不仅仅在于鼓励学生迁移，也是要培养学生自己寻找迁移机会的元认知水平。

“分屏”式的教学并没有牺牲课程内容。在这种融合模式里，学习课程内容与发展学习能量很好地结合在一起。但是，“分屏”教学时一定要考虑话题种类的选择。概括而言，较为适宜的话题具有以下特征：②丰富，即包含许多可挖掘的材料；有挑战性，意味着有适当的难度；延伸性，指有时间和机会让学生深入研究；相关性，即话题要与学生的兴趣和关注点相关；责任，指学生能够掌控自己的学习，如学什么、为什么学、怎样学及什么时候学；真实，即解决问题或取得进步对学生来说真的很重要；未知，指教师事先并不知晓答案；合作，大部分学生能够享受与他人一起合作完成任务的机会。

（四）优化教学语言

课堂文化在很大程度上是由教师塑造的，教师要通过语言经常暗示学生是有能量的学习者。研究表明，教师语言的细微转变能让学生的

---

①② Claxton, G. Expanding young people's capacity to learn [J]. British Journal of Educational Studies, 2007, 55 (2): 115-134.

学习能量产生明显变化。[1]比如，教师可以考虑恰当使用“可能是”的语言。“是”这样的语言充满了确定性；“可能是”却是尝试性的，会留给学生更多空间去探索。“是”的语言将学生视为知识消费者，其任务是努力理解和记忆；“可能是”的语言则推动学生对学习内容进行深入思考和探究，激活了批判性和想象力。

而且，教师要经常通过提问来引导学生注意和评估自己所用的学习策略，这样能帮助学生反思自己的学习过程，而不是快速跳到“正确答案”上。比如，教师可以问：你是如何做到的？棘手之处在哪里？当被难住时你怎么做？你还可能用其他什么方法来完成它？等等。这些提问重在鼓励学生勇于探索和对比不同学习策略以寻求进步，在困难面前变得更加灵活机智，在一种方案行不通时努力找到可替代的其他方法，从而学会监督和调控学习过程，对自己的学习活动负责。

（五）创用专门策略

针对学习能量的构成要素，可以开发出相应的专门策略予以培养。[2]比如，创用能够培养全神贯注、敏锐观察和毅力等的策略来提升适应力；创用能够培养质疑、建立联系、激发想象和有效推理等的策略来提升策应力；创用能够培养计划、调整、汲取教训和元学习力等的策略来提升反省力；创用能够培养相互依存、合作、移情与倾听及模仿等的策略来提升互惠力。在教学过程中，还需要特别重视创用“推动意义

---

① Claxton, G. Expanding young people's capacity to learn [J]. British Journal of Educational Studies, 2007, 55 (2): 115-134.

② BLP-Building Learning Power [EB/OL]. [2016-10-11]. http://www.redoaks.org/blp.php.

建构”“激发学习兴趣”“解决学习困难”等专门策略。

其一，推动意义建构。“符号、概念或实践的意义取决于它们嵌入其中的更广阔的结构或前后关系。”①换言之，意义来源于前后事物之间以及不同事物之间形成的联系。推动学生的意义建构，要求教师设计和创造出有效的教学策略，在学生的各种学习之间、学习与生活及生命成长之间形成联系，并加强和深化这些联系，进而促使学生建构和体验学习的意义。这些联系至少包括四个层面。同一学科的前后知识、不同学科的相关知识、课堂学习与日常生活、课堂学习与精神生命成长之间的联系。比如，当运用以前学过的“互相垂直”“垂线”“垂足”知识，来理解“从三角形的一个顶点到它的对边做一条垂线，顶点和垂足之间的线段叫作三角形的高”和画出“三角形的高”的时候，学生就在前后知识的相互联系中建构和体验了学习的意义；当在数学课堂上学习了对称图形的特征，接着欣赏和感受汉字蕴含的对称美的时候，学生就在不同学科知识的整合联系中建构和体验了学习的意义；当在化学课堂上学习了酸碱中合反应之后，在家里用食醋成功去除水垢的时候，学生就在课堂学习与日常生活的紧密联系中建构和体验了学习的意义；当在各科课堂上接触到无限的“未知世界”，获得了无限的“精神享受”的时候，学生就在课堂学习与精神生命成长的深刻联系中建构和体验了学习的意义。

其二，激发学习兴趣。杜威曾形象地描述：“教育者的天职”，就是“领袖”。“这个领袖，譬如游历的时候的一个向导”；“这个向导，必定要具有两种资格：一种是知识，一种是感情；就是一方面指示目的地和路径，一方面说明沿途的风景怎样，以引起他的兴趣和感情”。这样，

① 贝尔特．二十世纪的社会理论［M］．瞿铁鹏，译．上海：上海译文出版社，2005：2．

游历的人，沿途就不觉得辛苦，就会很快乐地到达目的地，绝不会有半途而返的事情。[1]教师要将学生培养成为终身的有效学习者，就需要在教学过程中吸引学生、调动学生，让学生享受学习、主动学习、投入学习。为了激发学生的学习兴趣，教师不能仅泛泛了解学生喜欢什么，而应真正深化和落实为“这节课，我拿什么来吸引学生？应该设计怎样的环节和开发哪些资源来吸引学生”等问题。

其三，解决学习困难。教师理解学生在学习某些课目内容时的具体困难，并设计和运用相应的教学策略有效帮助学生解决困难，学生才能在攻克一个个学习困难的过程中，获得相应的知识与技能，增强自我效能感，进而产生终身学习的愿望。

（六）设置应用情境

通过以上多种活动，学生能够在一定程度上理解学习能量的构成要素。接下来，教师可以设置一些情境，引领学生用这些要素来支持自己的各种学习活动。比如，教师在文学课上提出一个故事写作的主题——如何穿越马拉（Mara）河：“你是肯尼亚一个小村庄里的孩子。村庄的长辈让你送一封信到几公里外另一个村庄的某人手里。在途中，你必须要跨越一条很大的马拉河。然而，马拉河上唯一的一座桥在上次暴风雨中被冲毁了。你如何过河？”学生可以基于学习能量要素提出相应问题并构想故事，再将随机产生的离散故事构想组织起来。学生提出的相关问题见表 11-2。

① 袁刚，孙家祥，任丙强．民治主义与现代社会：杜威在华讲演集［M］．北京：北京大学出版社，2004：567．

表 11-2 学习能量动物卡通思维导图的关键分支：过马拉河①

Vinny 兀鹫/意义建构	在过河前、过河时、过河后，你需要知道什么？
Marvin 猴子/创造力	你如何用一种创造性的方式来过河？
Gerard 长颈鹿/探究意识	你有需要问自己的重要问题吗？
Carmen 鳄鱼/策略意识	你从哪里找到能帮助自己过河的资源？
Lenny 狮子/心理弹性	你需要克服哪些困难？
Elli 大象/学习关系	你将自己独立解决问题，还是在他人的帮助下解决问题？

注：表中未单列“改变与学习”，因为所有活动都是“改变与学习”的过程。

这些问题为学生提供了思维框架。有学生设想通过创造一座“鳄鱼桥”来过河，即把多条鳄鱼的吻部与尾巴连起来，构成一座桥；也有学生设想在附近的猴面包树上做一个飞行弹射器，借助弹射力量帮助自己过河；还有学生描述了一些有趣的事，如在过河时一群河马因被打扰而发怒了。

（七）加强以身示范

以身示范，不令而行。反之，虽令不从。教师示范，有助于生动展示什么样的人是终身的有效学习者，让学生在心中建构起相应的榜样或“模型”。教师应当考虑如何更好地向学生示范意义建构和探究意识等学习能量，而且要反思“自己在计划无法顺利进行时，能开动脑筋寻找一切可能的解决方法吗”等涉及学习能量示范的问题。教师不是学生唯一的学习榜样，还要善于挖掘一些历史人物、媒体人物、学生同伴和

① Crick, R. D. Learning power in practice: A guide for teachers [M]. London: Paul Chapman, 2006: 62.

学生家长身上所体现的学习能量，使之成为学生的示范。

激发学习能量的教学，不仅有助于提升学生的学习能量，促使学生成长为终身的有效学习者，而且能够在一定程度上帮助灰心的学生建立起学习的自信。可以预期，这样的教学在大中小学具有广阔的发展前景，是推进学习型社会建设的一条有效路径。

二、知识创造型学习方式

培养终身的有效学习者的教学理念，如果能够落实到师范生的学习中，那么这些未来的教师就有可能领悟这样的理念，进而影响千千万万的中小学及幼儿园学生。要做到这一点，就需要高校教师在教师教育过程中开发新型学习方式，实实在在、一步一步地让师范生体会到学习型社会建设的意义并对其相关能力加以培养。由此，“高校教师开发什么新型学习方式以培养终身的有效学习者同时培养师范生的有效教学能力”这一关键问题，就凸显在人们面前。“终身的有效学习者”的要义之一，就是成为“知识创造型学习者”。顺应华南师范大学小学教育专业十余年的学习方式①改革走向，笔者与团队成员一道以知

① 过去，人们通常关注“教学模式”，这主要源自1972年美国学者乔伊斯（Joyce，B.）等人同名著作的深远影响。其实，他们强调的“教学模式”，正是旨在促进学生的学习。《教学模式》（第七版）开篇就申明：“我们精选出最有用的教学模式，考察它们作为学习模式的内涵并探讨怎样建设学习者共同体。”（Joyce，B.，et al. 教学模式［M］. 北京：中国轻工业出版社，2004：1.）在一定意义上，教学最重要的成果就是学生将来更加容易而有效地学习的能力得到发展，这既有赖于他们已经习得的知识与技能，更建基于他们已经掌握了有效的学习方式。伴随着终身学习和学习型社会理念的兴起，人们逐渐将目光聚焦到了“学习”上，“学习方式”开始得到越来越多的关注。“学习方式”的开发，既继承“教学模式”所具有的典型性、简约化、程序性和可模仿性等特点，又克服其操作环节的僵化和封闭倾向，重视教学活动中的师生创造性和特定情境性，并兼顾终身教育思潮的“学会学习”与建构主义的“知识及其意义建构”担当以及信息技术对新生“网络化学习”的观照。本研究对学习为本教学改进的实践探索，主要聚焦于“学习方式”的建构与应用这一层面。

识创造学习隐喻和课目教育学知识为理论基础，建构了知识创造型学习方式。①

（一）知识创造型学习方式的原理

人类学习历经了“学习即个体获得”的获得隐喻和“学习即情境参与”的参与隐喻，当下正在走向“学习即知识创造”的新型隐喻。知识创造型学习方式，是学习者个体与共同体在先前知识与实践基础上，以技术等手段为中介，共同开发人造物并运用到实践中或供人们在今后实践中使用的一种学习方式。这一方式倡导学习者在获得知识和参与共同体活动的基础上，为知识创造而学。

“教师成为终身学习者，亦即养成在特定情境里的具体行动中形塑和开发知识的责任能力。”②师范生在学习过程中，应该并可以创造何种知识更有利于其教师专业发展？这必须切入教师知识及教师教育有效性等层面加以探讨。研究表明，③这类知识即是舒尔曼（Shulman, L. S.）在大量实证研究基础上提出的一类新型教师知识 “课目教育学

---

① 培养“终身有效学习者”的教学理念需要渗透到日常的教学活动中去，才能更好地得以践行。为了探索相应的教学改进思路，21世纪初笔者及部分团队成员在小学教育专业中通过行动研究构建和实践了“三基四策六步”整体学习方式。具体原理为：融汇知识习得学习、知识建构学习和知识创造学习三种理论基础，整合自主学习、合作学习、探究学习和混合学习四条有效策略，建立由“合作规划—自主学习—网络合作学习—课堂自主教学—学习为本评估—自主巩固学习”六个步骤组成的教学过程。实践表明，这一方式有利于培养学生的自主学习能力、元认知能力、教学评价能力和课目教育学知识创新能力等。“知识创造型”学习方式，是在该学习方式的基础上孕育和发展起来的，进一步凸显了“学习创造知识”的价值诉求。

② Caena, F. Teacher competence frameworks in Europe: Policy-as-discourse and policy-as-practice [J]. European Journal of Education, 2014, 49 (3): 311-331.

③ 曾文婕，黄甫全. 教师教育的课程创新——实验型教学专业化课程体系的生成与建构 [J]. 教育发展研究, 2013 (10): 31-37; 曾文婕. 西方教师教育课程改革新进展：课目教育学知识的视角 [J]. 教育发展研究, 2014 (15/16): 68-75.

知识”（Pedagogical Content Knowledge，PCK）①，多年来被人们视为决定性影响教师教学实践成效的知识。②绝大多数学者认为课目教育学知识包括两种关键成分：③一是关于学生对某一课目内容的学习困难或学习误解的知识，以及克服与转化这些困难或误解的教学策略知识；二是教学某一课目内容最有用的形式，如最有力的类比、例证、实例、解释和演示等。引领师范生通过学习创造课目教育学知识的同时，也可以推动学生在学习过程中创造有效教学知识和校本课程知识，力争大幅提升学生的课程与教学创新能力。师范生作为未来的教师，熟悉、认可并践行“知识创造型学习”，既能够化解当前他们“学而不创”“学而难创”“学而少创”等实践困局，更有利于他们将这一学习方式带入今后的教学生涯之中，解决仅仅重视学习者继承和消费已有知识的问题，建构和展现学习者生产和创造知识的新图景。

---

① Shulman，L.S. Those who understand：Knowledge growth in teaching［J］. Educational Researcher，1986，15（2）：4-14. PCK 亦译为“学科教学知识”。在英美教育领域，“content”除了泛指所有教育内容外，主要指称学校里各门课程的具体内容，即课程细目，简称“课目”，将其译为“学科”，仅凸显了数学、物理、生物等科目，不能涵括德育活动、整合课程等非学科或非科目的课程内容。源自欧洲的“pedagogy”一词，虽特指“教学”与“教学论”，但广义为“教育”与“教育学”，将其译为“教学”，就丢失了其中的德育与体育等内涵，容易导致误解误用。所以，将 PCK 译为“课目教育学知识”更为准确和贴切。这样，亦回应了我国 20 世纪 80 年代以来学者们奋发改造“学科教材教法”和“学科教学论”以创新“学科教育学”的召唤。PCK 显著区别于已有的通识知识（general knowledge）、课目内容知识（content knowledge）、通用教育学知识（general pedagogical knowledge）和教育情境知识（knowledge of educational contexts），是课目内容（content）知识和教育学（pedagogy）知识的一种特殊“结晶”，是教师在学校与课堂真实情境中有效教学具体课目主题知识的知识，能够保证课任教师将具体的课目内容加以有效组织、呈现与改造，转化为学生更容易理解的形式，进而促成不同兴趣和能力的学生都实现有效学习。

② Gess-Newsome，J. Pedagogical content knowledge：An introduction and orientation［M］//Gess-Newsome，J.，Lederman，N.G.PCK and Science Education. Netherlands：Kluwer Academic Publishers，1996：12.

③ Park，S.，et al. Is pedagogical content knowledge（PCK）necessary for reformed science teaching?：Evidence from an empirical study［J］. Research in Science Education，2011，41（2）：245-260.

建立学研共同体的整合机制，使学习关系从线性的知识获得发展为多元交互型的学习与研究共同体，有利于实现“学以创知”。具体而言，可用混合学习整合面对面学习与网络化学习，用合作学习整合大学教师、师范生和小学教师为研究型学习共同体，用活动学习整合个体知识获得、共同体互动和人造物开发，用项目式研究性学习整合学习与研究，促进师范生在学习与研究一体化的过程中，发展小学教师的知识创造能力（见图 11-1）。

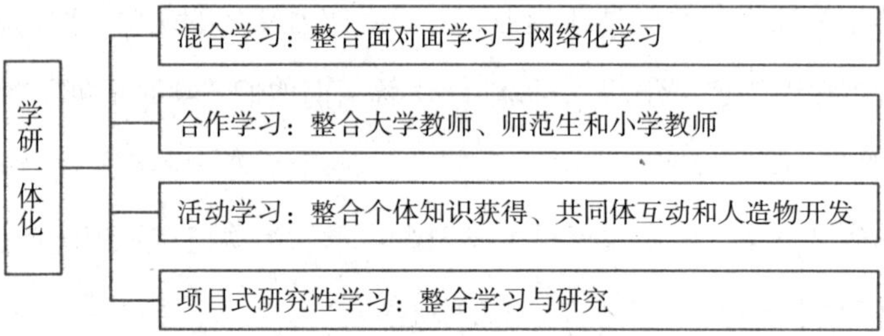

图 11-1　学研一体化

需要说明的是，“知识创造”似乎对很多人而言都是可望而不可即的。这一方面是由于多年来知识创造被神秘化、权威化和狭隘化，另一方面是由于知识创造的机制没有得到深入研究。如果拂去知识创造的神秘面纱，探明知识创造的认识论原理，每个学习者都有可能成为知识的创造者和建设者。高等院校小学教育专业的本科生，亦是如此。本科生何以创造知识？大量的实践、实验和实证调查，深刻揭示了知识创造过程的关键之一：人类隐性知识与显性知识之间的社会化相互作用，能够创造出新的知识。隐性知识与显性知识的转化，就是实现知识创造的一条有效途径。这种转化生成，具体包括共同化、表出化、联结化和内在化四个阶段。①在小学教师培养中，本科生以所学的显性知识为基

① 此四阶段的要点参见本书第二章。

础，去分享体验优秀一线小学教师的隐性知识，进而将其显性化并与已有显性知识加以整合，就是知识创造的核心所在。这些宝贵的隐性知识，通常以缄默、零散的形式存在，一方面一线教师很难用明确的语言来加以梳理和表述，另一方面他们也没有多少机会、时间、意愿以及明显的动力来将这些缄默的专业经历转变为清晰的、系统的课目教育学知识从而在专业界进行传播。①师范生在大学教师的帮助下与小学教师一道去"建构"课目教育学知识的过程，也就变成为"课目教育学识知"的过程。

这样的知识创造型学习，是个体、共同体、人造物、技术中介和情境五要素之间的互动②。其中，为了让作为个体的大学教师、师范生和一线教师，围绕开发"课目教育学知识"等人造物而结成共同体，进而实现隐性知识与显性知识的转化，就势必走院校协作之路，尽量开发有利于知识创造型学习的多样的、优质的院校协作情境等。

知识创造型学习所创造出来的知识究竟可信且有价值吗？按一般的理解，真理是最可信且有价值的知识。哲学上的真理观主要包括倡导主体观念与客体对象相对应的"符合论"和主张融入信念系统后保持逻辑一致性的"融贯论"，后被引申为"经验证实"和"逻辑自洽"。基于前者，必然要求所创造出来的知识符合课程与教学等客观活动，能为课程与教学经验所证实；基于后者，则需要所创造出来的知识具有逻辑上的内在一致性。后来，随着实用主义哲学兴起，真理观开始转向关注知识的"效用"，知识是否为真在根本上取决于它的"效用"。通过实用主义哲学的努力，追求"真"的知识已不再是外在于生活实践的绝对永

---

① Loughran, J., et al. In search of pedagogical content knowledge in science: Developing ways of articulating and documenting professional practice [J]. Journal of Research in Science Teaching, 2004, 41 (4): 370-391.

② 此五要素的要点参见本书第七章。

恒之物，而是帮助人们走向幸福与自由的工具。知识创造型学习建基于“符合论”“融贯论”“效用论”三者的整合，期望学习者创造出来的知识，在经验证实和逻辑自洽的基础上，具备解决课程与教学问题，提升课程与教学成效的实践效用。就师范生的知识创造型学习而言，分享小学教师行之有效的隐性知识，从源头上保证了所创造知识的经验证实，大学教师对师范生知识创造过程特别是知识表述的精心指导，保证了所创造知识的逻辑自洽，而所有创造的知识都必须运用于实践，在实践中接受检验并予以改进，从结果上保证了所创造知识的实践效用。

（二）知识创造型学习方式的应用

基于知识创造型学习的基本原理，结合师范生的具体特点，我们提出和实践了以下三种知识创造型学习方式。

1. 基于 SECI 的知识创造型学习：创造课目教育学知识

以往师范生到小学观课学习，主要是观摩优秀教师如何上课。我们在此基础上进行了革新，引领师范生在观课过程中创造出人造物即课目教育学知识（见图 11-2）。

具体方法如下。（1）选定课目主题。师范生分成若干小组，根据自己观课小学的教学进度等，每小组选择一个课目主题，如小学数学一年级下册“两位数减一位数退位减法”。（2）启动知识创造螺旋（SECI）①。第一，共同化。师范生分享体验一线优秀教师的隐性知识，分享方法为观摩多位优秀教师就该课目主题的课堂教学，协助教师批改作业发现学生的学习困难并对执教教师进行访谈，同时自行到各网站下载和分析该课目主题的多个优秀课例及多份优秀教学设计、教学实录、教学反

① 知识创造螺旋的要点参见本书第二章。

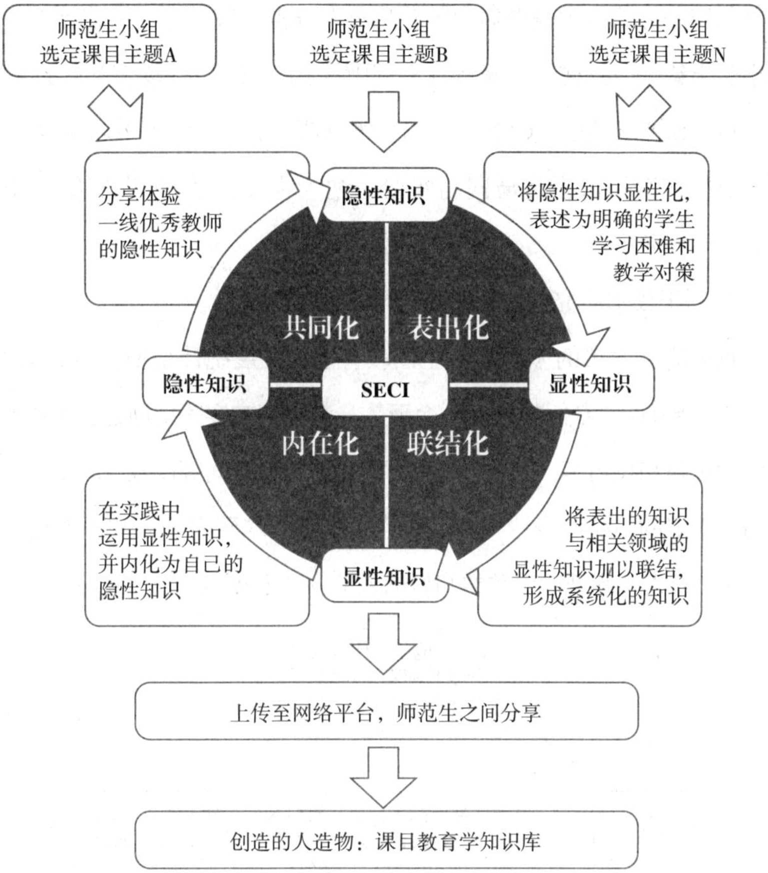

图 11-2　基于 SECI 的知识创造型学习方式

思和教学观摩心得等。第二，表出化。师范生将分享体验到的隐性知识显性化，表述为明确的课目教育学知识。其中最重要的是：小学生在该课目主题下的学习困难的知识；克服与转化这些困难的教学策略知识。表出课目教育学知识之后，师范生小组内反复讨论，并请小学教师和大学教师修订，多次完善相应的表述。第三，联结化。师范生将表出的知识与相关领域的其他显性知识加以联结，形成系统化的知识。第四，内在化。师范生将创造出的显性课目教育学知识在实践中运用，内化为自己的隐性知识。通常这个步骤由师范生在小学上一节或多节相同课目主题的课来完成。上完课后，师范生批改作业，统计学生的出错率。如果学生出错率少，在一定程度上说明师范生对该课目教育学知识的把握和运用水平较高，反之亦然。(3)建成课目教育学知识库。将创造出的课目教育学知识上传至网络平台，纳入本专业的PCK网络知识库中，供他人分享。

2. 基于校本研究的知识创造型学习：创造有效教学知识

据教育部发布的《2016年全国教育事业发展统计公报》，我国共有小学17余万所，专任教师500余万人。教师们在实践中创造了大量的有效教学策略和技巧等，但由于研究意识、能力和时间等局限，许多做法没有得到很好的归纳和表达。引领师范生基于校本研究开展知识创造型学习，可以开发出承载有效教学知识的人造物“论文”(见图11-3)。

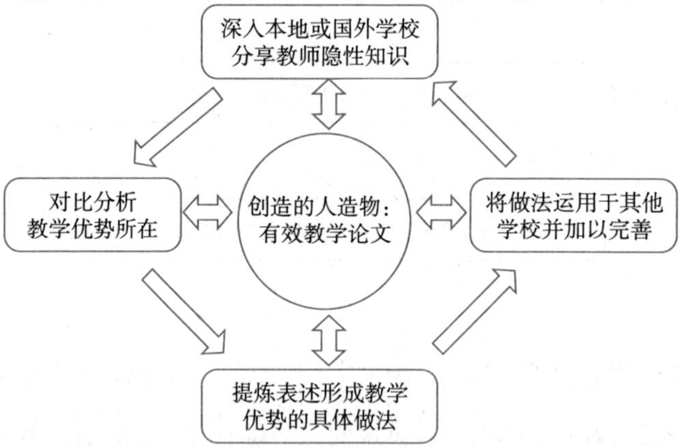

图11-3 基于校本研究的知识创造型学习方式

具体做法如下。(1)寻找知识创造的源泉。创造有效教学知识的源泉很多，较为适宜师范生的主要有：第一，深入本地一线学校，分享小学教师的一些有效做法；第二，在国外当交换生期间选修能够介入当地小学的课程，分享当地小学教师的隐性知识。(2)对比分析教学优势所在。与已有的显性知识对比，分析所分享到的隐性知识优势何在。这需要师范生扩大自己的知识面，必要时进行专题文献综述。只有加强对比，才能清楚地看到已有显性知识体系中还欠缺哪些知识，而所分享到的隐性知识正好能够补位，进而找到挖掘和提炼的切入口。(3) 提炼表述形成教学优势的具体做法。重点是将教师的隐性知识显性化，师范生可以提炼和表述所分享到的隐性知识，包括怎么做、为什么这样做、成效如何等，并撰写为论文。比如，一个师范生小组在广州一所优质小学见习期间，发现该校的教学效果始终胜人一筹，经过反复对比，挖掘并表述出一系列做法，撰写了论文《跨科组、跨校社与跨院校协作：卓越型教学文化提升的有效策略》。其核心观点是：许多优质学校的教学活动在达到规范化、有序化和高效化水平后，都面临进入"高原期"难以取得实质性突破的困局，而该小学凭借跨科组协作以打造异质交融的教研形态，依靠跨校社协作营造多元参与的教学氛围，通过跨院校协作搭建专家教师的成长阶梯，有效推进了学校教学文化由优质型走向卓越型。(4) 在实践中运用并予以改进。即将论文中表达的知识加以实践运用及创新，开展相应的行动研究并根据实践情况对论文中的表述进行修改和完善。

3. 基于混合学习的知识创造型学习：创造校本课程知识

混合学习是网络化学习与课堂面对面教学交融的整合式学习。基于混合学习，我们开发了聚焦于创造人造物"校本课程方案"的知识创造型学习方式，这些创造出来的"方案"，承载着新的课程知识（见图11-4）。

具体做法如下。(1) 学习课程理论知识。这一阶段主要学习已有的课程论显性知识，打破教师讲、学生听的大学常规教学传统，主要由"师生协作规划学习活动""教师指导下的学生自主学习活动""师生协作评估学习成效"三大环节构成，各环节都适当借助网络平台。(2) 调

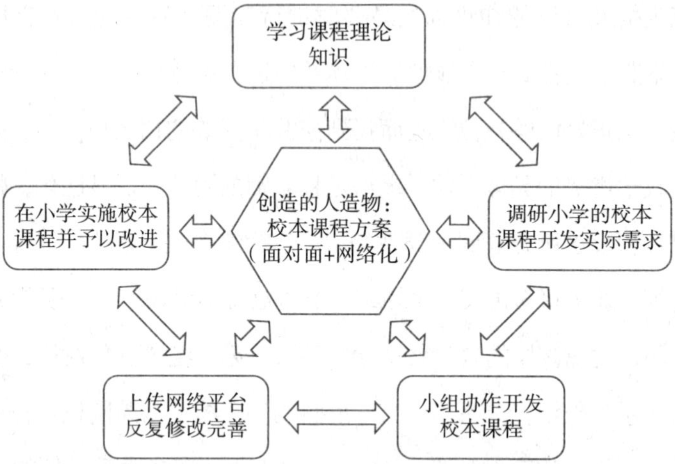

图 11-4　基于混合学习的知识创造型学习方式

研小学的校本课程开发实际需求。师范生深入一线小学，调研小学在课程开发方面的真实需求。（3）小组协作开发校本课程。针对某一所小学的具体课程需要，师范生分小组运用所学课程论知识，查阅相关领域的知识，在大学教师指导下设计校本课程开发方案。比如，就某小学提出五至六年级学生数学学习兴趣降低等问题，师范生借鉴魔术界一些运用了数学原理的魔术，开发了“数学魔法学院”校本课程，将数学知识与技能渗透到魔术活动中，让小学生在观赏魔术、体验魔术、感悟魔术、揭秘魔术、交流魔术和创造魔术的过程中，增长数学知识，训练数学技能，发展数学思维并增强对数学的热爱之情。（4）在网络平台上反复修改方案。师范生小组开发的课程方案上传至网络平台，其他小组、大学教师和小学教师均上网点评。为了避免信息分散，每周各小组由一名同学担任“点评总结者”，总结者要阅读本周所有点评帖子，合并其中的重复意见，条分缕析地概括出建设性修改意见。各开发小组综合各方意见，对方案进行实质性的改进和完善。（5）在小学实施校本课程并予以改进。将反复修改的方案最终在小学试用，采用问卷、访谈和个案跟踪等三角互证方法评估课程成效，注意搜集来自小学学生、教师和家长等的意见和建议，根据反馈改进方案。

通过“校本课程方案”这一人造物的开发，师范生学习的课程论知识，就由预设性内容走向生成性内容，师范生以校本课程方案为载体，以具有潜在意义的各种教学资源为基础，融读书、实践与研究为一体，在学习活动中实现了持续的校本课程知识创造。

第十二章　学习为本的评估革新

大量证据表明，“评估”对学生学习起着非常重要的影响。①为了消解评估限制甚至阻碍学习的负面作用，发挥评估促进学习的积极功能，学习为本的评估革新成为必然要求。学习为本的评估是一种整合性的评估范式，融汇了学习性评估、学习段评估与学习化评估三种方式。本章聚焦于评估促进学习何以可据、何以可凭、何以可行和何以可成这四个问题，强调经由评估帮助学习者提升元认知水平、培育自主学习能力并养成终身学习习惯，进而促使每位学习者在学校学习结束之后有基础、有愿望、有动力、有能力开始个性化的、持续终身的有效学习。

一、评估促进学习何以可据

针对“评估促进学习何以可据”的问题，深挖价值选择机理，可以揭示出学习价值持续生成与优化的历时过程。虽说评估是一种价值判断，但深入了解，评估首先是一种价值选择。在不同时期，人们对评估的主导价值做出了多种选择。沿着时间纵轴加以考察，数十年来评估不断弘扬“促进学习”的价值取向。学习性评估超越聚焦课案重视彰显学习中心，学习段评估超越学习结果测验强调凸显学习过程，学习化评估则超越目标驱动着力启动学评融合。

---

① Boud, D., Falchikov, N. Rethinking assessment in higher education [M]. London & New York: Routledge, 2007: Preface.

（一）学习中心

考察学习评估，需要追溯到由斯克瑞文（Scriven，M.）率先提出并由布卢姆（Bloom，B. S.）发扬光大的形成性评价以及伴随而起的形成性评估。众所周知，20 世纪 50 年代末，美国为苏联“卫星上天”而朝野震动，于 1958 年颁布了《国防教育法》，开展了一场声势浩大的“新课程运动”。但是，整个开发过程未在学生中试测，使得新的课程与教材脱离了学生实际而没有获得预期效果。通过反思这次失败的教训，斯克瑞文最早区分了形成性的与终结性的课程评价，首次揭示了评价的终结性和形成性两种不同作用。①不过在他那里，形成性评价仅仅聚焦于课程方案，还游离在学习活动之外。

而那个时期，杜威的实验经验主义哲学及其创价思想已经深入人心，②确立了“人类行动”在哲学里的最高地位，从而彰显了作为教育领域“特殊行动”的学习活动。布卢姆深谙其道，揭示了“评价地位的变化”，从“划分等级”扩展到了“促进教与学”。他在建构掌握学习的过程中，提出了由诊断性评价、形成性评价和终结性评价组成的评价体系。他的形成性评价直接引自斯克瑞文，并且突破性地将其有用性延伸至学与教领域。他专门界定道：“形成性评价，就是在课程编制、教学和学习的过程中使用系统性评价，以便对这三个过程中的任何一个过程加以改进。”③随后，为了进一步凸显评价“对学习的促进功能”，学者们开始使用新的术语“形成性评估”。文献检索表明，1976 年在《学习障碍学报》上发表的论文，最早专门探讨了“形成性评估”

---

① Tyler，R. W.，et al. Perspectives in evaluation ［M］. Chicago，IL：Rand Mcnally，1967：39-83.

② 杜威. 评价理论［M］. 冯平，余泽娜，等，译. 上海：上海译文出版社，2007：11.

③ 布卢姆，等. 教育评价［M］. 邱渊，等，译. 上海：华东师范大学出版社，1987：228-229.

(formative assessment)。[1]逐渐地，这一术语在教育学术界流行开了。到1996年，威廉（Wiliam, D.）和布莱克（Black, P.）通过文献综述发现，形成性评估确实能够显著提高学生的学习收益。[2]

从形成性评价到形成性评估的蜕变，评估完成了从“学习无涉”到“学习观照”的转型，并伴随着哲学与创价思想确立“行动的最高地位”，催生了“学习中心方式”(learning-centered approach)。“学习中心方式，就是聚焦学习活动和确保学习活动的适宜性。”[3]学习中心，超越了课目中心和教学中心，特别是超越了学生中心。已有的学生中心，其进步意义毋庸置疑，却留下了“将学生抽象化”的陷阱，遮蔽了具体价值选择的必要性和可能性。学习中心方式，则敞亮了一个个活生生学生的学习活动，澄明了其中变动不居的学习条件与学生喜怒哀乐及其即时交互，从而开启了多样化的学习结果的可能性。于是，每一个学生的具体的学习价值选择不仅是可能的，而且是必要的了。这样，学生在学校里与课堂上的学习生活，就获得了成为真实的价值生活的可能性。

（二）过程凸显

形成性评估在彰显“学习中心”的同时，亦遭遇“学习达标”抑或“学习经验”的具体价值选择难题。20世纪伊始，许多国家希望建立一种科学、客观的评估机制，开展学习成就的评估，并以测验结果为依据

---

① Neisworth, J. T., et al. Naturalistic assessment of neurological diagnoses and pharmacological intervention [J]. Journal of Learning Disabilities, 1976, 9(3): 22-25.

② Wiliam, D., Black, P. Meanings and consequences: A basis for distinguishing formative and summative functions of assessment [J]. British Educational Research Journal, 1996, 22(5): 537-548.

③ Borst, J. A. Should schooling be learner-centred or learning-centred? [J]. CCPA Education Monitor, 1999, 3(1): 4-5.

筛选学生。这些外部的期末考试或随堂测验，有一个有趣又形象的“守门员”（gatekeepers）别名①，为保障“守门员尽职尽责”，一类学科的考核方法就越来越得到强化。在行为主义学习理论和测量统计学的支配下，学习评估就“科学化”为学习测验，以回答“学习成就是否达标”的外部需要价值问题。这显然是“回顾性的”，局限于过去，仅仅着眼于已有学习成就的外在价值选择。实质上，评估具有的根本意义在于彰显“所欲的学习结果”，需要回答的基本问题乃是“宜欲的学习结果”是否与如何可能。这显然是“前瞻性的”，既观照过去又面向未来，放眼于生成学习经验的内在价值选择。无论人们意识到了与否，这都在积极影响着评估的进步，在形成性评估发展中打下深深的烙印。

宜欲的学习结果是否以及如何可能的问题，如此富有魅力，极大地激发了研究者们的灵感与创新能力。于是，新兴的学习性评估迅猛崛起，以至史迪吉恩斯（Stiggins，R.）专门发表论文大声疾呼“从形成性评估走向学习性评估”②。这一切，首先归功于布莱克和威廉，他们一直投身于形成性评估的开发，深刻洞悉了其中涌动的文化与技术两个层面的转向：从测验文化到评估文化，从心理测验到学习评估。1998年，他们睿智地建构了“学习性评估”（assessment for learning），呼吁大家“重视课堂评估支持学习的潜能”③。1999 年，两人所在的英国教育研究会评估政策事务小组，出版了手册《学习性评估：超越黑箱》，并进行了大规模推广应用。进入 21 世纪，学习性评估备受青睐，包括我

---

① Rorrison，D. Assessment of the practicum in teacher education：Advocating for the student teacher and questioning the gatekeepers［J］. Educational Studies，2010，36（5）：505-519.

② Stiggins，R. From formative assessment to assessment for learning：A path to success in standards-based schools［J］. Phi Delta Kappan，2005，87（4）：324-328.

③ Black，P.，Wiliam，D. Assessment and classroom learning［J］. Assessment in Education：Principles，Policy and Practice，1998，5（1）：7-74.

国在内的很多国家和地区的越来越多的学校，都在加以开发使用以替代形成性评估。

从形成性评价到学习性评估的演变，可以从评价、评估以及学习这三个概念切入进行深入理解把握。事实上，评估与评价都需要收集信息、做出价值判断。但“评价”一词维持着课程开发的传统意味，而“评估”则深入到了教师教学和学生学习层面。“评价”的英文为“evaluation”，词根是“value”，本义为“价值”，前缀“e”意为显现、引出和实现等。这样，“评价”意指让某事物的价值得以显现、引出或实现，对应的是基于事实的价值评判活动。“评估”一词的英文为“assessment”，源于拉丁文“assidere”，意为坐到旁边或与谁同座（to sit beside or with）。①因而，“评估”意指通过师生之间和生生之间的互动来获取、分享和解释所获得的信息，从而达到相互促进、共同提高的目标。“学习”一词，无论中外，都与“教学”一词同宗。英语中的“teach”（教）和“learn”（学）两词，均派生自中古英语“lernen”。“lernen”一词则源自盎格鲁-撒克逊语的“leornian”，词干为“lar”，词根为“lore”。“lore”的原意为“learning”或“teaching”，现在则指所教学的内容，特别是指传统事实与信念。最早时，汉语中“学”和“教”均为“斅”字，后来才分为两个字。故而，“学”字最初的意思就涵括着教。②这样，“学习性评估”就是旨在觉知学习目标与学生现有水平之间的“最佳差距”，并通过改进教与学以弥合这种差距的活动。它具有“鉴别”与“导向”两大功能：一是鉴别学生的学习潜能，二是导向学生的学习过程。学习性评估不仅关注学生学习的纸笔测验结果

① Earl, L. M. Assessment as learning: Using classroom assessment to maximise student learning [M]. Thousand Oaks, CA: Corwin Press, 2003: 21.

② 黄甫全. 现代课程与教学论 [M]. 2版. 北京：人民教育出版社，2011：66-67.

和教师每个课时教学的有效性，更在于使每个学生的理解和学习经验可视化。由此，教师可以决定如何革新课程资源和调整教学过程以更好地帮助学生学习，学生能够明确自己在学习过程中的进展以更好地投入学习。这样，就使得评估在学习观照背景下，实现了从结果测验向过程凸显的进步。

（三）学评融合

在学习性评估发展中，这种进步是文化积累—优化性的。一直以来，人们都“在更大范围进行着理论探讨，涉及了对比鲜明的两种形成性评估方式：一种是行为主义方式，强调基于目标的测量；另一种是社会建构主义方式，强调把评估整合到学习活动之中”①。显而易见，学习性评估已经启动了学评融合。这一融合贯穿于教学活动层面，表现为基于目标测量而得的评估数据同时两用，既用于矫正和促进教师的教学，也用于矫正和促进学生的学习。但是，按照建构主义的取向，人们就面临着一个新问题——如何扬弃“基于目标的测量”而“把评估整合到学习活动之中”？随之，在消解“结果测验”负面效应的努力中，生成性的学习价值得到彰显，一并实现了“测验改进”和“目标发展”。这样，人们就超越外在的评价标准，将预期学习结果转化为内在的评估标准。另外，在目标发展层面，外来的“教育目标”和内生的“学习目标”就结合起来了。于是，“目标驱动”凸显出来，逼促学习与评估进一步融合。这是一种“双目的驱动”，需要融合评估的终结性目的和形成性目的。剑桥大学的哈伦（Harlen，W.）一直致力于革新评估以实现这种融合，并将这种革新性评估命名为“学习段评估”（assessment of

---

① Black，P.，Wiliam，D. Assessment and classroom learning［J］. Assessment in Education：Principles，Policy and Practice，1998，5（1）：7-74.

learning)。[1]学习段评估是在一个学习阶段结束时进行的评估，它凸显将评估所得的丰富的学习数据进行系统的深度分析，既用于终结性目的，又用于形成性目的。

然而，评估在活动与目的两个层面的融合，急遽加大了学生的评估任务负担，排斥着学生的学习任务投入，内在地提出了学评在任务层面的融合要求。虽然学习段评估改进了测验，但测验仍然使一些学生“害怕”，心理压力很大。与之相伴随，学习性评估在从理论探讨转化为实践运用时，也产生着积极和消极的影响，确实能使学生激发学习动机和加大学习投入，却又令学生花费大量本应用于完成学习任务的时间和精力去完成评估任务，进而导致学习效率降低。为了解决这种矛盾，达恩（Dann，R.）[2]和厄尔（Earl，L. M.）[3]挖掘出了 20 世纪 70 年代美国阿尔维诺学院提出的“评估即学习”理念，大力倡导“学习化评估”（assessment as learning）。学习化评估旨在让学生成为自主评估者，努力实现“评估任务即学习任务”，从而促使学习和评估一体化，让学生成长为自主的终身学习者。至此，一种整合了学习性评估、学习段评估和学习化评估的学本评估范式就诞生了，分别在活动、目的和任务等方面，努力实现评估与学习的融合。

二、评估促进学习何以可凭

虽然把评估定义为一种价值判断并没有错，但是需要深化并把握

---

① Harlen，W. Teachers' summative practices and assessment for learning—Tensions and synergies [J]. The Curriculum Journal，2005，16 (2)：207-223.

② Dann，R. Promoting assessment as learning：Improving the learning process [M]. London：Routledge Falmer，2002：126.

③ Earl，L. M. Assessment as learning：Using classroom assessment to maximise student learning [M]. Thousand Oaks，CA：Corwin Press，2003：21.

到“创价判断”层面。既有的传统将“价值判断”仅仅规定和操作为“证价判断”（judgment about value），从而导致人们在评估中局限在“学习结果的价值有无与高低”上，偏执于“分等与选拔”，放逐了“朝气蓬勃的学习生活”。整体主义的理路超越传统，引导学本评估敞亮了学校与课堂里洋溢着青春活力的学习图景。虽说评估促进学习的价值理性整合过程显得扑朔迷离，却也隐现着逐渐清晰的价值判断机理，引人瞩目的有学习性评估促进学生的心智投入、学习段评估提升学习的创价判断和学习化评估成就教学的文化认识三条线索。

（一）心智投入

在学本评估的视野里，行动哲学所凸显的“学习中心”场域，让人们洞悉了教育根本上就是一个真实的学习经验世界。学习性评估在发展过程中，形成了“教学评一体化”“持续诊断反馈”“学生参与”等特性，在真实的学习经验世界里孕育着从学习现实到可能过程中的价值理性、最佳差距和心智投入机理。

在真实的学习经验世界里，教、学、评三者不再像过去是割裂的了，而是一体化的。教师进行学习性评估，旨在改善自己的教学和促进学生的学习。评即是教，教即是评，评即是学，学即是评，是学习性评估的现实与理想诉求。这就需要找到一种能够代替“测验文化”习惯而引领学生的学习生活的向导，这个向导就是学习价值理性。学习经验世界，是学生与其学习环境相互作用的世界，是学生生活着、学习着的世界，是学生需要考虑、需要认识的世界，是学生受其影响也通过学习活动影响着的世界；它同时也是一个没有终极性教育规律的世界，是一个变动不居、蕴含多种可能性的学习生活世界。价值理性的认识对象，就是这种变动不居的学习经验世界中所凭借的既有学习条件与预期学习结果及其交互关系。“认识是为了行动。知识是行动的一种媒介和一种工具，它是我们要想把欲望和好变成稳定的、有条理的、可靠的、具有意义的事情的不可或缺的手段。”①这样，学习性评估中被认识的对象和具有价值的对象之间的关系，就成为现实与可能之间的关系。学习现实，包含着各种已有的学习条件；学习可能，则是一种尚不存在但可以因为现实学习条件的应用而使其实现的学习目的与结果。学习可能对任何既有的学习情境而言，就是这种学习情境的一种学习理想。学习现实与理想的关系，也就是学习现实与可能的关系。学习价值领域实际上也就是学习事实领域，学习价值问题实质上就是学习理性问题。因而，学本评估特别是其中的学习性评估，所依凭的就是学习生活世界所内在的价值理性。

正是这种价值理性，让学习性评估获得了“持续诊断反馈”特征。学习性评估强调对学生课程学习的整个进程开展持续性诊断，重视这些诊断信息的反馈对进行下一步的教与学具有参考作用。首先，师生合作确定具体可行的学习目标；其次，在学生完成各种任务并达至目标的过程中，教师实施层层评估，不断检测学生的学习任务完成情况以及存在的问题，并据以鉴别和回应不同学生的需求。这样的学习性评估，也可以为家长了解学生学业进展、支持学生的学习提供可靠的依据。不过，这样的“持续诊断反馈”进程，其深层的问题是：“师生合作确定具体可行的学习目标何以为凭？”研究探明，这种“学习目标”需要凭借“价值理性”所认知与建构的“最佳差距”，才能得以生成。在学习性评估中，围绕学生“现在在哪里”“需要去哪里”“怎样最好地到那里”等问题，师生收集和解释证据，其实质就是定位并缩小学生当前学

① 杜威．评价理论［M］．冯平，余泽娜，等，译．上海：上海译文出版社，2007：译者序．

习水平与预期目标之间的差距。这样，了解学生现有成就水平进而决定其与学习目标之间的差距非常重要。差距如果适宜可以激发学生努力缩小差距，如果过大则会导致学生感到无能为力而沮丧自弃。因而，学习性评估的关键在于，辨识学生现有学习水平与预期学习目标的“最佳差距”（just the right gap），并加以跨越。①

为此，学习性评估指出，评估并非是教师的“独角戏”，而是师生的“大合唱”，要求学生自觉行使话语权，高度参与其中。学生的高度参与，至少体现在两方面。一是“共享学习意图”，在课程学习或活动展开之前要让学生明确自己要学习什么以及达到什么目标，这就需要教师引领学生一起将外在的课程目标转变为学生内在的学习意图，用学生能理解的语言书面表述并植入学习环境之中。二是共享成功标准，组织学生参与成功标准制订，使之清楚知晓自己学习成功的具体指标以及达成路径，主动施行达标作业，并能够辨别自己的学习成功与否。这是一个学生内化课程标准并持续经验再将其外化为语言表征的过程，也就成为学生的一种能动认知活动。在根本上，“认知本身是实践动作的一种方式而且是使得其他自然间的交互作用从属于我们指导之下的唯一交互作用的方式。”②显然，在学习性评估中，学生把外在参与要求深化为内在心智参与过程了。于是，心智不再是“旁观者”，心智参与到了自然而然的教学活动之内，融合为自然而然的学习进步过程的一部分，生长为学习行动的心智。心智一旦生长为学习行动的心智，就促使评估从“证价判断”发展到“创价判断”。

---

① Heritage，M. Formative assessment：What do teachers need to know and do? ［J］. Phi Delta Kappan，2007，89（2）：140-145.

② 杜威. 确定性的寻求［M］. 傅统先，译. 上海：上海人民出版社，2005：80.

（二）创价判断

“证价判断”到“创价判断”的发展和学习行动的心智生长，直抵价值认识论深层，从根本上滋养了学习段评估。学习段评估兴起于人们对终结性评估成效的反思，对终结性评估与形成性评估争论的平衡，以及随之而来的对评估概念的重建。在这一过程中，新兴学习段评估逐步形成了价值认识论的创价判断原理，其中主要包含“协同作用”“前馈提升”“网络支持”等要义。

学习段评估是文化性的，汲取并转化了终结性评估与形成性评估，建构了它们之间的协同作用，以充分发挥出改进教学活动的功能。诚然，在文化价值与评估领域，价值判断首先是一种“证价判断”。证价判断，就是证明已有结果的价值有无与大小的判断，乃传统价值论对“价值判断”的一种理解与定位，指导着评估理论与实践聚焦于考察和确定已有学习结果的“价值有无和高低”。这样，开发“测验”等诸种技术进行终结性评估，收集信息以鉴别已有学习水平与结果，既是必需的，也是合理的。但是，仅仅从时间上生硬地划分出形成性评估和终结性评估，并将其割裂开来，显然是有违经验常识的。因为二者仅仅区分于目标和效果的不同上，实质上却发挥着互补的作用。期中、期末、毕业乃至中考、高考和 PISA 测验等终结性评估，运用得当就可发挥形成性功能，以改进教学决策。哈伦指出，形成性评估和终结性评估可以协同发挥作用，同样的评估数据、信息、方法，用来帮助改进教学和提升学习时，就是形成性评估，而用作认证、鉴定、汇报时，则是终结性评估。①这种协同作用原理，引领人们在评估开发中努力融合终结性评估与形成性评估，对已有的“关于学生学习的评估”进行术语概念重建，

---

① Harlen，W. Teachers' summative practices and assessment for learning—Tensions and synergies [J]. The Curriculum Journal，2005，16 (2)：207-223.

从而生成了学习段评估。学习段评估持续发展和优化终结性评估的测验技术与实施策略，努力实现收集和分析的证据表征并预示学生学习活动的复杂性本质。于是，学习段评估一举两得，一则推进了终结性评估实现的“证价判断”所涉学习价值领域的广度与深度，二则开发了终结性评估的形成性应用，与学习性评估实现了交融，从而彰显了评估作为一种价值判断的“创价判断”实质。

“创价判断”英文为“（e）valuative judgments”，是杜威创造的词汇，旨在纠正“证价判断”概念对价值判断的片面解释与应用。证价判断仅仅是一种事后判断，陈述或记录那些给定的价值和效用，价值在已然存在而有待人们去认识的理解上是给定的。创价判断则是全纳性判断，扩展到评估那些“尚未存在的价值并使这些价值产生”①。“证价判断”只是陈述，报道某一学习事物有价值或已经被赋予价值。与之不同，创价判断的对象不是给定的，而是通过某一种学习行动才有可能成为存在的价值。所以，创价判断是对一种学习价值可能性的判断。不确定的学习价值，通过判断并且只有通过判断，才存在或产生。学习段评估基于创价判断原理，孕育了“前馈提升”内涵。事实上，反馈一旦发挥出为教师的教学和学生的学习提供指导建议的功能，就不再是回顾性的了，而生长为前瞻性的反馈，实质上成了前馈。研究揭示，将反馈发展为前馈，对进一步的教师的教和学生的学都有积极的提升作用。哈伦提出了一个学习段评估模型，在“开发终结性评估”基础上改进“学业成就报告”，进而实现“前馈提升”功能。②学业成就报告，在通过反馈成为大家公认的升学依据的同时，也通过前馈，既启示家长和教育管理者优化教育决策，也启示教师优化教学决策，还启示学生优化学习

---

① 杜威. 评价理论［M］. 冯平，余泽娜，等，译. 上海：上海译文出版社，2007：104.

② Harlen, W. Assessment of learning［M］. London: Sage Publications, 2007: 122.

决策。这样，学习段评估就极大丰富了学习经验对象的现实条件与预期学习结果，就积极调节着人们的学习期望、情感和享受的形成，就借由探究学习经验对象的调节与结果而达至宜欲的学习结果。

这一切如果仍然局限在已有学习条件的话，就会受制于师生既定的教学时空与精力，将无法实现而成为空谈。价值认识论已经阐明：创价判断“是对一种尚未存在的、通过活动而被创造出来的可能的价值承载者的判断”①。据此，人们在学习段评估开发中，基于飞速发展的信息通信技术，不断彰显“评估数据处理、分析、解释与呈现的多样化技术”，创新了“网络支持”这种生成性的“学习价值承载者”。放眼看去，诸如“计算机自适应测验”（Computer-Adaptive Testing，CAT）和“网络化评估”（e-assessment）之类的多样化评估技术，如雨后春笋般出现并快速发展起来。学习段评估在张扬终结性评估的形成性运用中，获得了强力的“网络支持”，展现了学习价值的无限可能。北爱尔兰网络评估系统（computer-based assessment）就是一个富有代表性的样例，它旨在检测小学四至七年级学生的语言（听、读、写）和数学知识与技能方面的掌握与应用。②该评估系统中，题目多样，趣味盎然，既能满足学校和教师对学生知识与技能的考核，也能适应不同学习类型学生的学习特点。学生完成评估后，电脑可随时生成评估报告。就数学来说，评估报告分为测验结果报告、题目分析报告和家长报告，提供了科学而系统的关于学生个人学习的定量和定性的诊断性结果。这种自动化的评估系统为师生提供了许多便利，显著减轻了批改试卷、统计分析和撰写报告的负担，表现出三个特色：第一，多样化的评估内容和

---

① 冯平．杜威价值哲学之要义［J］．哲学研究，2006（12）：55-62．

② CCEA. Using computer-based assessment in Northern Ireland: Information for schools［EB/OL］．［2014-04-05］．http: //www.nicurriculum.org.uk/docs/assessment/computer_based_assessment/guidance/NINA-guidance-document.pdf．

题目不仅检验了学生知识与技能的掌握程度，也为学生高层次思维能力的培养与发展奠定了良好基础；第二，生成的三个报告，分别满足了学生促学、教师优教和家长知情的需要，既达到了终结性评估的目的，也发挥了形成性评估的作用；第三，灵活运用网络技术，既有数字答案选填，也有动手操作，使评估变得新颖有趣，让学生不再“厌恶”测验。

（三）文化认识

学习段评估贯彻创价判断原则，让学生的学习活动丰盈起来，拥有知识生发为建构知识的实践，被动的知识习得焕发为积极的动态识知。“所认知的对象是经过有意的重新安排和重新处理过的事前的对象，也是以它所产生的改造的效果来验证其价值的事后的对象。”①这种价值主体彰显与认识主体确立的相互砥砺，推进学本评估深化为一种文化认识活动，以敦促学生成长为评估主体。于是，学习化评估勃然而兴，开发了“评估任务即学习任务”“自主评估”“同伴评估”等有效路径，内蕴着“特殊认识”“价值认识”“自我认识”的清晰逻辑。

研究揭示，评估“促使学习发生”（making learning happen），其中学习和评估以非常复杂的方式交互产生作用，并非线性循环。把评估任务开发为学习任务，就将评估转化成了一种学习事件。这样，学习化评估就成了一种特殊认识，进而实现了“评估即探究”（inquiry）和“学习即共建知识”（co-construction of knowledge）。②评估即探究的命题，引导人们格外观照作为探究者的评估者。探究意为寻找和调查研究，凸显了评估所不为人熟知的方面，诸如反思、评论、发现、检验、

---

① 杜威．确定性的寻求［M］．傅统先，译．上海：上海人民出版社，2005：228．

② Hargreaves, E. Assessment for learning? Thinking outside the black box［J］. Cambridge Journal of Education, 2005, 35（2）: 213-224.

参与和理解，等等。这样，评估就旨在把个体当成学习者而非表现者来加以理解把握，评估就被看成是学习的一个组成部分，评估就成为促使学习产生的信念和探察学习怎样发生的研究，而不像在“测验文化”里仅仅被当成技术。把评估做成探究，教师得研究学生的学习，学生得反思、研究与交流自己的学习。这样，教师就不再简单地当“考试管家”；相反地，师生都成长为知识的能动创造者而非被动接受者。

学习即共建知识，至少涵括“整体关涉”“经验反思”“奉献共同体”三大概念。教师要全面考虑与把握学生的理念获得、思维及其理解等内在心智活动，使学生从动机、自尊到行动方式整体地投入学习过程。学生是认识主体，要能动地建构自己所在世界的意义，要在借助新鲜经验正确看待事物的方式之间建立起联系。知识并非“存在于那里”等着发现，而是每个学生凭借对自身经验的反思而建构起来的。学习，就是学生作为知识共建共同体的成员协作建设知识的过程。学习一门课目，就是融入一定共同体而成其一员的过程。个人的自身经验以及知识建构分别为自己和同伴加以探寻、调研与交流，个人知识就奉献给了同伴的成长与整个共同体的发展。

显然，学习化评估内置了一种动力，驱促学生在一定程度上掌控自己的学习与评估。评估作为探究，要求并奠基了师生的研究者角色。①在学习性评估和学习段评估那里，教师不仅是评估者、测验者，也是认知研究者（cognitive researcher），使用各种适宜方法探寻与研究学生学习，并借以开发适宜学生个体发展的教学。然而至此，教师尽管顾及学生的个别需要，但评估者和学习者还是两类不同的人。学习化评估开发使用了自主评估与同伴评估，让学习者成为评估者，评估作为特殊认

---

① Dann, R. Promoting assessment as learning: Improving the learning process [M]. London: Routledge Falmer, 2002: 36.

识就进一步深化为价值认识。作为价值认识的学习化评估，首先聚焦“学生具有什么样的学习欲求以及哪些欲求是值得的和适宜的”这一问题，通过学生自主或师生合作研制学习目标，探究和陈述学习的结果价值；其次聚焦“现实学习条件可以实现哪些宜欲学习目标以及怎样实现这些目标”的问题，选择和使用有效的学习方式；最后聚焦“尚需哪些可能的学习条件以及怎样用以实现宜欲学习目标”的问题，探究和创用新型学习条件与学习方式。这种价值认识，就让学生主体的前瞻性需要及其满足，既成为反映的对象，又成为建构的对象。

这样，学习化评估实质上成为学生一种特殊的自我认识。虽说评估不能等同于自我认识，但它确实属于自我认识。人们评估一个事物时，首先对它进行认识，基以将之同主体需要联系起来，看它是否得到主体需要的肯定及肯定到了什么程度。虽说评估主体与价值主体并不是完全等同的，但是学生作为同一的评估主体和价值主体则是可能的，也是合理的。自主评估和同伴评估是评估的特殊形式，它们让每位学生既做评估对象又做评估者。由此，学习者既是学习需要的价值主体，也是参与和实施评估的评估主体。评估即探究已指明，“学习的关键目标是帮助学生建立学习认同感”，那么学生作为主体的自我评估必须处于核心位置。①学生将评估作为一个探究过程，就会持续地反思提问“这对识知意味着什么”，并通过相应的探究式做中学尝试回答。这是将评估经验深化为学习经验，促使学生必须理解把握“这对学习意味着什么”，从而努力开发出个性化方式提升和监控自己的学习过程。②这就与“深层学习即理解”（deep learning as understanding）的隐喻不谋而合。学

① Gardner, J. Assessment and learning [M]. London: SAGE, 2006: 58.

② Cohen, M. Participation as assessment: Political science and classroom assessment techniques [J]. Political Science and Politics, 2008, 41 (3): 609-612.

生不仅从世界中接收智慧，而且试图理解“为什么要接收这些智慧”；前者是认知层面的学习，后者则是意识、理解世界层面的深层学习。据此，学生不仅评估自己的学习状态，还要思考与实现评估对自己的概念发展和深层理解的功用。

教育活动中的具体价值理性，唤醒了学生的“自我生成与发展”意识，启动了沉睡中的“自然而然的价值创造”活动。价值认识论揭示了人类社会一个更为根本的事实，即价值不是已经存在的对象，而是创造活动的结果。学本评估作为一种特殊价值创造活动必然是行动性的，它直面真实的学生学习生活，介入学习生活，影响学习生活，努力利用最新的科学知识为课程开发、教学实施和学习活动提供明智的指导，让学生作为评估主体与认识主体开展“做中学”，以实现学生自身的价值主体生成与发展。于是，融贯着价值创造机理的价值活动论，悄然浮现出来频频招手，呼唤我们进一步探索“评估究竟如何促进学习”的问题与奥秘。

三、评估促进学习何以可行

伴随对学习活动的观照，学本评估冲破了判断主体、判断对象及判断情境三方对垒的陷阱，凭借所蕴含的个体、他者及情境之间的文化媒介（cultural mediation）作用，学生才可能做出符合社会需要并宜于行动的价值判断，价值标准等社会经验才可能转化为个体的行动指南和理性能力，从而实现主体思维、能力和习惯的变化发展。学习段评估内蕴环境支持与提升学生测验表现的社会媒介作用，彰显学生反思并缩小学习差距的元认知活动；学习性评估开发日常教学实践中有关数据的符号媒介作用，培育学生的自主学习能力；学习化评估借由群体活动与个体思维的联通螺旋，运行着社会—符号交互媒介作用，通过培养学生可持续的评估素养以促进其养成终身学习习惯。

（一）学习段评估：基于社会媒介作用彰显元认知

为了洞悉高风险测试的奥秘并化解“为考试而教学”的观念暴力，学习段评估释放了社会媒介作用（social mediation），力求摆脱教师施测、学生受测的被动局面，促进师生之间、生生之间的互动，以“他者”的社会性支持帮助学生产生最佳表现。运用学徒制、引导式参与以及转化等不同社会支持形式，教师在纷繁复杂的测验所得数据中梳理出学生发展底线与潜能的脉络，引领学生心智步入最近发展区的轨道。学徒制，指学生从教师处获取关于评估的观点、标准和规范，自觉地辨识考试重难点，而非依附教师去“拿到”正确答案。引导式参与，包括师生面对面制订评估标准、班级规范等常规，潜移默化地将评估责任转移给学生。转化，则是共同成长，表达着学生与他者之间积极交叉、动态多变的关系。评估不是学习之外的孤立环节，而是个体在他者的帮助下逐步认识自我、发现潜能的学习过程。①

学习段评估贯穿着“前测—互动干预—后测”的循环，帮助学生从他助性测验表现（assisted performance）、经由自助性表现（self-assisted performance）提升到发展性表现（developed performance）。首先，教师对学生过去某阶段知识与技能水平的考察为“前测”。学生回应课堂提问、随堂测验或考试，处在他助性表现阶段。②其次，教师

---

① Wertsch, J. V., et al. Sociocultural Studies of Mind [M]. New York: Cambridge University Press, 1995: 142.

② Thompson, I. The mediation of learning in the zone of proximal development through a co-constructed writing activity [J]. Research in the Teaching of English, 2013, 47 (3): 247-276.

辅助学生去探究预期的学习结果，借以优化学生的测验表现。学习段评估将认知活动的控制、调节权交给学生，融入了自主导向和平等互动等元素，使之向自助性表现进阶。最后，引发学生从当前状态发展至未来水平。当自助性表现呈现自动化时，学生进入发展性表现阶段，产生内部的知识迁移和能力发展。此时，学生消化了前阶段获得的提示、辅助等反馈，可以在未来情境的后测中有更好的表现。学习段评估在底线测量的基础上精心引出学生的顶层表现，就与“最近发展区”理论不谋而合了。可见，学习段评估将测验视为师生互动的社会媒介平台，借以帮助学生产生能动的最佳表现而非刻板的应试特征。

在学习段评估过程中，学生反思和认识自己的学习策略、学习内容，对学习过程进行再认识，也就是元水平的识知，即元认知。个体引入对“客我”（self as known，me）的认识，将自己同教师、家长、课程标准与升学要求联系起来；又作为“主我”（self as knower，I），从物质、精神和社会层面去认识自己。①客我从客体水平向元水平流动，将自己视为已知的、经验的个体，是个体参考外部标准、社会态度对自身知识与技能水平的认识。这召唤学生的元认知导向，使学生反思回顾知识与技能的“输入”，对有哪些因素影响考试表现、有哪些考试任务和策略，做到心中有数。主我则从元水平向客体水平流动，将个体视为识知者，是个体对社会情境和他人态度做出回应。这开启了学生的元认知控制，从元认知知识的“输入”转为元认知技能、元认知经验的“输出”。学生依据考试任务的特定要求，激活相关背景知识，将课目内容与认知策略的反馈用来改变思维概念和评估表现。主我与客我、导向与控制、输入与输出之间的流动，使元认知不再是个人内部心智的孤岛，

① Fox, E., Riconscente, M. Metacognition and self-regulation in James, Piaget, and Vygotsky [J]. Education Psychology Review, 2008, 20 (4): 373-389.

越来越具有社会媒介作用的特征。

社会媒介作用突破实验范式的理性限度，在信心判断、学习判断等价值反思性交互活动中，重塑个体与评估情境的关系，触发了测验与元认知之间的螺旋效应。其一，个体对已完成任务的表现等级或正确率的信心判断，影响着学生的测验期许、情感状态和表现。然而，学生回溯式的信心判断通常与真实表现并不吻合。表现较佳和表现稍差的学生，均偏于过度自信，未意识到自己与学习标准的差距。①这孕育了学习段评估培养学生元认知的使命，一方面通过评估标准的适当透明化，促进学生有理有据地检查任务表现；另一方面由他者提供真实水平和提升空间的建议，给予认知与情感支持。其二，学习判断（judgment of learning），能优化学生未来的学习选择，根据题目难易度、情境敏感度和内容相关性等线索去分配学习时间和策略，减少无用功。学习段评估高度重视学习判断，精心设计学习与评估的时间间隔，训练个体预知未来测验表现的准确度。

（二）学习性评估：基于符号媒介作用培育自主学习能力

学习性评估鼓励师生在课堂对话、汇报、观察中收集数据，筛选出显示学习进展的证据，发挥这些证据所暗含的符号意义，有利于推动学生由外部导向的课堂测验通达内部导向的自主调节。

符号媒介（symbolic mediation）至少包括三个层次。第一个层次是行动中直接使用的材料工具，如拼写的单词、张贴的公示和测验的电脑等。第二个层次是使用初级人造物的行为模式，如学校或班级的评估

---

① Miller，T. M.，Geraci，L. Training metacognition in the classroom：The influence of incentives and feedback on exam predictions [J]. Metacognition and Learning，2011，6（3）：303-314.

常规等。第三个层次组成相对自动化的世界，规则、传统与结果不再以直接形式呈现，而是内化为心智运演与认知图式，形塑个体思考、感知和行为的方式。[1]因此，符号媒介维系着当前实际的学习情形与凭借手段得以实现的未来情形之间的联系。第一个层次的媒介传达课程目标、评估标准的具体所指，明确学生“应该到哪儿”。接着，师生用这些符号去形成稳定的评估常规，如学习清单、概念地图、KWL 表格（Know-Want-Learn）[2]等，检视学生“现在在哪里”。最后，符号总是超越其所指的，个体学会解码目标与标准结构，将事实证据置于无限可能的心智海洋进行考察，前瞻性地应对和调节下一步学习，行动着“如何到达那里”。

符号形式的媒介作用，有利于学生建立起“信息刺激—符号媒介—心智操作”的联系，自主地衡量这一联系在学习过程中的权重，持续培育着他们的自主学习能力。从外部导向的测验到内部导向的思维操作时，学生经历着符号的缩略过程（abbreviation），当时那道题的评估标准、解题答案很快消失得无影无踪了，而关于“做这类题甚至所有习题”的认知图式却以符号的形式保存下来，满足未来心智操作和行动的需要。这关联着符号的抽象一般化（abstracting generalization），不断深化对外部标准的表征、提炼与再表征，掌握越来越复杂的认知图式和原则；也蕴含着符号的情境具体化（contextualizing specification），将内化了的认知图式用于新的情境、设立新的提升标准和目标导向。[3]

---

① Cole, M. Cultural psychology: A once and future discipline [M]. Cambridge: Harvard University Press, 1996: 121.

② 吕方方，黄婉莺，曾文婕. 融通学生的已知、想知和新知——K-W-L 策略的缘起、应用与成效 [J]. 基础教育参考，2016（19）：8-12.

③ Valsiner, J. Process structure of semiotic mediation in human development [J]. Human Development, 2001, 44 (2): 84-97.

克拉克（Clark，I）在梳理199篇评估与学习的文献后发现，自主学习是学业成就的预示因素和高效投入的必备特征，学习性评估能显著地促进学生的自主学习。①在自主学习的第一个阶段，学习性评估描绘个体心理状态与外界标准等相关环境因素，提高学生感知学情、情境任务与策略方式的精确度，即“前思维”阶段。接下来克服对评估的焦虑，学生融合未来的学业目标，预演和计划即将来临的评估任务。这属于第二个“导向”阶段。第三个“控制”阶段，充分展示了学生在标准、反馈等符号媒介作用中的自我参照与矫正，在学习过程中巧妙地改变学习策略。第四个阶段为“反思”，在规范中体验反思，获悉达标程度以及提升改进的反馈，并将反馈符号迁移至其他学习活动。

（三）学习化评估：基于社会—符号交互媒介作用养成终身学习习惯

符号互动主义（symbolic interactionism）主张，事物对个体的影响往往是在个体与家庭、学校的社会互动中发生的，个体又能动地选择、组织、转移和内化信息。②符号化思维的运演和深化，离不开社会互动，离不开社会媒介与符号媒介之间的循环螺旋效应。于是，社会—符号交互媒介作用敞亮了课堂环境、符号媒介与个体心智的空间场域，联通了师生过去经验、当下行动和未来视野的时间向度，指向于终身学习。学本评估试图革新将个体悬置起来的测量范式，将师生从分数标记、工具标准中解放出来，借助人际交互和符号形式的媒介，激活自我认同、自我完善与自我实现。这推动了学习化评估的诞生。学生的主体

---

① Clark，I. Formative assessment：Assessment is for self-regulated learning［J］. Educational Psychology Review，2012，24（2）：205-249.

② Tang，W. T. Different perspectives of cultural mediation：Implications for the research design on studies examining its effect on students' cognition［J］. Cultural Studies of Science Education，2013，8（2）：295-305.

地位不是抽象、悬空的，而是在当前与未来、社会与符号的交互媒介作用中彰显出来的，是在持续培养评估素养和养成终身学习习惯中生长而成的。学习化评估在教师领导、同伴互评及自我评估三种路径中，交相辉映地运演着社会媒介作用和符号媒介作用及其交互。

第一，学习化评估重视社会性支持，挖掘出教师领导的路径，让教师在学生成长为最佳评估者的旅途中持续给予支持。所以，学习化评估强调学生承担关键角色，但并不削弱教师的作用，反而要求教师巧妙地扮演各种角色，尤其是更新观念、供应资源和良好示范的角色。教师角色之一，是革新评估观念的开拓者。以往评估是个极端天平，教师与学生是“我们 VS 他们”（us versus them）的对立关系。①这呼吁教师努力解放观念，将评估作为学习共同体建设的契机。教师角色之二，是评估资源的供应者。教师提供反映课程目标的作品范例，使用优秀、良好和较差的资源帮助学生建构不同层次的符号媒介与学习任务的关系。教师角色之三，为优质评估的示范者，向学生展示并传授自我评估和同伴互评技能，为学生示范如何评测自己、如何参照标准。教师的角色影响深远，其引导和提醒可以把学生对评估的注意力拉向学习中心，持续地支持学生自评和互评。

第二，学习化评估主张同伴互评，在互惠性人际互动中彰显他者调节和自主调节的统一性。同伴互评既是社会性的，关涉个体与他者的人际互动，也是符号性的。同伴互评之初，学生和同伴致力于讨论和开发有效的评估标准与反馈，如课程标准、合作规则和评分量规等。随后，学生采纳这些符号去评测同伴的作品并提出建议，引发同伴的行为变

① Simms，M.，George，B. Approaching assessment from a learning perspective：Elevating assessment beyond technique［J］. Educational Assessment，Evaluation and Accountability，2014，26（1）：95-104.

化。深层的同伴互评，带有外界的烙印，又显现着内部心智的特征。当学生使用观察法、访谈法和作品分析法去调查同伴“如何完成学习任务”和“完成情况怎样”时，自觉或不自觉地会比较彼此的学习方法和结果，产生移情意识，进而主动反思自己并从同伴案例中理解优质学习及作业的标准。这样，个体不再被动地为评估标准所左右，而是在他者调节的帮助下通往自主调节。①

第三，学习化评估提倡自我评估，使学生有意识地区分社会需求和自我需要，理智地开展自主行动。在自我评估中，学生既清楚学习目标及影响学习的因素，又认可评估结果作为修正当下和计划未来学习的出发点，还看到不同时间、不同课目中评估表现的差异性和多元性，力求让每次评估都有益于学习进步。在一项系统性文献综述中，所选样本文献中约80%的研究表明，“自我评估和同伴互评对学生的学习成就、自尊心、学习投入、学会学习等有积极影响”②。

学习化评估中，学生既将自我当作评估对象，又承担起评估主体权责。当学生将评估规则和任务要求内化以形成符号化思维用于监控学习进程，尝试生成符合预期标准的学习表现，并善于倾听他人反馈和根据实际状况灵活调整自己的学习活动时，就具备了终身受益的评估素养。在社会媒介和符号媒介作用的共同支持下，学习化评估重构了学生感知任务、析取事实并实施行动的判断模式，使学生不断摄取判断力、评估素养等习惯元素，养成终身学习习惯。师生有一些未曾意识到的习惯影响着他们对学习的识知，这使习惯的重建和训练尤为重要；否则，

---

① Poehner, M. E. Dynamic assessment: A Vygotskian approach to understanding and promoting L2 development [M]. New York: Springer, 2008: 27.

② Sebba, J., et al. Systematic review of research evidence of the impact on students in secondary schools of self and peer assessment [R]. London: EPPI-Center, Social Science Research Unit, Institute of Education, University of London, 2008: 2.

就会由习惯驱动个体，而非个体主导习惯。学习化评估鼓励师生将习惯视为媒介手段而有意识地加以运用，使习惯愈加灵活、精细并在未来情境中得以再生，从而养成终身学习能力。这样，学生成长为自觉行动的学习者和评估者，主动地缩小评估表现与学习标准的差距，从规定学习标准演进为协商学习标准，最终要求开发自己的学习标准。

四、评估促进学习何以可成

学本评估在应用和开发过程中，需要整合和活用学习化、学习性和学习段评估三种方式。

（一）整合学习化、学习性和学习段评估

学本评估主要通过突出合作活动学习环境（active collaborative/cooperative learning environment）、元认知、反馈/前馈（feedback/feedforward）等要素，整合学习化、学习性和学习段评估，进而让评估成为学习者自我导向的评估。学本评估体系见图 12-1。

1. 学本评估的目的

学本评估具有“鉴别学业成就”“促进学生学习”和“支持终身学习”三大目的。这三大目的相互交融和补足，在一定的张力中达成平衡状态。（1）鉴别学业成就的目的。该目的有时又称“认证目的”，重视对学生学业成就的鉴别，着眼于检测学生学习是否达到了课程标准所要求达到的目标。它可以为父母、雇工单位等提供关于学生学业成就的相关证明。当然，教师和学校需要做好分数的处理、分析、解释和反馈等工作。这种工作的圆满完成，就可以将鉴别和促进学生学习的目的整

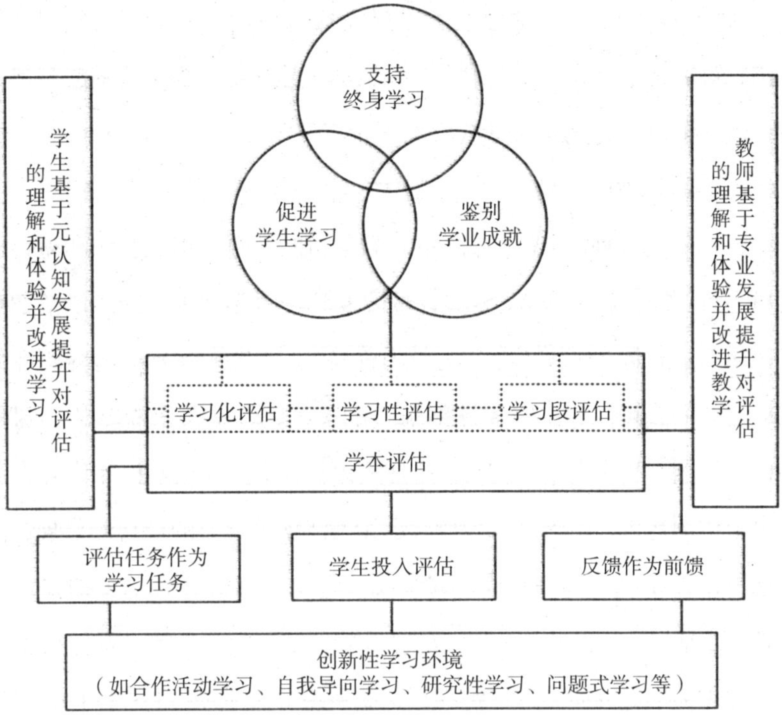

图 12-1　学本评估体系①

合起来，发挥协同效应。(2) 促进学生学习的目的。学本评估帮助学生清晰、具体、及时地把握评估标准和评估结果，根据评估标准成功完成学习任务，判断已取得的学习成就以及接下来需要再做些什么和怎么去做，能够激发学生的学习动机，让学生相信自己通过努力可以取得学习进步。(3) 支持终身学习的目的。学本评估既强调对学生当下学习起鉴别和促进作用，还强调对学生的未来学习有所助益。大中小学的学习是终身学习的初始阶段，在此期间培养学生的自我评估素养对于支持其终身学习大有益处。②事实上，成为一个优秀的自我评估者，并不是

---

① 改编自：Carless, D. Learning-oriented assessment: Conceptual bases and practical implications [J]. Innovations in Education and Teaching International, 2007, 44 (1): 57-66.

② Magdeleine, L., et al. Accuracy of students' self-assessment and their beliefs about its utility [J]. Assessment and Evaluation in Higher Education, 2010, 35 (2): 135-156.

大量接受教师给予的评估活动就可以完成的事情。学本评估看到了这一点，特别着重培养学生的自我评估素养，让学生成为优秀的自我评估者，以支持自己的终身学习。

2. 学本评估的机制

学本评估具有“学习机制”和“教学机制”两类相互交织和整合的运行系统。(1) 学习机制。学本评估要发挥促进学习的作用，以下三点尤为重要。一是“评价任务作为学习任务”。将课程目标、内容和评估有效地统一起来，学生完成评估任务的过程，就是获得深刻的学习体验，提升自己学业水平的过程。这样的评估任务应当反映课目内容在真实世界中的运用，应当将眼光放长远，关注学生学习的可持续发展，而不能仅仅关注学习的短期效果或者仅仅看重对很快就会忘掉的知识的考核。二是“学生投入评估”。通过让学生参与学习目标、具体成功指标和评估标准等的研制并取得共识，提升整个评估过程的透明度，促进学生对学习目标有更深入的理解，从而更积极地投入达成目标的活动之中。三是“反馈作为前馈”。学生需要获得及时的适当反馈以作为进一步学习的前馈。反馈本身不能促进学习，除非学生接受它并据此改进相应的学习活动。因此，反馈的及时性和前瞻性，以及促进学生吸收和运用反馈，以便支持学生当前和未来的学习，就十分重要。教师可以经常提供反馈，也可以通过精心设计促使学生成为同伴学习的反馈提供者。(2) 教学机制。通过教师的有效专业发展，强化教师支持学本评估的角色。教师要成为创新性学习环境的开发者，为学本评估打下扎实的基础；成为有效的评估设计者，让学生积极主动地参与到学习化、学习性和学习段评估之中；成为学生学习动机、学习投入和学习结果的研究者，要掌握课目教育学知识，从而使评估反馈更有效地变成前馈，以便促进当前和未来的学生学习。

3. 学本评估的环境基础

图 12-1 底层的创新性学习环境，是学本评估的主要基础。这里的环境既指整体性的环境，也包括多种小环境。这些环境要为每位学生的学习提供必备的技术、社会和教育条件，要有利于开展合作活动学习、自我导向学习、研究性学习和基于问题的学习等。这些环境决定着个体或共同体如何与所处环境的不同要素互动，决定着师生能否使用自我导向学习等支持学本评估的学习方式。

（二）活用学习化、学习性和学习段评估

在实践操作过程中，师生需要围绕“为什么评估”“评估什么”“使用哪些方法评估”“如何保证评估质量”“怎样运用评估结果”五大问题，因时因地因人制宜地运用学习化、学习性和学习段评估三大方式（见表 12-1）。

表 12-1　学本评估三大方式的应用①

	学习化评估	学习性评估	学习段评估
为什么评估	学生监控、反思自己的学习，树立下一阶段学习目标	教师调节和改善教学并做出决策	一个学习阶段结束时进行评估，以鉴别学生的学业成就水平
评估什么	高阶思维能力和学习策略，如元认知、自主调节、自主导向、自我反思等	与学习成就相关的学生学习过程与需要	学生应用关键概念、掌握知识技能的程度

① MECY. Rethinking classroom assessment with purpose in mind [R]. Winnipeg: Manitoba Education, Citizenship and Youth, 2006: 65.

续表

	学习化评估	学习性评估	学习段评估
使用哪些方法评估	提升学生元认知过程的一系列方法	可视的系列方法	不同类型的测验和多层次的学习产品展示
如何保证评估质量	学生自我反思、监控、调节的精确度与一致性；学生对思考的投入；学生对学习的记录	对学生学习的观察和解释的精确度与一致性；明确的学习目标；详细的描述性反馈	基于高品质信息的、精确的、公正的评价；清晰细致的学习目标；公正精确的总结报告
怎样运用评估结果	学生运用反馈，养成反思、独立的良好习惯；学生关注任务解决和学习过程；学生提供反思、调节自己和同伴学习的建议；为师生、同伴讨论提供主题；学生报告自己的学习	为学生的下一步学习提供描述性反馈；诊断学生的学业状况，开展个别化教学；为学生父母提供学生的学习信息并获得支持	指明学生的学习层次；为提升学生学习的相关讨论提供基础；报告公正、精确、细致的信息，用于指引学生进入下一学习阶段

在活用学本评估三大方式的过程中，需要根据学生学习的特点，开发和使用一些更为具体的评估方法（见表 12-2）。

表 12-2 学本评估的方法清单①

方法	简要说明
用于收集信息的方法	
提问	课堂提问，引出学生对学习内容的具体理解
观察	系统观察，观察学生学习的过程
作业	布置作业，通过作业发现学生对学习内容的具体理解

① MECY. Rethinking classroom assessment with purpose in mind [R]. Winnipeg: Manitoba Education, Citizenship and Youth, 2006: 17.

续表

方法	简要说明
对话、访谈	与学生一起讨论，调查学生对学习内容的理解和存在的困惑
展示、汇报	为学生提供机会，让学生以口头或多媒体形式展示自己的学习情况
测验、考试	为学生提供机会，让学生以书面形式展示自己的学习情况
丰富的评估任务	为学生提供复杂的评估任务，鼓励学生展示他们对已学的各种概念建立的联系
电子化评估	运用一些软件，鉴别学生达成课程目标的程度
模拟	模拟或角色扮演，鼓励学生展示他们对已学的各种概念建立的联系
学习日志	描述学生学习活动的整个过程
项目、调查	为学生提供机会，让学生通过调查、完成报告或其他人造物，展示他们对已学内容建立的联系
用于解释信息的方法	
连续发展阶段表	对学生的学业进步情况等进行展示
清单	描述用于分析学生学习的各项指标
评估准则	描述用于评估学生学习的各项指标，各指标对应不同等级及其相应的具体指标
反思日志	反思和推测学生是如何学习的以及他们下一步的行动
自我评估	学生反思自己的学习表现并使用评估标准进行评估
同伴互评	学生反思同伴的学习表现并使用评估标准进行评估
用于保存记录的方法	
轶事记录	将对学生的观察进行描述记录，要注意记录时有一定的聚焦点
学生档案	记录学生的学习质量，用于反映学生达成课程目标的状况或完成个人学习计划的情况

续表

方法	简要说明
音频、视频、照片	采用音频、视频、照片，记录学生学习状况
档案袋	系统收集学生的学习作品，展示其成就、成长与自我反思
用于沟通的方法	
展示、汇报	学生正式的汇报，向父母或其他人展示其学习状况
父母—学生—教师三方会议	为教师、父母和学生提供机会，共同检视和讨论学生的学习状况及下一步学习计划
成就记录	细致地记录学生的学习成就，展示其达成课程目标的情况
汇报卡	定期以图表形式向家长提供反映学生学习状况的汇报卡，并附上简短的文字说明
学习和评估通讯	为学生家长提供常规性的总结，突出课程目标、学生活动及学生学习的一些案例

师生可以有针对性地、灵活地、整合性地选用以上方法并加以创新，让这些评估方法更有效地发挥出促进学习的功能。比如，教师批改学生作业时，通常是为学生提供分数或等级反馈，即使偶有文字反馈，也仅仅是“好”和“不错”等笼统话语，这种反馈对学生学习的促进作用并不显著。就此，人们将反馈区分为评价性反馈和描述性反馈。①前者以分数或等级的形式对学生学习进行价值判断。低分数或排名靠后会打击学生的自信心，长此以往会导致学生学习失败。后者则针对学生学习存在的问题提出改进学习的具体建议，使学生知道接下来努力的方向和方法，从而激发学生的学习动机。根据教师提示的程度，描述性

① MECY. Rethinking classroom assessment with purpose in mind [R] . Winnipeg: Manitoba Education, Citizenship and Youth, 2006: 33.

反馈又可分为提示（reminder prompt）、脚手架（scaffolding prompt）和例子反馈（example prompt）三类，分别适用于不同水平的学生。

比如，针对学生描述“我在夏令营中交到的一个好朋友”这一作业，如果学生的描述需要更具体一些，教师可以做出三种不同的反馈。其一，对于语言表达能力较强的学生，教师只需要稍加“提示”，即告诉学生“请再给我们说说你这位好朋友”，学生便可围绕主题展开更为具体的阐述。其二，对于需要教师提供句式或具体描述方向的学生，教师要提供“脚手架”反馈，提问学生：“你能否再具体描述一下你这位好朋友？请你说说怎样才是好朋友？当他……的时候，你认为他能成为你的好朋友吗？”学生基于这些脚手架才能进一步展开深入描述。其三，对于需要更具体示范的学生，教师则要“呈现例子”，如“他是我的好朋友是因为他从来不说我的坏话，或他是我的好朋友是因为他经常帮助我”，抑或为这部分学生提供好朋友特征的选项，让他们从中选出符合自己好朋友情况的条目，从而帮助他们明确改进的方向。以上这样的反馈，就使学生在已有基础和预期学习结果之间产生了明确联系，让学生知道了下一步应该做什么以及怎样做好。学生对下一阶段的学习有了很具体的方向，学习积极性更高，在困难面前也会更有毅力。

学本评估在以评促学、评学一体的理念引领下，整合了学习化、学习性和学习段评估三种方式，使之既相互促进、彼此关联，又各有特色、各具价值。这就要求学习者和评估者对其基本定位和功能等有深刻把握，才能加以有效运用。三种方式的意义、目的、启示和关键词见表 12-3。

表 12-3 学本评估中的学习化、学习性和学习段评估

	学习化评估	学习性评估	学习段评估
意义	学生积极参与对自己的评估，成为最好的自我评估者	评估的首要目的是能够促进学生学习	一个学习阶段结束时进行评估，特别注意通过数据分析、解释和反馈，改进学生下一阶段的学习
目的	聚焦于学生作为评估与学习之间关键连接者的角色，进而发展学生的元认知	为教师和学生提供调整教与学的信息	确认学生知道了什么，能够做什么，判断他们是否达到了课程目标，在同伴中处于什么水平，以及下一阶段应该做什么、怎么做
启示	重视学生的自我导向学习，视评估为发展学生元认知的过程，使学生成为批判性的评估者，能理解评估信息并且与先前知识经验联系起来，还能运用于新的学习情境	清楚地掌握每个学生的理解情况，教师据此决定怎样促进学生的学习，提供什么样的描述性反馈，如何分组，如何选择教学策略和资源	为相关人员、机构提供学生学业成就的证据，让公众意识到学生的学习怎样影响着学生的未来；评估的内在逻辑和信度等至关重要；基于系统、科学的测试数据分析，提出教学改进建议
关键词	自我导向学习；自我评估者；元认知；评价活动即学习任务；标准参照	形成性评估；反馈作为前馈；标准参照	分类和分等；常模参照；高风险测试；终结性评价；形成性评估；反馈

在传统的观念中，视评估为学习完成之后的一个事件，在一个学习阶段结束后所开展的评估，还是占据着基础和主导地位。而且，许多类

似的评估并没有进行系统的评估结果分析，给师生提供大量及时的反馈信息。部分教师会实施形成性评估，并在不同的教学阶段提供反馈，这是在一定程度上运用了学习性评估，虽然有时可能是不正式、无意识地使用。教师系统运用学习化评估，使学生批判性地分析、监控和调节自己的学习活动，就更为少见。在学本评估这里，评估就是要为学生创造机会，让学生清楚地了解自己的学习状况，自我监控并调节自己的学习活动，而不感到焦虑或受到责难。就以上三种方式而言，学本评估倡导学习化评估要占据基础和主导地位且使用最多，学习性评估使用较多，而学习段评估只用于必须进行阶段性判断的少数时候。

结语　让学习者成为学习研究者

哲学对于强化人的主体地位，提高人作为主体的自觉性，加强人与世界的关系中对人有利的主体性效应，具有不可估量的作用。①在学习型社会深化建设过程中，学习者能够"自觉"追求与体验学习价值，建构与展开学习活动以及革新与创造相应的有效学习方法，这是学习哲学的深切期盼。在达至这样状态的进程中，"研究"就成为学习者优化自己学习生命的方式。"学习"发展为"学习研究"，学习者就逐渐成长为"学习"和"学习研究"的双重主体。

事实上，"研究"本身就是人类的一种反思性存在的生活方式，一种走向解放的生命历程。只是在过去的观念里，"研究"本身被狭隘化和神秘化了，经常被视为科研人员的专门工作。现实中，很多学习者认为自己首要的事情是学习，其核心是学好相应的知识与技能，如果学习活动出了问题，经常希望由专家或教师提供相应的解决办法。因此，许多学习者没有或少有研究的意识，以为研究学习只是专家、学者的事情，压根没有想过自己也可以且需要成为研究学习的专家。在这种认识的背后，还潜藏着等级式的霸权观。即从事科学研究的专家地位最高，他所从事的研究才是研究、才有价值。然而，事物为本哲学（object-oriented philosophy）阐明，一部分人高于另外一部分人的霸权和等级应该消解，研究的本质观和认识论也应随之发生变革，正所谓"巴斯德关于炭疽引起家畜疾病的知识"与"农民关于家畜疾病的知识"具有相

① 欧阳康．哲学研究方法论［M］．武汉：武汉大学出版社，1998：40．

同的可靠性，二者在认识论上具有同等效力。①相应地，学习研究不只是专家、学者的特权，所有的学习者都可以成为学习的研究者。而且，学习中的“人”，不应是抽象而普遍的人，而应指涉具体化的正在开展着某项活动的学习者，学习者作为此时此境真切体验自己学习活动的人，能够比其他研究者更熟悉自己亲历实践的内部细节和有关因素，最能感受到学习实践中存在的问题、有价值的经验和令人激动的方法等。

与专家、学者的研究相比较而言，学习者对自己学习的研究，主要是指学习者通过对自身学习活动的审视、探究和评价，以改进和完善自己的学习为目的的研究。这样的研究，聚焦于自己特定学习情境的经历、体验与感悟，描述自己学习活动中实际的遭遇、困惑与迷茫，尝试理解、诊断与解决学习问题。这样的研究，涉及对自己的学习价值选择、学习目标设定、学习内容组织、学习资源开发、学习成效影响要素把握等的回顾、诊断、监控和调适，涉及反思自己习以为常的学习行为背后的观念并加以改变。简言之，学习者成为学习研究者的过程，就是学习者对自己学习生命存在及其优化的不断探寻和叩问。

“哲学是一种‘反思’的思维活动，或者说，是一种‘反思’的思维方式。”②反思，是“学习者成为学习研究者”的重要途径。在学习场景中，人们往往无法避免时间流逝的单向性带来的压力，以致产生一种“紧张感”乃至“紧迫感”，在这种感觉的支配下，人们在学习过程中没有多少时间来驻足静观、反躬自省，必须尽可能快地对各种情况做出处理，因而大多数行为是自发的、未经反思的。“学习者成为学习研究者”则是针对这类行为的自觉，它启示人们对各种学习行为进行切实的

① Boghossian, P. Fear of knowledge: Against relativism and constructivism [M]. Oxford: Oxford University Press, 2006: 2.

② 孙正聿. 哲学通论 [M]. 北京: 人民出版社, 2010: 180.

反思。可以说，在学习活动中对学习本身进行批判性反思即是反思性实践，反思性实践有利于提升学习者在观念和行动层面的自觉。反思有多种方式。比如，按时间分，包括学习活动前的反思、学习活动中的反思和学习活动后的反思；按主体分，包括自我反思与合作反思。

“从一定的意义上说，批判性是反思的最本质的特性。”①在日常语言中，一般把批判理解为否定，通常是批判者指出被批判对象的缺点所在。超越日常语言的理解，批判即学习者描述自身学习活动的优势、不足及其背后的根源，并给出适宜的改进建议。这样的批判，让人们对自己的各种学习活动由“确定无疑”走向“有所质疑”，把那些不言而喻、心照不宣、习以为常的学习信念、预先假设推到“审判台”上，启示和指引着人们思考“为什么这样学习”以及“还可怎样更好地学习”等一系列问题。由此，批判具有了两重性，一方面是否定性的，是解构；另一方面是肯定性的，是建构。“否定和肯定”同时进行，因而在根本意义上是“生成性的”，是“更优化的学习活动的发生”。从某种意义说，当学习者就自己的学习活动开始追问“何以如此”“应该如何”“如何更好”等问题时，就意味着学习者进入了学习研究状态，具有了“学习研究者”的特质。

反思不是空想，也需要媒介，包括符号工具和社会支持等。比如，“时间智慧”课程中的“探索我的闲暇时间”表格式活动单和闲暇计划流程图等工具，可以帮助学习者更直接地反思并改进自己的闲暇时间安排；他人学习的成功经验和失败教训以及专家、学者提出的学习理论，也能够成为学习者反思的参考系和改进相应学习活动的指引图。

学习者在成为学习研究者的过程中，发展水平会有所不同。根据学

---

① 孙正聿. 哲学通论［M］. 北京：人民出版社，2010：208.

习主体的自觉程度，可以大致分为三类。一是技术型学习研究者，只是根据教师或他人的建议开展学习研究，只是在学习过程中反思如何将这些建议落实得更好。二是探究型学习研究者，在前一水平之上开始反思自己如何丰富学习的意义及创造更好的学习策略以优化学习等。三是解放型学习研究者，不仅对学习实践情境保持深度理解，而且更侧重于批判性地思考自己的学习活动，力求通过创造性地改进学习活动以解放自己的学习潜力，使其得到最大限度的实现。这样的学习者怀有不断突破的意识和勇气，能够在尽可能的范围内为自己赋权增能，让自己获得更多的自尊和自信。从技术型和探究型学习者发展为解放型学习者，是学习型社会深化建设的期许。在学习者成长为学习研究者的过程中，学习者不断思考自己的学习行动，创造出优秀的学习实践，如果这些在实践中生成的隐性知识得以显性化，那么，学习者就创造出了有效学习知识。这类知识，不是追求高度抽象、纯化的学习理论知识，而是从纷繁芜杂的真实学习活动中生长出来的，往往能够切中学习活动的关键。这些有效学习知识在更广范围内的传播，有利于更多的学习者审视自身的学习活动，在选择优秀学习知识的基础上，重构学习活动。在这个意义上，学习者成为学习研究者，不仅直接优化了自己的学习活动，而且通过创造有效学习知识的方式间接优化了他人的学习活动。

如果我们不满足于仅仅以一种自上而下的方式来俯瞰学习型社会建设，不满足于仅仅通过宏大的政治经济社会秩序及其变迁去建构学习型社会的机制并推动其运转和发展，就可以看到每个学习者所蕴含的巨大动力，就有望看到在日常生活里、在工作场所中、在学校课堂上，每个人都是学习者，每个学习者都是学习的研究者，激动人心而又悄无声息的学习型社会建设正在进行。

参考文献

一、中文图书

1. 阿德勒. 自卑与超越［M］. 李心明，译. 北京：光明日报出版社，2006.

2. 埃力克. 人类的天性：基因、文化与人类前景［M］. 李向慈，洪佼宜，译. 北京：金城出版社，2014.

3. 爱尔乌德. 文化进化论：下编［M］. 钟兆麟，译. 上海：世界书局，1932.

4. 爱因斯坦. 爱因斯坦文集：增补本　第 3 卷［M］. 许良英，等，编译. 北京：商务印书馆，2009.

5. 巴雷特. 非理性的人［M］. 段德智，译. 上海：上海译文出版社，1992.

6. 贝尔特. 二十世纪的社会理论［M］. 瞿铁鹏，译. 上海：上海译文出版社，2005.

7. 布卢姆，等. 布卢姆掌握学习论文集［M］. 王钢，等，译. 福州：福建教育出版社，1986.

8. 布卢姆，等. 教育评价［M］. 邱渊，等，译. 上海：华东师范大学出版社，1987.

9. 布鲁纳. 教育的文化：文化心理学的观点［M］. 宋文里，译. 台北：远流出版事业股份有限公司，2001.

10. 陈为人. 摆脱不掉的争议：七位诺贝尔文学奖得主的台前幕后［M］. 太原：山西人民出版社，2013.

11. 单中惠，等. 西方教育学名著提要［M］. 南昌：江西人民出版社，2000.

12. 杜威. 杜威全集：中期著作　第 14 卷　人性与行为［M］. 罗跃军，译. 上海：华东师范大学出版社，2012.

13. 杜威. 经验与自然［M］. 傅统先，译. 北京：中国人民大学出版社，2012.

14. 杜威. 评价理论［M］. 冯平，余泽娜，等，译. 上海：上海译文出版社，2007.

15. 杜威. 确定性的寻求［M］. 傅统先，译. 上海：上海人民出版社，2005.

16. 杜威. 人的问题［M］. 傅统先，邱椿，译. 上海：上海人民出版社，1965.

17. 冯景源. 现代西方价值观透视［M］. 北京：中国人民大学出版社，1993.

18. 弗林斯. 舍勒思想评述［M］. 王芃，译. 北京：华夏出版社，2003.

19. 高清海. 高清海哲学文存：第3卷［M］. 长春：吉林人民出版社，2002.

20. 格勒尼埃. 阳光与阴影——阿尔贝·加缪传［M］. 顾嘉琛，译. 北京：北京大学出版社，1997.

21. 葛金玲. 欧洲语言与文化：第1期［C］. 上海：上海社会科学院出版社，2014.

22. 顾明远，石中英. 学无止境——构建学习型社会研究［M］. 北京：北京师范大学出版社，2010.

23. 哈萨德. 时间社会学［M］. 朱红文，李捷，译. 北京：北京师范大学出版社，2009.

24. 何晏，邢昺，等. 论语注疏［M］. 上海：上海古籍出版社，1990.

25. 黑格尔. 哲学史讲演录：第4卷［M］. 贺麟，王太庆，译. 北京：商务印书馆，1997.

26. 怀特海. 教育的目的［M］. 徐汝舟，译. 北京：生活·读书·新知三联书店，2002.

27. 黄甫全. 现代课程与教学论［M］. 2版. 北京：人民教育出版社，2011.

28. 黄晞耘. 重读加缪［M］. 北京：商务印书馆，2011.

29. 加缪. 第一个人［M］. 刘华，译. 上海：上海译文出版社，2013.

30. 加缪. 加缪全集：散文卷Ⅰ［M］. 丁世中，等，译. 上海：上海译文出版社，2010.

31. 加缪. 加缪全集：戏剧卷［M］. 李玉民，译. 上海：上海译文出版社，2010.

32. 加缪. 加缪文集［M］. 郭宏安，等，译. 南京：译林出版社，1999.

33. 加缪. 局外人［M］. 柳鸣九，译. 杭州：浙江文艺出版社，2010.

34. 加缪. 西西弗神话［M］. 杜小真，译. 北京：人民文学出版社，2012.

35. 加缪. 置身于苦难与阳光之间——加缪散文集［M］. 杜小真，顾嘉琛，译. 上海：上海三联书店，1989.
36. 卡·恩伯，梅·恩伯. 文化的变异：现代文化人类学通论［M］. 杜杉杉，译. 沈阳：辽宁人民出版社，1988.
37. 卡西尔. 人论：人类文化哲学导引［M］. 甘阳，译. 上海：上海译文出版社，1985.
38. 卡西尔. 人文科学的逻辑［M］. 沉晖，等，译. 北京：中国人民大学出版社，1991.
39. 坎伯. 加缪［M］. 马振涛，杨淑学，译. 北京：中华书局，2002.
40. 康德. 历史理性批判文集［M］. 何兆武，译. 北京：商务印书馆，1990.
41. 康德. 论教育学［M］. 赵鹏，何兆武，译. 上海：上海人民出版社，2005.
42. 莱辛. 论人类的教育［M］. 朱雁冰，译. 北京：华夏出版社，2008.
43. 联合国教科文组织国际教育发展委员会. 学会生存——教育世界的今天和明天［M］. 华东师范大学比较教育研究所，译. 北京：教育科学出版社，1996.
44. 刘昶. 人心中的历史——当代西方历史理论述评［M］. 成都：四川人民出版社，1987.
45. 刘大椿. 科学活动论·互补方法论［M］. 桂林：广西师范大学出版社，2002.
46. 刘进田. 文化哲学导论［M］. 北京：法律出版社，1999.
47. 罗素. 真与爱——罗素散文集［M］. 江燕，译. 上海：上海三联书店，1988.
48. 罗素. 教育论［M］. 靳建国，译. 北京：东方出版社，1990.
49. 罗素. 哲学问题［M］. 何兆武，译. 北京：商务印书馆，1999.
50. 麦基. 思想家：与十五位杰出哲学家的对话［M］. 2 版. 周穗明，等，译. 北京：生活·读书·新知三联书店，2004.
51. 麦金太尔. 追寻美德：道德理论研究［M］. 宋继杰，译. 南京：译林出版社，2011.
52. 梅洛-庞蒂. 行为的结构［M］. 杨大春，张尧均，译. 北京：商务印书馆，2010.
53. 尼采. 苏鲁支语录［M］. 徐梵澄，译. 北京：商务印书馆，1997.
54. 尼葛洛庞蒂. 数字化生存［M］. 胡泳，范海燕，译. 海口：海南出版社，1997.

55. 欧阳康. 哲学研究方法论［M］. 武汉：武汉大学出版社，1998.

56. 普林. 教育研究的哲学［M］. 李伟，译. 北京：北京师范大学出版社，2008.

57. 乔纳森，等. 学习环境的理论基础［M］. 郑太年，任友群，译. 上海：华东师范大学出版社，2002.

58. 赛利格曼. 真实的幸福［M］. 洪兰，译. 沈阳：万卷出版公司，2010.

59. 斯宾塞. 斯宾塞教育论著选［M］. 胡毅，王承绪，译. 北京：人民教育出版社，2005.

60. 斯蒂芬森，哈贝曼. 世界十大人性哲学［M］. 施忠连，译. 上海：复旦大学出版社，2007.

61. 苏霍姆林斯基. 学生的精神世界［M］. 吴春荫，林程，译. 北京：教育科学出版社，1981.

62. 孙正聿. 哲学导论［M］. 北京：中国人民大学出版社，2000.

63. 孙正聿. 哲学通论［M］. 北京：人民出版社，2010.

64. 泰勒. 原始文化［M］. 连树声，译. 桂林：广西师范大学出版社，2005.

65. 陶行知，方光严. 教学做合一讨论集［M］. 上海：教育书店，1951.

66. 涂尔干. 道德教育［M］. 陈光金，等，译. 上海：上海人民出版社，2001.

67. 王海明. 人性论［M］. 北京：商务印书馆，2005.

68. 吴国盛. 技术哲学经典读本［M］. 上海：上海交通大学出版社，2008.

69. 休谟. 人性论［M］. 关文运，译. 北京：商务印书馆，1980.

70. 学习型社会建设研究课题组. 学习型社会建设的理论与实践——学习型社会建设研究课题总报告［M］. 北京：高等教育出版社，2010.

71. 袁刚，孙家祥，任丙强. 民治主义与现代社会：杜威在华讲演集［M］. 北京：北京大学出版社，2004.

72. 雅斯贝斯. 时代的精神状况［M］. 王德峰，译. 上海：上海译文出版社，1997.

73. 亚里士多德. 尼各马可伦理学［M］. 廖申白，译. 北京：商务印书馆，2003.

74. 伊德. 让事物“说话”［M］. 韩连庆，译. 北京：北京大学出版社，2008.

75. 张沛. 隐喻的生命［M］. 北京：北京大学出版社，2004.

76. 张容. 形而上的反抗——加缪思想研究［M］. 北京：社会科学文献出版社，1998.
77. 竹内弘高，野中郁次郎. 知识创造的螺旋［M］. 李萌，译. 北京：知识产权出版社，2006.

二、中文论文

1. 阿斯平，查普曼. 终身学习的哲学思考［J］. 杜永新，译. 开放教育研究，2013（5）：45-62.
2. 奥尔特. “生活世界”是不可避免的幻想——胡塞尔的“生活世界”概念及其文化政治困境［J］. 邓晓芒，译. 哲学译丛，1994（5）：63-68.
3. 阿哈默德. 终身学习：从理念到行动［J］. 教育研究，2010（11）：40-41.
4. 陈茂祥. 自我导向学习理论及其在成人教育上的启示［J］. 台湾朝阳科技大学朝阳学报，2001（6）：65-89.
5. 陈廷柱. 关于建设学习型社会若干问题的思考［J］. 高等教育研究，2008（8）：11-16.
6. 陈巍，李恒威. 胡塞尔时间意识结构的神经现象学重释［J］. 哲学动态，2014（9）：101-108.
7. 陈云恺. 论培育人性的教育［J］. 教育科学，2003（2）：1-3.
8. 冯平. 杜威价值哲学之要义［J］. 哲学研究，2006（12）：55-62.
9. 冯正刚. 试论间接经验在认识中的地位和作用［J］. 人大复印报刊资料·哲学原理，1982（13）：60-64.
10. 高志敏，贾凡，蒋亦璐. 帕提农神庙·学习型城市——UNESCO 全球学习型城市评价指标体系解读［J］. 教育发展研究，2013（11）：6-13.
11. 高志敏. 关于终身教育与学习化社会理念的探讨［J］. 教育研究，2001（3）：52-58.
12. 龚孟伟，陈晓端. 当代教学论视域中的学习哲学之思［J］. 陕西师范大学学报（哲学社会科学版），2009（4）：113-118.

13. 龚孟伟，陈晓端. 教学论视阈中“学习哲学”的本质与特征辨析［J］. 教育学术月刊，2009（8）：101-104.
14. 郝贵生. 哲学也要研究“学习”［J］. 天津师范大学学报（社会科学版），1997（4）：20-22.
15. 扈中平. 人是教育的出发点［J］. 教育研究，1989（8）：33-39，55.
16. 李建会，于小晶. “4E＋S”：认知科学的一场新革命？［J］. 哲学研究，2014（1）：96-101.
17. 李其维. “认知革命”与“第二代认知科学”刍议［J］. 心理学报，2008（12）：1306-1327.
18. 李润洲，石中英. 人·学习·学习能力——构建学习型社会的哲学思考［J］. 教育学报，2006（1）：62-67.
19. 刘亚，王振宏，孔风. 情绪具身观：情绪研究的新视角［J］. 心理科学进展，2011（1）：50-59.
20. 潘蕾琼，黄甫全. 优良品德学习何以使人幸福——美德伦理学复兴的文化哲学解析［J］. 教育研究，2014（8）：15-24.
21. 桑新民. 学习究竟是什么——多学科视野中的学习研究论纲［J］. 开放教育研究，2005（1）：8-17.
22. 石中英. Learning to be：译法与意义［J］. 人民教育，2003（20）：8-10.
23. 唐热风. 心智具身性与行动的心智特征［J］. 哲学研究，2015（2）：109-117.
24. 万俊人. 什么是幸福［J］. 道德与文明，2011（3）：32-33.
25. 王俊烽，温得中，傅楷淇. 传播终身学习理念 推进全民教育发展——访联合国教科文组织终身学习研究所所长阿奈·卡尔森［J］. 世界教育信息，2014（21）：42-45.
26. 王文兵，等. 构建一种新的哲学文化观［J］. 天府新论，2005（4）：97-101.
27. 伍秋萍，冯聪，陈斌斌. 具身框架下的社会认知研究述评［J］. 心理科学进展，2011（3）：336-345.
28. 夏永红，李建会. 超越大脑界限的认知：情境认知及其对认知本质问题的回答

［J］. 哲学动态，2015（12）：89-98.
29. 肖绍明，董标. 教育与人性——教育基本理论专业委员会第十二届学术年会综述［J］. 教育研究，2010（3）：109-111.
30. 肖绍明，扈中平. 教育何以复归人性［J］. 高等教育研究，2010（6）：25-32.
31. 叶浩生. 身体与学习：具身认知及其对传统教育观的挑战［J］. 教育研究，2015（4）：104-114.
32. 叶浩生. 西方心理学中的具身认知研究思潮［J］. 华中师范大学学报（人文社会科学版），2011（4）：153-160.
33. 叶浩生. 有关具身认知思潮的理论心理学思考［J］. 心理学报，2011（5）：589-598.
34. 叶红燕，张凤华. 从具身视角看道德判断［J］. 心理科学进展，2015（8）：1480-1488.
35. 曾文婕，毕燕平. 西方教育哲学研究新进展［J］. 比较教育研究，2014（1）：50-56.
36. 曾文婕，黄甫全. 教师教育的课程创新——实验型教学专业化课程体系的生成与建构［J］. 教育发展研究，2013（10）：31-37.
37. 曾文婕. 西方教师教育课程改革新进展：课目教育学知识的视角［J］. 教育发展研究，2014（15/16）：68-75.
38. 曾文婕. 学习哲学：学习研究的新走向［J］. 全球教育展望，2008（6）：25-30.
39. 曾文婕. 走向整体主义：校本学习研究的方法论诉求［J］. 教育发展研究，2008（10）：43-47.
40. 张华. 学习哲学论［J］. 全球教育展望，2010（6）：13-17.
41. 赵荷花. 人性的教育学立场［J］. 华东师范大学学报（教育科学版），2011（1）：11-19.
42. 郑太年，等. 学习科学与教育变革——2014 年学习科学国际大会评析与展望［J］. 教育研究，2014（9）：150-159.

43. 周国梅，傅小兰. 分布式认知——一种新的认知观点［J］. 心理科学进展，2002（2）：147-153.

三、英文图书

1. Agamben, G. The coming community [M]. Minneapolis: University of Minnesota Press, 2007.

2. Asher, J. J. Learning another language through actions [M]. Los Gatos: Sky Oaks Productions, 1993.

3. Bereiter, C. Education and mind in the knowledge age [M]. Mahwah, NJ: Lawrence Erlbaum Associates, 2002.

4. Boghossian, P. Fear of knowledge: Against relativism and constructivism [M]. Oxford: Oxford University Press, 2006.

5. Boud, D., Falchikov, N. Rethinking assessment in higher education [M]. London & New York: Routledge, 2007.

6. Bresler, L. Knowing bodies, moving minds: Towards embodied teaching and learning [M]. Dordrecht: Kluwer Academic Publishers, 2004.

7. Caldwell, L. L. Time Wise: Taking charge of leisure time [M]. Scotts Valley, CA: ETR Associates, 2005.

8. Chomsky, N. Language and problems of knowledge [M]. Cambridge, MA: MIT Press, 1988.

9. Cigman, R., Davis, A. New philosophies of learning [C]. Malden, MA: Wiley-Blackwell, 2009.

10. Clark, B. R. Perspectives on higher education: Eight disciplinary and comparative views [M]. Berkeley and Los Angeles, CA: University of California Press, 1984.

11. Claxton, G. The learning powered school [M]. Bristol: TLO Limited, 2011.

12. Cole, M. Cultural psychology: A once and future discipline [M]. Cambridge:

Harvard University Press, 1996.

13. Crick, R. D. Learning power in practice: A guide for teachers [M]. London: Paul Chapman, 2006.

14. Dann, R. Promoting assessment as learning: Improving the learning process [M]. London: Routledge Falmer, 2002.

15. Dewey, J. How we think [M]. Mineola, N. Y.: Dover Publications, 1997.

16. Dumont, H., et al. The nature of learning: Using research to inspire practice [C]. Paris: OECD, 2010.

17. Earl, L. M. Assessment as learning: Using classroom assessment to maximise student learning [M]. Thousand Oaks, CA: Corwin Press, 2003.

18. Freire, T. Positive leisure science: From subjective experience to social contexts [C]. Dordrecht: Springer, 2013.

19. Furth, H. G. Knowledge as desire: An essay on Freud and Piaget [M]. New York: Columbia University Press, 1987.

20. Gagné, R. M. The conditions of learning [M]. (2nd ed.) New York: Holt, Rinehart and Winston, 1970.

21. Gardner, J. Assessment and learning [M]. London: SAGE, 2006.

22. Gess-Newsome, J., Lederman, N. G. PCK and science education [C]. Netherlands: Kluwer Academic Publishers, 1996.

23. Hakkarainen, K., et al. Communities of networked expertise: Professional and educational perspectives [M]. Amsterdam: Elsevier, 2004.

24. Harlen, W. Assessment of learning [M]. London: Sage Publications, 2007.

25. Hergenhahn, B. R., Olson, M. H. An introduction to theories of learning [M]. (7th ed.) Upper Saddle River, NJ: Prentice Hall, 2005.

26. Hursthouse, R. On virtue ethics [M]. Oxford: Oxford University Press, 1999.

27. Ihde, D. Technics and praxis [M]. Dordrecht: Reidel Publishing Company,

1979.

28. Ihde, D. Technology and the lifeworld: From garden to earth [M]. Bloomington: Indiana University Press, 1990.

29. Illeris, K. The three dimensions of learning [M]. Malabar, Florida: Krieger Publishing Company, 2004.

30. Jarvis, P. Towards a comprehensive theory of human learning [M]. New York: Routledge, 2006.

31. Jarvis, P., Parker, S. Human learning: An holistic approach [C]. London: Routledge, 2005.

32. Kumar, S., Kumar, N. Philosophy of learning [M]. New Delhi: Anmol Publications, 2005.

33. Mundy, J. Leisure education: Theory and practice [M]. (2nd ed.) Champaign, IL: Sagamore Publishing, 1998.

34. Niemiec, R. M. Mindfulness and character strengths: A practical guide to flourishing [M]. Boston, MA: Hogrefe, 2013.

35. O'Malley, C., et al. Computer supported collaborative learning practices: CSCL 2009 Conference Proceedings [C]. Rhodes, Creek: International Society of the Learning Sciences, 2009.

36. Pai, Y., et al. Cultural foundations of education [M]. (4th ed.) Upper Saddle River, NJ: Pearson Education, 2005.

37. Peterson, C., Seligman, M. E. P. Character strengths and virtues: A handbook and classification [M]. Washington, DC: American Psychological Association; New York: Oxford University Press, 2004.

38. Poehner, M. E. Dynamic assessment: A Vygotskian approach to understanding and promoting L2 development [M]. New York: Springer, 2008.

39. Pribram, K. On the biology of learning [C]. New York, NY: Harcourt, Brace and Janovovich, 1969.

40. Proctor, C., Eades, J. F. Strengths Gym: Students manual [M]. St. Peter Port, Guernsey: Positive Psychology Research Centre, 2009.

41. Ricard, M. Happiness: A guide to developing life' s most important skill [M]. New York: Little, Brown & Company, 2006.

42. Rorty, R. Philosophy and the mirror of nature [M]. Princeton, NJ: Princeton University Press, 1979.

43. Rosenberger, R., Verbeek, P. Postphenomenological investigations: Essays on human- technology relations [C]. Lanham: Lexington Books, 2015.

44. Salomon, G. Distributed cognitions: Psychological and educational considerations [C]. Cambridge: Cambridge University Press, 1993.

45. Schwarz, B., et al. Transformation of knowledge through classroom interaction [C]. London: Routledge, 2009.

46. Spector, J. M. et al. Learning and instruction in the digital age [M]. New York: Springer, 2010.

47. Spector, J. M., et al. Handbook of research on educational communications and technology [M]. Mahwah NJ: Lawrence Erlbaum Associates, 2008.

48. Statman, D. Virtue ethics [C]. Edinburgh: Edinburgh University Press, 1997.

49. Tyler, R. W., et al. Perspectives in evaluation [C]. Chicago, IL: Rand Mcnally, 1967.

50. Wenger, E. Communities of practice: Learning, meaning, and identity [M]. New York: Cambridge University Press, 1999.

51. Wertsch, J. V., et al. Sociocultural studies of mind [C]. New York: Cambridge University Press, 1995.

52. Winch, C. The philosophy of human learning [M]. London: Routledge, 1998.

四、英文论文

1. Ansell, N. Embodied learning: Responding to AIDS in Lesotho's education sector [J]. Children's Geographies, 2009, 7 (1): 21-36.

2. Black, P., Wiliam, D. Assessment and classroom learning [J]. Assessment in Education: Principles, Policy and Practice, 1998, 5 (1): 7-74.

3. Borst, J. A. Should schooling be learner-centred or learning-centred? [J]. CCPA Education Monitor, 1999, 3 (1): 4-5.

4. Bruner, J. S. Celebrating divergence: Piaget and Vygotsky [J]. Human Development, 1997, 40 (2): 63-73.

5. Caena, F. Teacher competence frameworks in Europe: Policy-as-discourse and policy-as-practice [J]. European Journal of Education, 2014, 49 (3): 311-331.

6. Caldwell, L. L., et al. Preliminary effects of a leisure education program to promote healthy use of free time among middle school adolescents [J]. Journal of Leisure Research, 2004, 36 (3): 310-335.

7. Cappon, P., Laughlin, J. Canada's Composite Learning Index: A path towards learning communities [J]. International Review of Education, 2013, 59 (4): 505-519.

8. Carless, D. Learning-oriented assessment: Conceptual bases and practical implications [J]. Innovations in Education and Teaching International, 2007, 44 (1): 57-66.

9. Carneiro, R., Draxler, A. Education for the 21st Century: Lessons and challenges [J]. European Journal of Education, 2008, 43 (2): 149-160.

10. Clark, I. Formative assessment: Assessment is for self-regulated learning [J]. Educational Psychology Review, 2012, 24 (2): 205-249.

11. Claxton, G. Expanding young people's capacity to learn [J]. British Journal of Educational Studies, 2007, 55 (2): 115-134.

12. Cohen, M. Participation as assessment: Political science and classroom assess-

ment techniques [J]. Political Science and Politics, 2008, 41 (3): 609-612.

13. Crick, R. D., et al. Developing resilient agency in learning: The internal structure of learning power [J]. British Journal of Educational Studies, 2015, 63 (2): 121-160.

14. Diener, E., Diner, M. Cross-cultural correlates of life satisfaction and self-esteem [J]. Journal of Personality and Social Psychology, 1995, 68 (4): 653-663.

15. Elfert, M. UNESCO, the Faure Report, the Delors Report, and the political utopia of lifelong learning [J]. European Journal of Education, 2015, 50 (1): 88-100.

16. Engeström, Y., Sannino, A. Studies of expansive learning: Foundations, findings and future challenges [J]. Educational Research Review, 2010, 5 (1): 1-24.

17. Ferrer-wreder, L., et al. Is more better? Outcome and dose of a universal drug prevention effectiveness trial [J]. Journal of Primary Prevention, 2010, 31 (5/6): 349-363.

18. Forest, J., et al. Harmonious passion as an explanation of the relation between signature strengths' use and well-being at work: Test of an intervention program [J]. Human Relations, 2012, 65 (9): 1233-1252.

19. Forrester, J. W. A new corporate design [J]. Industrial Management Review, 1965, 7 (1): 5-17.

20. Fox, E., Riconscente, M. Metacognition and self-regulation in James, Piaget, and Vygotsky [J]. Education Psychology Review, 2008, 20 (4): 373-389.

21. Fox, R. Constructivism examined [J]. Oxford Review of Education, 2001, 27 (1): 23-35.

22. Grace, A. P. Envisioning a critical social pedagogy of learning and work in a contemporary culture of cyclical lifelong learning [J]. Studies in Continuing Education,

2007, 29 (1): 85-103.

23. Hager, P. Philosophical accounts of learning [J]. Educational Philosophy and Theory, 2005, 37 (5): 649-666.

24. Hakkarainen, K. Three generations of technology-enhanced learning [J]. British Journal of Educational Technology, 2009, 40 (5): 879-888.

25. Hargreaves, D. H. The knowledge-creating school [J]. British Journal of Educational Studies, 1999, 47 (2): 122-144.

26. Hargreaves, E. Assessment for learning? Thinking outside the (black) box [J]. Cambridge Journal of Education, 2005, 35 (2): 213-224.

27. Harlen, W. Teachers' summative practices and assessment for learning—Tensions and synergies [J]. The Curriculum Journal, 2005, 16 (2): 207-223.

28. Heritage, M. Formative assessment: What do teachers need to know and do? [J]. Phi Delta Kappan, 2007, 89 (2): 140-145.

29. Hodkinson, P. Learning as cultural and relational: Moving past some troubling dualisms [J]. Cambridge Journal of Education, 2005, 35 (1): 107-119.

30. Joseph, S., Wood, A. Assessment of positive functioning in clinical psychology: Theoretical and practical issues [J]. Clinical Psychology Review, 2010, 30 (7): 830-838.

31. Kansanen, P. Studying—The realistic bridge between instruction and learning. An attempt to a conceptual whole of the teaching-studying-learning process [J]. Educational Studies, 2003, 29 (2/3): 221-232.

32. Lewis, T. E. Rethinking the learning society: Giorgio Agamben on studying, stupidity, and impotence [J]. Studies in Philosophy and Education, 2011, 30 (6): 585-599.

33. Linley, P. A. Using signature strengths in pursuit of goals: Effects on goal progress, need satisfaction, and well-being, and implications for coaching psychologists [J]. International Coaching Psychology Review, 2010, 5 (1): 6-15.

34. Louden, R. B. Virtue ethics and anti-theory [J]. Philosophia, 1990, 20 (1/2): 93-114.

35. Loughran, J., et al. In search of pedagogical content knowledge in science: Developing ways of articulating and documenting professional practice [J]. Journal of Research in Science Teaching, 2004, 41 (4): 370-391.

36. Magdeleine, L., et al. Accuracy of students' self-assessment and their beliefs about its utility [J]. Assessment and Evaluation in Higher Education, 2010, 35 (2): 135-156.

37. McLoughlin, C., Lee, M. J. W. The three P's of pedagogy for the networked society: Personalization, participation, and productivity [J]. International Journal of Teaching and Learning in Higher Education, 2008, 20 (1): 10-27.

38. Miller, T. M., Geraci, L. Training metacognition in the classroom: The influence of incentives and feedback on exam predictions [J]. Metacognition and Learning, 2011, 6 (3): 303-314.

39. Neisworth, J. T., et al. Naturalistic assessment of neurological diagnoses and pharmacological intervention [J]. Journal of Learning Disabilities, 1976, 9 (3): 22-25.

40. Niemiec, R. M. Mindful living: Character strengths interventions as pathways for the five mindfulness trainings [J]. International Journal of Wellbeing, 2012, 2 (1): 22-33.

41. Paavola, S., et al. Models of innovative knowledge communities and three metaphors of learning [J]. Review of Educational Research, 2004, 74 (4): 557-576.

42. Paavola, S., Hakkarainen, K. The knowledge creation metaphor—An emergent epistemological approach to learning [J]. Science & Education, 2005, 14 (6): 535-557.

43. Papastephanou, M. Philosophy, kairosophy and the lesson of time [J]. Educa-

tional Philosophy and Theory, 2014, 46 (7): 718-734.

44. Park, S., et al. Is pedagogical content knowledge (PCK) necessary for reformed science teaching?: Evidence from an empirical study [J]. Research in Science Education, 2011, 41 (2): 245-260.

45. Peterson, C., et al. Strengths of character, orientations to happiness, and life satisfaction [J]. The Journal of Positive Psychology, 2007, 2 (3): 149-156.

46. Phillips, D. C. The good, the bad, and the ugly: The many faces of constructivism [J]. Educational Researcher, 1995, 24 (7): 5-12.

47. Plotkin, H. Human nature, cultural diversity and evolutionary theory [J]. Philosophical Transactions of the Royal Society of London. Series B: Biological Sciences, 2011, 366 (1563): 454-463.

48. Power, C. N. Learning: A means or an end? A look at the Delors Report and its implications for educational renewal [J]. Prospects: Quarterly Review of Comparative Education, 1997, XXVII (2): 187-199.

49. Preece, J. Beyond the learning society: The learning world? [J]. International Journal of Lifelong Education, 2006, 25 (3): 307-320.

50. Proctor, C., et al. Strengths Gym: The impact of a character strengths-based intervention on the life satisfaction and well-being of adolescents [J]. The Journal of Positive Psychology, 2011, 6 (5): 377-388.

51. Quinlan, D., et al. Character strengths interventions: Building on what we know for improved outcomes [J]. Journal of Happiness Studies, 2012, 13 (6): 1145-1163.

52. Rorrison, D. Assessment of the practicum in teacher education: Advocating for the student teacher and questioning the gatekeepers [J]. Educational Studies, 2010, 36 (5): 505-519.

53. Salomon, G., Perkins, D. N. Individual and social aspects of learning [J]. Review of Research in Education, 1998, 23 (1): 1-24.

54. Seitamaa-Hakkarainen, P., et al. Learning by collaborative designing: Technology-enhanced knowledge practices [J]. International Journal of Technology and Design Education, 2010, 20 (2): 109-136.

55. Seligman, M. E. P., et al. Positive psychology progress [J]. American Psychologist, 2005, 60 (5): 410-421.

56. Sfard, A. On two metaphors for learning and the dangers of choosing just one [J]. Educational Researcher, 1998, 27 (2): 4-13.

57. Shulman, L. S. Those who understand: Knowledge growth in teaching [J]. Educational Researcher, 1986, 15 (2): 4-14.

58. Simms, M., George, B. Approaching assessment from a learning perspective: Elevating assessment beyond technique [J]. Educational Assessment, Evaluation and Accountability, 2014, 26 (1): 95-104.

59. Smith, E., Caldwell, L. L. Adapting evidence-based programs to new contexts: What needs to be changed? [J]. The Journal of Rural Health, 2007, 23 (suppl 1): 37-41.

60. Stiggins, R. From formative assessment to assessment for learning: A path to success in standards-based schools [J]. Phi Delta Kappan, 2005, 87 (4): 324-328.

61. Su, Y. The non-instrumental vision of the learning society [J]. International Review of Education, 2010, 56 (5): 517-530.

62. Tang, W. T. Different perspectives of cultural mediation: Implications for the research design on studies examining its effect on students' cognition [J]. Cultural Studies of Science Education, 2013, 8 (2): 295-305.

63. Thompson, I. The mediation of learning in the zone of proximal development through a co-constructed writing activity [J]. Research in the Teaching of English, 2013, 47 (3): 247-276.

64. Valsiner, J. Process structure of semiotic mediation in human development [J].

Human Development, 2001, 44 (2): 84-97.

65. Van Den Eede, Y. In between us: On the transparency and opacity of technological mediation [J]. Foundations of Science, 2011, 16 (2/3): 139-159.

66. Verbeek, P. Cyborg intentionality: Rethinking the phenomenology of human-technology relations [J]. Phenomenology and the Cognitive Sciences, 2008, 7 (3): 387-395.

67. Wiliam, D., Black, P. Meanings and consequences: A basis for distinguishing formative and summative functions of assessment [J]. British Educational Research Journal, 1996, 22 (5): 537-548.

68. Winch, C. Learning how to learn: A critique [J]. Journal of Philosophy of Education, 2008, 42 (3/4): 649-665.

69. Woolf, H. Assessment criteria: Reflections on current practices [J]. Assessment & Evaluation in Higher Education, 2004, 29 (4): 479-493.